英語教師力アップシリーズ ③

江藤秀一・加賀信広・久保田章 監修

# 授業力アップのための
# 英語教育学の基礎知識

久保田 章・林 伸昭 [編]

開拓社

「英語教師力アップシリーズ」

　本シリーズは英語教師として知っておくべき基礎知識を提供するものです．日々の授業は教科書に添って行われていますが，教科書の内容を学習者によりわかりやすく，より楽しく，より豊かに教えたいというのは英語教師の誰もが持つ願いでしょう．そんな願いを叶えるには，英語の背景的な知識が不可欠です．本シリーズは英語教師として知っておくべき英語圏の文学的・文化的知識，英語学の知識，そして最新の英語教授法を含む種々の英語教授法と授業の工夫の実践例，さらには校務をこなす上に必要な英語についての情報を提供します．

　本シリーズが現場の先生方および英語教師を目指している方々にお役に立てることを編者一同願っております．

江藤秀一・加賀信広・久保田章

# は し が き

　本書は英語教師力アップシリーズの第3巻で，英語教師であれば当然知っておくべき英語教育学についての知識を著したものです．英語教師は，その知識と経験に基づき，自らの英語教師観や英語指導観を持っています．その明確さの程度は教師1人1人によって異なることだと思います．教職について日が浅い教師には，まだ確固とした教師観や指導観は見えていないかもしれません．一方，長年英語教育にたずさわっている教師であれば，「これこそが私の指導観だ，英語教師とはこうあるべきだ」と胸を張って答えられるはずです．一般的には，教師観や指導観は経験とともに徐々に育成されていくと考えられますが，教師力をさらにアップするには，経験的に自分自身が納得できて自信が持てるだけでなく，客観的に見てより妥当性が高く，指導の幹となる確固たる指導観を確立することが必要です．つまり，単なる経験の積み重ねからの，いわば主観的な指導観ではなく，言語学や心理学，言語習得論といった学問に裏打ちされた客観的な指導観が必要です．現在は，第2言語習得の研究や心理学を礎とする学習者の動機に関する研究，あるいは評価論からのテスト理論など，英語教育に関する研究はグローバル化と共に日進月歩の勢いで進んでいます．したがって，教師には積極的に新しい情報や知識を受け入れる柔軟性，ダイナミックさと同時に，それらを適切に評価できる識見とそれらを活用して問題解決をはかる主体性の確立が求められています．

　本書は最新の英語教育学の研究に基づき，英語教育に必要な知識をまとめました．まず，第1章で第2言語習得研究を概観し，それに基づく言語習得理論の変遷をまとめています．第2章では日本の英語教育の歴史を振り返ります．日本の英語教育に関しては初期の頃から「実用的な英語」と「教養としての英語」のしのぎ合いが続いていることが分かりますし，今後の日本における英語教育の進むべき道について考えるヒントを与えてくれます．それに続く第3章と第4章では第2言語習得研究に基づき，動機づけについて学習者と教師双方からアプローチします．動機づけの研究は学習者の言語習得の成否にかかわりますので，英語教師には必須の知識です．第5章と第6章では英語の教科書や教材に関する諸問題とその使用について述べ，第7章では特に教科書の語用論を取り上げ，TPOにかなう英語の学習指導について考えてみます．第8章では主観テストなどの評価や測定に関する基本的な事項や，近年注目

されているポートフォリオ，CEFR（ヨーロッパ言語共通参照枠）などの情報に加え，いわゆる外部テストについても解説します．第9章ではICTを活用した授業事例を準備段階，授業時，授業後にわけて説明し，授業で利用できる各種のソフトについても紹介します．第10章から第16章までは，それぞれ「発音」，「語彙」，「文法」，「リスニング」，「リーディング」，「スピーキング」，「ライティング」の指導と評価について，第2言語習得研究の成果と平成29・30年改訂の新学習指導要領に基づいて詳細に解説します．また，後半の2章は教育現場に軸を移し，第17章ではアクティブ・ラーニングの視点から高等学校の英語学習指導について，その授業例と指導上の留意点を述べます．最終章は中学校における教師の自己研修と授業の実践報告です．

各章の執筆者は次のとおりです．

| | | |
|---|---|---|
| 第1章 久保田章 | 第7章 荒金房子 | 第13章 飯村英樹 |
| 第2章 林 伸昭 | 第8章 中川 武 | 第14章 佐竹直喜 |
| 第3章 古賀 功 | 第9章 奥山慶洋 | 第15章 土平泰子 |
| 第4章 今野勝幸 | 第10章 久保田章 | 第16章 隅田朗彦 |
| 第5章 嶋田和成 | 第11章 髙波幸代 | 第17章 野上 泉 |
| 第6章 小早川真由美 | 第12章 佐藤臨太郎 | 第18章 伊藤有子 |

最初に記しましたように，英語教師は単に経験だけで指導観を得るのは十分ではありません．かといって，机上の空論でも目の前の生徒の英語獲得を達成する力にはなりません．理論と実践が相まってこそ，学習者の英語獲得も高まるのです．そういう意味では，本書は現役の英語教師の皆様にはもちろんのこと，英語教師を目指している皆様方にも有益な情報を提供できるものと信じています．なお，本書では参考文献を可能な限り本文中に明示し，読者の皆さんの便に供しました．

最後になりますが，本書の刊行に際し，執筆をお引き受けくださいました各氏，シリーズ全体を企画し，本巻の編集や校正作業にもひとかたならぬお力添えをくださいました江藤秀一氏，そして遅れ気味の編集作業を温かく見守って刊行にこぎつけてくださいました開拓社の川田賢氏にあつく感謝申し上げます．

2019年3月

編者　久保田章・林伸昭

# 目　次

「英語教師力アップシリーズ」
はしがき

## 第1章　第2言語習得研究と関連諸問題 …………………………… 1
1. 第2言語習得観と指導観の確立に向けて ………………………………… 1
2. 言語習得観の変遷 ………………………………………………………… 3
3. 第2言語習得（SLA）の仮説 …………………………………………… 10
4. 第2言語指導の諸問題と留意点 ………………………………………… 17
5. まとめ …………………………………………………………………… 25

## 第2章　日本における英語教育史 ………………………………… 28
1. 日本人と英語 …………………………………………………………… 28
2. 第1期：開国期 ………………………………………………………… 29
3. 第2期：明治時代から昭和20年第2次世界大戦終了まで ……………… 30
4. 第3期：昭和20年から高度成長期の始まる昭和40年代半ばまで
　　（英語教育と学習指導要領）……………………………………………… 32
5. 第4期：昭和40年代半ばから現在まで ………………………………… 35
6. まとめ …………………………………………………………………… 43

## 第3章　学習者の個人内要因 ……………………………………… 46
1. 学習者の個人内要因を把握する必要性 ………………………………… 46
2. 個人内要因の理論的背景 ………………………………………………… 47
3. 教育現場への示唆 ……………………………………………………… 56

## 第4章　英語教師
　　――第2言語習得研究における動機づけ研究を基に―― ………… 65
1. はじめに ………………………………………………………………… 65
2. 教師の役割 ……………………………………………………………… 66
3. 学習者の動機づけとどう向き合うか …………………………………… 68

 4. 教師の態度が及ぼす動機づけへの影響 ……………………………… 76

## 第5章　英語科の教材 ……………………………………………… 82
 1. 英語科における教材とは ……………………………………………… 82
 2. 教材の目的とデザイン ………………………………………………… 86
 3. 教材と言語習得 ………………………………………………………… 93
 4. 教材の分析・評価方法 ………………………………………………… 97
 5. まとめ …………………………………………………………………… 98

## 第6章　教科書の活用と教材研究の視点 …………………………… 101
 1. 教科書と教材研究 ……………………………………………………… 101
 2. 英語教科書・教材で指摘される課題 ………………………………… 101
 3. 「書くこと」に関する課題 …………………………………………… 103
 4. 英語教科書におけるライティング活動のアダプテーション ……… 104
 5. 教材・題材を扱う際の配慮事項 ……………………………………… 110
 6. 今後の課題 ……………………………………………………………… 112

## 第7章　英語教科書と語用論の指導 ………………………………… 115
 1. 語用論と英語教育 ……………………………………………………… 115
 2. 発話行為とポライトネス ……………………………………………… 115
 3. 教室での語用論指導と英語教科書 …………………………………… 118
 4. まとめ …………………………………………………………………… 124

## 第8章　評価と測定 …………………………………………………… 127
 1. 生徒および教師の評価 ………………………………………………… 127
 2. 外部基準テスト ………………………………………………………… 136
 3. 教師の評価 ……………………………………………………………… 143
 4. まとめ …………………………………………………………………… 143

## 第9章　ICTの活用 …………………………………………………… 146
 1. 英語教育とICT ………………………………………………………… 146
 2. ICTを活用した英語教育の歴史的背景 ……………………………… 147
 3. ICTの有効活用 ………………………………………………………… 148
 4. ICTとのこれからの関わり方 ………………………………………… 156

## 第 10 章　発音の指導と評価 ……………………………………… 159
1. 英語の音を理解する：音素認識力 …………………………… 159
2. 発音指導の背景 ………………………………………………… 160
3. 学習者の英語発音の特徴 ……………………………………… 169
4. 教師が目指すべき発音 ………………………………………… 173
5. 生徒が目指すべき発音 ………………………………………… 174
6. 発音指導の実践 ………………………………………………… 177

## 第 11 章　語彙の指導と評価 ……………………………………… 184
1. 語彙への理解を深める ………………………………………… 184
2. 語彙指導の方法 ………………………………………………… 191
3. 語彙の評価 ……………………………………………………… 197
4. まとめ …………………………………………………………… 200

## 第 12 章　文法の指導と評価 ……………………………………… 202
1. 第 2 言語習得理論に基づいた指導法 ………………………… 202
2. 提示・練習・使用（PPP）とタスク中心の言語指導（TBLT）…… 208
3. 評価に関して …………………………………………………… 212

## 第 13 章　リスニングの指導と評価 ……………………………… 218
1. リスニングの諸問題 …………………………………………… 218
2. リスニングの指導 ……………………………………………… 224
3. リスニングの評価 ……………………………………………… 229

## 第 14 章　リーディングの指導と評価 …………………………… 234
1. 読みの技術と活動の意味づけ ………………………………… 234
2. ボトムアップ読みとトップダウン読み ……………………… 234
3. リーディング活動を通したアクティブ・ラーニング ……… 240
4. 音読の意味づけとその指導 …………………………………… 242
5. 教室ですぐに活かせるリーディングの評価方法 …………… 245

## 第 15 章　スピーキングの指導と評価 …………………………… 249
1. コミュニケーション能力とは何か？ ………………………… 249
2. 新学習指導要領について ……………………………………… 250

3. 情意面の重要性 ･････････････････････････････････････ 253
4. トピック選択と寛容な指導の重要性 ････････････････････ 255
5. グループの重要性 ･･･････････････････････････････････ 256
6. タスクの重要性 ･････････････････････････････････････ 257
7. 音声・発音指導について ･････････････････････････････ 258
8. 評価の重要性 ･･･････････････････････････････････････ 261
9. スピーキング活動の準備性（readiness）････････････････ 263

## 第16章　ライティングの指導と評価 ･････････････････････ 265
1. ライティングとは ･･･････････････････････････････････ 265
2. 自立した書き手を養成するための指導 ･････････････････ 266
3. 最後に ･････････････････････････････････････････････ 277

## 第17章　高校における学習指導 ･････････････････････････ 278
1. 主体的・対話的で深い学びを高校の英語授業でも ･･･････ 278
2. 英語授業の目標設定 ･････････････････････････････････ 279
3. 日々の授業づくり ･･･････････････････････････････････ 284
4. タスクと仲間同士のフィードバック ･･･････････････････ 289
5. まとめ ･････････････････････････････････････････････ 291

## 第18章　中学校における英語の学習指導実践報告 ･････････ 293
1. 仲間と共に学び合うこと ･････････････････････････････ 293
2. 授業に大いに影響を与えたこと ･･･････････････････････ 294
3. 主体的学びへ ･･･････････････････････････････････････ 297
4. アクティブ・ラーニング ･････････････････････････････ 297
5. 研修会への勧め ･････････････････････････････････････ 301

索　　引 ･･･････････････････････････････････････････････ 303

執筆者一覧 ･････････････････････････････････････････････ 309

# 第 1 章　第 2 言語習得研究と関連諸問題

## 1.　第 2 言語習得観と指導観の確立に向けて

### 1.1.　第 2 言語習得研究の意義

　If you want to master English, you should ＿＿＿＿＿＿＿＿＿＿．
皆さんは，下線部にどのような言葉を入れるだろうか．例えば，"go to a country where it is spoken" はどうだろうか．かつては教科書や参考書などでも実際にこの類の表現を見かけることがあった．この文の意味することが素朴に信じられていたわけである．しかし，学習者からすれば，日々の授業で学ぶ意欲を削がれかねない内容でもある．この文の意味するところは，本当に「正しい」のか，振り返って考える価値はあるだろう．

　英語の教師は，その知識と経験に基づき，自らの「英語指導観」を持っているが，その明確さの程度は教師 1 人 1 人によっても異なるであろう．一般的には，指導観は経験とともに徐々に育成されていくと考えられるが，教師力をアップするためには，個人の経験に依拠するだけでなく，客観的にもより妥当性の高い確固たる指導観を確立することが必要である．「確固たる」と言っても，固定観念に縛られるのではなく，そこには積極的に新しい情報や知識を受け入れる弾力性が求められる．

　一方，指導観の中心には，「目標言語である英語がどのように習得されるのか」についての理解，すなわち「英語習得観」が存在している．この習得観の確立・明確化に貢献するのが，第 2 言語習得（Second Language Acquisition, SLA）研究である．その成果を活用しながら，教師は自分の習得観を洗練し，指導観を養成していくことが望まれる．

## 1.2. 第2言語習得研究の概要

　SLA 研究では，人が最初に身に付ける言語は「第1言語（first language, L1（エルワン））」と呼ばれる．家族をはじめ周囲で使用される言語が1つである場合，すなわち単一の言語環境で生育する場合，第1言語は通例「母語（native language, mother tongue）」と同義である．しかし，複数の言語が用いられる環境下にあっては，最初に習得される言語が必ずしも母語であるとは限らない．例えば日本で生まれ育った外国人の子供が自分の親の言語よりも日本語のほうが堪能である場合などがその典型的な例である．

　一方「第2言語（second language, L2（エルツー））」とは，第1言語が（ほぼ）習得された後で「2番目（以降）」に習得される言語を指す．日本では一般的に外国語として学校等で教授されている英語が L2 に該当する．SLA 研究の課題は，一言でいえば，なぜ，どのようにして L2 が習得されるのか，そのプロセスやメカニズムを検証，解明することである．したがって，SLA 研究自体は必ずしも効果的な L2 の指導方法を念頭に実施されるわけではないが，特に「教室内（classroom）SLA」や「指導による（instructed）SLA」のような研究分野では，教授や指導という「教育的介入（educational intervention）」が第2言語習得の経過や結果に与える影響について解明することが重要な研究課題の1つでもある．

　教育現場から時折聞こえてくる声には，「第2言語習得研究といっても結局は何も明らかになっていないのではないか」というものがある．確かに過去50年ほどの間に様々な第2言語習得の仮説が提唱されてきており，むしろ関係する変数の多さゆえに，研究課題はますます複雑多岐にわたっている．しかしながら，だからと言って第2言語習得研究が無駄というわけではない．例えば薬学研究に「すべての病気や万人に効く薬の開発」という過大な期待を抱くことができないのと同様，SLA 研究に対して，すべての学習者に効果のある唯一絶対的な指導法や言語習得のモデルの開発を求めることは，意味のあることとは言えない．たとえ 100% 明らかになったことがないとしても，程度の差こそあれ，これまでの研究から得られた知見は豊富で，それらを指導実践に役立てることは十分期待できる．

　実際の研究テーマは多岐にわたっているが，大きく「習得（acquisition）」ないし「学習（learning）」に関することと，学習者に関することの2つに分けることができるであろう．学習者にかかわる問題には，「学習者言語（language learner language）」の分析も含まれる．これは，目標言語を学習する過程で，学習者の頭の中に構築された，母語とも目標言語とも異なる言語の体系（linguistic system）を指す．また，学習者言語は，母語と目標言語の間に存在す

るという意味で「中間言語（Interlanguage）」と呼ばれることもある．この学習者言語の体系に基づいて学習者は目標言語を運用するが，学習者言語は修正を繰り返しながら，場合によっては行きつ，戻りつしながら発達し，時間をかけて徐々に目標言語の体系に近づいていくと考えられている．

　英語の指導をどのように実践するかを検討する際に，学習と学習者の問題は非常に重要であることは明らかであり，それらに目を向けずに適切な指導は行えない．一般的には「教えたのだから生徒は習得しているはず」と考えがちであるが，教えたことは予想以上に「身に付いていない」．その原因はどこにあるのかを探る手掛かりを SLA 研究の成果に求めることもできる．あるいは，例えば，日々の授業で使用する教科書は SLA の観点から改善の余地はないか，この活動にはどのような意義があるか，などと顧みる機会にもなる．長年慣れ親しんだ指導にただ満足したり，逆に自信が持てぬまま，何となく日々の授業を行ったりしてはいないだろうか．第 2 言語習得研究の成果は，自分の学習指導の在り方を客観視できる機会を与えてくれると共に，主体的に指導を行っていく上で有効な指標を示してくれる．

## 2. 言語習得観の変遷

### 2.1. 行動主義

　歴史的に見ると，L2 の習得観あるいは習得研究は，その当時の心理学や言語学とのかかわりが大きい．まず，1960 年代前半頃までは行動主義（behaviorism）の心理学の影響を大きく受けていた．アメリカの行動主義心理学者 Burrhus F. Skinner は，1957 年の著書 *Verbal Behavior* において，人間は白紙（tabula rasa：白い布の意）の状態で生まれ，すべての知識や能力は後天的に与えられると主張した．行動主義では，言語の学習は，母語であれ，L2 であれ，サーカスのライオンが火の輪くぐりの芸を覚えるのと同様に，「刺激（stimulus）」—「反応（response）」—「強化（reinforcement）」という一連のメカニズムによって起こる習慣形成（habit formation）の結果であると考えられていた．習得は「模倣（mimicry）」や「反復（repetition）」によってなされるので，繰り返しや規則性を重視するドリル（drill）や練習（practice）あるいは暗記（memorization）が学習の中心となった．いわゆる "Practice makes perfect." である．また，当時隆盛だったアメリカ構造言語学（structural linguistics）の影響を受け，指導面では，学習者の母語と目標言語（L2）の音声・語彙・文法などの構造的な違い，あるいは，その対照（contrast）が最重要課題と考えられ，母語の影響が排除されるまで，重点的に訓練することが必要とさ

れた．その理由は，学習者の誤りは母語と目標言語の構造的相違によって生じ，学習者の努力不足を含む，目標言語の習慣形成の失敗が誤りの原因とみなされたからである．

次節で見るように，母語の習得を行動主義で説明することは難しいが，L2の習得については，暗記，反復，模倣などが L2 学習にとって全く効果がないとは言えないであろう．実際，フラッシュカード（flashcard）の利用，発音練習，単語帳を用いた暗記作業などは，依然として教育現場では広く用いられている．

## 2.2. 生得主義

言語学における「生成文法（generative grammar）理論」の創始者であるアメリカの言語学者 Noam Chomsky は 1959 年に Skinner に対する書評論文を著し，母語の習得に関する行動主義の考え方に真っ向から異議を唱えた．Chomsky は，(1) 子供は聞いたこともない文を正しく理解できたり，生成できたりすること，(2) 周囲の大人の発話には言い間違いや言いよどみなどが含まれ，必ずしも完全ではないこと，さらには，(3) 大人は子供の誤りに対して訂正をしないか，たとえしたとしても子供はそれをほとんど無視することなどを指摘し，それにもかかわらず，子供はわずか数年の間に母語の文法をほぼ完全に習得できるという事実から，母語の習得は行動主義では説明できないことを明らかにした．これに基づき，Chomsky は，人間には生まれながらにして言語の獲得を可能にする生得的能力（innate capacity）ないし言語獲得装置（Language Acquisition Device, LAD）」が遺伝的情報として備わっているという「生得主義（innativism）」ないし「心理主義（mentalism）」の理論を提唱した．これによれば，言語（母語）の習得は，他の一般的な知識の習得とは異なり，人間に先験的，生物学的に備わったメカニズムの結果であり，母語の習得は，LAD と子供の言語経験（主に聞くこと）の関数であるとみなされた．後に LAD は，人間の言語に普遍的に存在する「普遍文法（Universal Grammar, UG）」によって構成されると考えられ，UG の解明が言語研究の中心課題の 1 つとされた．さらに，Chomsky は，母語の「言語運用（linguistic performance）」は，行動主義が主張するような単なる模倣によるものではなく，母語話者の精神（mind），言い換えると頭の中の言語知識の体系である「言語能力（linguistic competence）」から生成されるものであると主張した．

Chomsky 自身には，この母語に関する理論を L2 の習得研究に適用したり，言語の教授に応用する意図は全くなかったが，生成文法理論の影響力は大変大きく，母語と第 2 言語の習得は本質的に同じ原理によるとする見方も台頭し

た．例えば Larry Newmark は，1966 年の "How not to interfere with language learning" という論文で，「適切なインプットがあれば目標言語は (LADによって) 自然に獲得されるので，教師は余計な干渉をしないように」とまで主張した．このような言語習得観は，3.1 節に述べる Stephen Krashen のインプット仮説 (Input hypothesis) やナチュラル・アプローチ (Natural approach) という指導の土台となった．また，日本では，生成文法理論の初期のバージョンである変形文法 (Transformational grammar) を英語の明示的な文法指導に応用しようとする実践的な試みも一部で行われたが，規則自体の複雑性もあり，一般には普及しなかった．

いずれにしても，生得主義の考え方は，言語学だけでなく心理学にも大きなインパクトを与え，言語の運用と習得に関して，人間の心理特性ないし精神の働きに焦点が当てられることとなった．また，行動主義では問題とはならなかった「学習者」が研究の中心に置かれるようになり，学習者の個人的な特性や学習者間の違いも注目されるようになった．

## 2.3. 認知主義

知識の習得を，観察可能な行動の変化の有無としてとらえようとする行動主義に対し，「認知主義 (cognitivism)」の心理学，あるいは認知学習理論では，生得主義と同様，目に見えない人間の頭の中の知識や認知構造の変化に着目する．第 2 言語習得についても，観察可能な学習者の言語運用を手掛かりとして，直接には観察できない学習者の言語知識や能力を解明するのが目的である．また行動主義では学習の成否という「結果」が問題であるのに対し，認知主義では，必ずしも結果に反映されないが，頭の中で起こっているとみなせる「経過」にも目を向ける．例えば，学習者自身の仮説の構築，検証，修正という内的なプロセスによって言語は習得されると想定され，年齢，学習スタイル，動機，ストラテジーなどの学習者要因だけでなく，注意 (attention) や記憶 (memory) などの認知メカニズムと言語習得との関係も課題となった．

一方，認知主義では生得主義とは大きく異なり，言語習得にかかわる，生まれながらの絶対的能力のようなものは前提とされず，言語は他の知識や認知システムと同様に相対的に位置づけられる．言い換えれば，言語の習得は他の知識や技能，例えば，九九を覚えたり，車の運転と同じように，一般的な習得や学習の理論によって説明できるものと見なされている．

基本的な枠組みが大きいこともあり，認知主義的な習得観に基づく第 2 言語習得の仮説は多岐にわたり，以下に述べる 2 つの流れだけでなく，タスク中心の学習 (Task-based language learning) などの背景にもなっている．

### 2.3.1. 技能習得理論

　L2 の習得に関する認知主義の主な流れの 1 つは，「技能習得理論（Skill acquisition theory）」あるいは「技能構築仮説（Skill-building hypothesis）」で，これは認知心理学における John R. Anderson 著 *The architecture of cognition*（1983）の ACT（adaptive control of thought）理論に基づいている．この考え方では，例えば，「一般動詞の三人称，単数，現在形には -s または -es が付く」という文法規則のような「L2 についての（言葉で表すことができる）宣言的知識（declarative knowledge）」をはじめに明示的（explicit）に指導すべきであると主張されている．学習者は当初はまだその知識をうまく使用できないが，繰り返し「練習（practice）」することで，徐々にそれが「手続き的知識（proceduralized knowledge）」，いわゆる「使える知識」に変化していく．

　「練習」は，"the act of doing something regularly or repeatedly to improve your skill at doing it" と定義されるが，Robert M. DeKeyser は，1998 年の "Beyond focus on form" という論文において，行動主義を土台とする機械的な言語の構造練習だけでは L2 の習得には不十分で，ここでの「練習」は，実際に情報のやり取りがある「意味のある文脈（meaningful context）」で行われ，コミュニケーションにおける言語の用法を再現するような活動を含み，言語の形（form）と意味（meaning）の関係づけ（mapping）あるいは結びつき（connection）を可能にするものと述べている．

　以上のようなプロセスは「手続き化（proceduralization）」と呼ばれ，その後さらに練習を重ねることで，意識しなくても自然に，迅速に，より正確に L2 を用いることができるようになる．これを「自動化（automatization）」という．

　技能習得理論は，明示的な文法説明などによって得られた宣言的知識，あるいは意識的な学習による明示的な知識（explicit knowledge）が，練習を経て，手続き的知識，つまり無意識的に流暢に言語を用いることのできる暗示的な知識（implicit knowledge）に変化するとしている．2 つの知識の関係に関するこのような考え方は，「強いインターフェース（strong interface）の立場」と称される．

　また，DeKeyser は "Beyond explicit rule learning"（1997）という論文で，練習の効果は技能との結びつきが強いことを指摘している．練習方法や状況によって練習効果は左右され，理解（comprehension）する練習の成果は理解の活動の際に，産出（production）の練習の成果は産出の際に発揮されたとのことである．

### 2.3.2. 情報処理理論

もう1つの流れは，情報処理理論（Information processing theory）で，その名のとおり，人間の言語習得のプロセスを一種のコンピュータの処理システムに喩えたものである．この種の基本モデルとして最もよく知られているのは，インプットからアウトプットまでの一連の言語処理と言語習得のプロセスの説明を企図した「情報処理モデル（Information processing model）」であろう．いくつかのバリエーションがあるが，ここでは，SLA研究の泰斗であるニュージーランドのRod Ellisのモデルを紹介する．

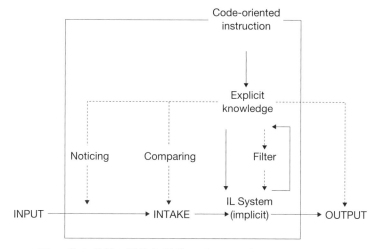

図1. 第2言語の指導と習得のプロセス（Ellis, 2008による）

このようなモデルは，言語のインプットからアウトプットに至るプロセス，すなわち第2言語習得のプロセスを，学習者の認知メカニズムの一連の処理（の結果）として捉えており，SLA研究において広く知られている．これによれば，単なるインプットだけではL2の習得は成り立たず，インプットが中間言語の体系（interlanguage [IL] system）に至るまで，つまり暗示的知識として定着するまでの間に，まず特定の言語項目の存在や形式の特徴への「気づき（noticing）」が必要であるとされる．気づきとは，言い換えれば，ある言語形式に選択的に「注意（attention）」を払うことである．次に気づきは習得の必要条件ではあるが，十分条件ではない．気づかれたインプット（の形式）がどのような意味（meaning）や機能（function）と結びつくのかについての理解が続いて必要になる．3.4節で言及する「気づき仮説」（Noticing hypothesis）の提唱者であるRichard Schmidtは，1990年の"The role of consciousness in second language acquisition" という論文でこの問題について論じている．Schmidt によれば，理解の程度は様々であるが，学習者はまず L2 の事実や特徴，あるいは規則性，さらには，形式と意味や機能との関係性といった概念に対して，「何となくわかる，感じる」ということが期待されている．続いて学習者が自分で立てた L2 に関する仮説を言語活動などを通じて検証したり，既存の言語知識と新しい言語項目や規則などとの「比較（comparing）」を通じて理解を確固とすることでインプットがインテイク（intake）に至る．インテイクとは，気づきや理解を経てインプットが中間言語に取り込まれるようになった状態を指すこともある．いずれにしても，インプットのすべてがインテイクされるわけではないという指摘は重要で，次に，どのようなインプットが L2 の習得に貢献するのかが指導上の中心的な課題となる．この問題については，第4節で検討したい．

さらに言えば，図1の Ellis のモデルでは，語彙や文法などの習得に重点を置いた指導（Code-oriented Instruction）による明示的知識（explicit knowledge）と認知処理の関係についても言及されている．特に，明示的知識と中間言語体系（IL system）の暗示的（implicit）な知識の関係には少なくとも2つの経路があることがわかる．1つは，明示的な知識が直接暗示的な知識に変換される場合であるが，Ellis によると，これは be 動詞のような，他の文法的な知識の発達を前提としない項目（non-developmental grammatical item）の場合に限られるということである．一方，新しい形式が発達的（developmental）で他の形式の習得状況と関係ある場合は，学習者が明示的に与えられた新しい言語形式を処理し，中間言語の体系の中に取り込みできるレベルにいる場合に限って，明示的な知識は既存の暗示的な知識のフィルターを通過することができ，知識の変換が可能となるとされている．このように明示的な知識と暗示的な知識は間接的な関係にあるとみなす考え方は，前述の技能習得理論の強いインターフェースの立場とは異なっており，「弱いインターフェースの立場（weak interface position）」と言われる．また，この立場では，図からもわかるように，明示的な知識が気づきや比較を促し，結果的に暗示的な知識へと至るのを援助するとも考えられている．

### 2.3.3. 認知心理学の展開

前節で述べた情報処理モデルは，現在も SLA 研究において重要な位置づけがなされているが，認知心理学においては，その後人間とコンピュータの情報処理を同一視することの限界から，むしろ両者の違いに特に関心が向けられるようになった．具体的には，ストラテジー，メタ認知，スキーマ，動機づけな

どの問題が盛んに研究されている．

## 2.4. 社会文化理論

　焦点の違いこそあれ，前述の言語習得観はいずれも学習者個人がL2習得の中心にあった．特に認知主義では，知識の習得や認知構造の変容は学習者の頭の中で起こるものとみなされていたが，1980年代になると，情報処理理論的な観点の限界が感じられ，人間の認知や思考を社会的，文化的文脈の中で捉えようとする動きが出てきた．これが社会文化理論（Sociocultural theory）である．この理論では，L2を含めた知識の習得は学習者個人の内的な認知活動だけではなく，学習者と周囲の環境ないし状況とのかかわり，端的に言えば他者とのかかわりによって成立するものとみなされている．

　このような考え方は，1930年代のロシアの発達心理学者 Lev S. Vygotsky による子供の知識の習得研究に端を発している．その後も教育学においては影響を与えてきたが，1990年代以降第2言語習得研究においても再注目されるようになった．Vygotsky は知識の習得を以下のようにとらえている．

1. Knowledge is actively constructed by learners and not passively received.
2. Cognition is an adaptive process that organizes the learner's experiential world.
3. All knowledge is socially constructed.

　この理論の中心的な概念として，「最近接発達領域（Zone of Proximal Development, ZPD）」と，思考活動における言語の働きの2つを挙げることができる．ZPDとは，子供，あるいは初学者が1人では解決できない問題に直面したとき，周囲の大人や教師などの熟達者によって，「足場掛け（scaffolding）」という援助が行われれば解決できるようになる範囲を指し，言語の習得も同様のプロセスでより高い所に到達できると考えられた．当初は2者間には能力差があることが前提とされていたが，後に，同じレベルの学習者同士でも問題解決は可能であると考えられるようになった．

　これが，まさに新学習指導要領でも取り上げられている「対話的な学び」すなわち「協働学習（collaborative learning）」の根幹を成している．仲間同士で問題解決に従事し，相互にやり取りすることで自分の知識や思考が適切であるかを判断し，必要なら修正を行うことで，新たな，より高次のレベルの認知や思考に到達することができると期待されている．

　関連して Vygotsky は言語を外言（external speech）と内言（inner speech）

に分け，外言が内在化して内言へと発達すると想定している．外言とは他者とのコミュニケーションに用いられ，通例は発声を伴うものである．一方，内言は思考を調整する道具とみなされており，通例は発声を伴わない．子供は対話の場面や文脈を共有する大人たちとの対話において外言を使用している．外言は，場面や文脈に依存した言語であるが，次第に（独り言のようにつぶやく）自己への語りかけ (private speech) へと向かい，さらには，場面や文脈を共有しない相手に対して，自らの思考を内言として言語化できるようになるとされている．

L2 の言語活動は複雑な認知プロセスであることから，この理論では，特に L2 の能力が低い学習者の場合には，思考の道具として無理して L2 を使用させるのではなく，自分の L1 を用いることを積極的に認めている．

## 3. 第2言語習得 (SLA) の仮説

「言語を習得するとはどういうことか」という問題は，多方面からのアプローチがあり，定義も様々可能であるが，端的に言えば，「言語の形式 (form)」と「意味 (meaning)」（と「機能 (function)」）を適切に「関係づける」ことである．この関係づけは，「マッピング (mapping)」，あるいは「コネクション (connection)」と称される．本節では，SLA 研究において，大きな影響を与えてきた4つの仮説を取り上げる．

### 3.1. インプット仮説 (Input Hypothesis)

L1 の習得に関する生得主義や認知心理学の成果を背景に，アメリカの言語学者 Stephen Krashen は L2 の習得に関する「モニターモデル (Monitor model)」を提唱した（詳細は Krashen 著 *Principles and practice in second language acquisition* (1982) 他を参照されたい）．このモデルは以下の5つの下位仮説から成り立っており，その中核をなすのが「インプット仮説 (Input hypothesis)」である．（ただし，この仮説名は，モニターモデルの代わりに，Krashen の理論全体を代表する名称として用いられることもある．）

インプット仮説によると，L2 の習得に必要な条件は，学習者が「理解可能 (comprehensible) なインプット」を豊富 (rich) に受けることである．「理解可能」とは，「学習者の現在の言語能力よりやや上のレベル」とされており，学習者にとって難しすぎるだけでなく，簡単に処理できる場合も不適切と見なされている．この概念は "comprehensible input $i+1$"，ないし「$i+1$」と称され，$i$ が現在のレベル，$+1$ がそれより少し上を示している．理論的に厳密

に定義されていないと批判されることもあるが，学習者にとって最初は難しくて対処できなくても，手がかりやヒントを得れば自力で処理・解決できるレベルと解釈すれば，経験的には理解できるところであろう．例えばリーディングにおいて生徒が文の意味処理に苦労している際に，教師が絵や写真などの視覚情報を与えて支援することで，未知語の意味や文構造などを含んで文全体の意味理解ができるようになるレベルを指す．この仮説では，アウトプットはインプット（による習得）の結果であり，基本的に習得には貢献しないとされている．

また，他の4つの仮説は以下の通りである．

(1) 習得（獲得）対学習の仮説（acquisition-learning hypothesis）
Krashen は，言語の「習得」は自然な無意識のプロセスであり，学校などで意識的に行われる「学習」とは根本的に異なるとして，意識の働きを認めていない．また学習の成果である明示的知識は習得としての暗示的知識には結びつかないという非インターフェース（non-interface）の立場を堅持した．

(2) 自然な習得順序の仮説（natural order hypothesis）
形態素の習得に関する先行研究に基づき，指導の順番にかかわらず，また，学習者の母語や年齢の違いを問わず，学習者はほぼ同じような順番で言語を習得するとみなされた．

(3) モニター仮説（monitor hypothesis）
学習によって得られた知識は，学習者が話したり，書いたりする際に自分のパフォーマンスをチェックし，自己修正をもたらすモニター（監視役）としてしか機能しないとの主張をしている．

(4) 情意フィルターの仮説（affective filter hypothesis）
学習者が不安や過度の緊張のようなネガティブな感情を有していると言語習得の妨げとなるので，反対に学習者の心理的な壁を低くする必要があるという主張である．

Krashen は，また，インプットが学習者にとって「興味深い（interesting）」ことも必要としており，さらに1991年の "The input hypothesis: An update" という論文では，ただ理解可能なインプットがたくさん与えられるだけでは習得には不十分で，まず学習者がリラックスした状態でインプットを受け取ることが前提となると強調している．

Krashen のモニター・モデルは，一口に言えば，L1 と L2 の習得の本質的なプロセスは同じであるという前提に立っており，Chomsky による生得主義

の影響が強いことがわかる．言い換えれば，L2 習得には L1 の場合と同じ程度の言語経験が必須であるということでもある．学習者が，毎日のように理解可能なインプットをたくさん浴び，言語習得に十分な時間をかけることができる環境にいるならば，Krashen の仮説は不可能ではないかもしれない．しかしながら，日本のように英語が外国語である場合は，必然的にインプットの量が足りないという問題が生じる．

また，その後は情意フィルターの仮説以外は多方面から批判されることとなったが，Krashen の研究は第 2 言語習得研究において様々な課題を提供したことは確かである．

### 3.2. インタラクション（相互交渉）仮説 (Interaction Hypothesis)

アメリカの応用言語学者 Michael Long が 1983 年の "Native speaker/nonnative speaker conversation and the negotiation of comprehensible input" ほかで提唱した「インタラクション仮説 (Interaction hypothesis) は，Krashen の「理解可能なインプット」という概念を土台にしている．ただし，言語習得に貢献するのは一方的に与えられるインプットではなく，学習者が L2 を用いて他者とやり取りする過程で，理解が困難であったインプットが理解可能なインプットになることと考えられている．コミュニケーションにおいて学習者は，相手の言うことがよくわからないとか，自分の言いたいことが相手にうまく伝わらないというような問題が生じた場合に，何とか意思疎通を図ろうとして様々なやり取りを行う．このような，相互に発話を理解しようとするやり取りは，「意味交渉 (negotiation of meaning)」と呼ばれ，この仮説の中心的な概念である．相手の発言の意味や意図がわからない場合などに，"Can you repeat what you last said?", "What does ～ mean?", "How do you spell ～?" のような反復や明確化の要求 (clarification request) をしたり，"Do you know what I mean?" と自分の発言が正しく伝わっているか相手に確認 (confirmation check) をしたり，あるいは伝わっていない場合に元の発言を修正したり，他の表現に変更したりするのが典型である．意味交渉が L2 を用いて期待どおりに行われるかどうかは，通例学習者の熟達度に依存する部分が大きいと見なされている．

Long は上の仮説を援用し，「タスク中心の教授法 (Task-based Language Teaching, TBLT)」を提唱した (Long, 1985)．タスク（課題）を首尾よく達成しようとする過程で，相手と互いの発話を理解するための意味交渉が盛んになり，それによって相手から言語習得に必要な理解可能なインプット「*i+1*」が得られると考えられている．そのため，実際の指導においては，相手との意味

交渉がより盛んになると考えられている情報格差の特徴を備えた「インフォメーション・ギャップ・タスク（information gap task）」などの活用が図られるのが一般的である（ここに興味ある方は Long の 1985 年著 A role of instruction in second language acquisition: Task-based language teaching を参照されたい）．

さらに Long は 1996 年に "The role of the linguistic environment in second language acquisition" という論文を発表し，インタラクションは，学習者が特定の形式に「選択的注意（selective attention）」を向けるように導き，インプット，注意，アウトプットを結びつけることで L2 習得に貢献するという，より包括的なインタラクション仮説を提案した．意味交渉によって相手から得られる「修正されたインプット（modified input）」，相手からのフィードバック（feedback），必要に応じて自分の発言を相手に通じるように修正する「修正アウトプット（modified output）」を挙げて，意味交渉の意義を新しいインタラクション仮説の中に位置づけている．

### 3.3. アウトプット仮説 (Output Hypothesis)

カナダの第 2 言語教育研究者である Merrill Swain は "Communicative competence: Some roles of comprehensible input and comprehensible output in its development"（1985）という論文で，イマージョン教育の調査から，Krashen が主張する理解可能なインプットを学習者が数年にわたって大量に受けたにもかかわらず，彼らの L2 の文法的正確さに問題があることをつきとめ，その原因がアウトプットの不足にあると指摘した．そして L2 習得には理解可能なインプットだけではなく，相手に正確にメッセージが伝わるように元の発話を修正する必要に迫られて行う「理解可能なアウトプット（comprehensible output）」も必要であるとした．これを「アウトプット仮説（Output Hypothesis）」という．このように，必要に迫られたり，相手から修正要求されたりして行うアウトプットは「強制アウトプット（pushed output）」と呼ばれる．インプットだけであれば，学習者はまずその意味（メッセージ）を理解しようとする．その際概して注目されるのは語彙（単語）であり，形式（文法）には特に注意が払われなくても，意味は理解できることが多い．しかし，自分の中間言語のレベルより少し高いレベルのアウトプットを'強制'ないし'要求'されると，意味をどのような形式を用いて表現するかという点に注意が向き，それが L2 習得に貢献するという主張である．

Swain は，さらにその後，L2 習得に関するアウトプットの貢献として以下の点を掲げている．詳しくは文献一覧の Swain の 1995 年，および 1998 年の論文を参照いただきたい．

(1) ギャップ (gap) に対する気づきを生む．
表現したいことを実際に英語で正しく表現できないことや，自分が表現できることと表現したいこと，自分の中間言語と目標言語との間にはいろいろなギャップがあることに学習者自身が気づくことが必要で，自分の言語知識の「穴」(hole) を意識することにより，関連する必要なインプットに注意が向くようになる．
(2) 仮説の形成とその検証による新しい知識獲得の機会を与える．
学習者は学習の過程で目標言語の文法や文構造などに関して様々な仮説を立てている．そして（意識する，しないにかかわらず）新しい形式や構造を用いて話したり，書いたりすることによって，自分の仮説の正誤を検証する機会を得る．自分の伝えたいことが相手に正確に伝わらないとか，他者から直接，間接に訂正のフィードバックを受けることがあれば，元の仮説の修正を行うことになる．
(3) メタ言語知識の発達を促す．
アウトプットすることで穴やギャップが特定できれば，自分のアウトプットに対する内省が行われ，言語の何がどのように問題か検討するようになる．それによって，目標言語の文法規則などの知識の発達が期待できる．
(4) 知識の自動化を促進する．
繰り返しアウトプットすることで，自動化が起こり，その結果流暢さが増すと考えられる．

ただし Ellis は *SLA research and language teaching* (1997) という著書で，（強制）アウトプット仮説が主張するギャップの認識，仮説検証，内省等は，教室の中でコミュニケーションしていれば必ず起こるというわけではないので，そういう機会を意識して作ることが重要としている．さらに言えば，意味交渉が行われても，必ずしも問題が解決されるわけではなく，学習者は途中で諦めたり，場合によっては間違った結論に至ってしまうこともあるので留意したい．

付言すると，スピーキングとライティング，すなわちアウトプットのモードの違いも考慮する必要がある．例えば，音声によるアウトプットの場合，特に音声的に聞き取りにくい要素（通例弱く発音される要素），例えば，be 動詞，冠詞，前置詞などの機能語や単数や過去などを示す形態素などは，あまり意識しなくても文全体の意味は相手に伝わる．同様に，学習者が口頭で "I like apples. Because they are good for our health." と，従属接続詞である because を等位接続詞のように誤って用いたとしても，聞き手は音声的には気づかないし，たとえ音調的な問題を感じたとしても，コミュニケーション自体は成立するので，訂正フィードバックは得られないであろう．したがって，この場合もアウトプットすれば必然的に穴やギャップに気づく機会が得られるということではないので，適宜文字によるアウトプットの機会も設けて確認する必要がある．

### 3.4. 気づき仮説 (Noticing Hypothesis)

アメリカの第2言語習得研究者 Richard Schmidt は "Interaction, acculturation, and the acquisition of communicative competence" (1983) という論文で，"Wes" と名づけたハワイの日系移民の英語を調査し，コミュニケーションは十分出来ているにもかかわらず，その英語が正確さに欠けること，そしてその原因が，Wes がほとんど形式に注意を向けていない点にあることをつきとめた．また，自分のポルトガル語の学習経験から，ただインプットを豊富に与えられるだけでは L2 習得は難しく，まず学習者がインプットの中の特定の言語項目や言語形式の存在や特徴などに「気づくこと (noticing)」が L2 習得の必須条件であるとした（詳しくは，Schmidt の "The role of consciousness in second language acquisition" (1990) を参照されたい）．2.3.2 節で見たように，気づかれた言語の特徴や形式が L2 習得に必要なインテイク (intake) として取り込まれるが，この「気づき仮説 (Noticing hypothesis)」は，L2 習得の過程における認知処理を明確に位置付けた点で重要であり，その後の認知的な観点からの SLA 研究に大きな影響を与えている．

Schmidt は後に，「気づき」の代わりに「注意 (attention)」という用語によって再定義を行っており，ここでいう気づきは，「選択的注意 (selective attention)」とされている．また，Schmidt は 2001 年の論文 "Attention" の中で，選択的注意は，基本的に L2 の表面的な言語形式や項目など（例：-ing）に向けられるもので，原理や規則などに関する高次の気づきは，メタ言語的アウェアネス (metalinguistic awareness) として区別されている．

Schmidt によれば，気づきを導く要因としては，以下のようなものが考えられている．

(1) 教師や教科書等による（明示的な）説明や指導
(2) 言語項目の出現頻度 (frequency)
 ・タイプ頻度とトークン頻度 (4.4 節を参照されたい)
(3) 目立つこと (perceptual salience)

(ただし学力の比較的高い生徒が，例外的な現象を記憶することもある)
(4) 学習者のレベル (skill level)
(5) タスクの要求度 (task demand)
　・タスクを首尾よく完了するのに，どの程度形式に注意を向ける必要があるか
(6) 比較 (comparing) ＝ギャップに対する気づきを生じる

　学習者はインプットのすべてを認知（処理）しているわけではなく，通常は意味（メッセージ）の理解を優先するため，特に語彙（単語）の認知が先で，形式は後回しとなるのが通例である（しかも余裕がある場合に限る）．さらにSchmidt は，学習者が自分の中間言語と目標言語であるL2の間のギャップ(gap) に気づくことも必要だとしている．

　最後に，インタラクション仮説，あるいはフィードバックと気づき仮説との関係で，「アップテイク (uptake)」に言及しておきたい．意味交渉の最中，特に修正インプットを受けた際などに学習者が示す何らかの反応を「アップテイク (uptake)」と呼ぶ．訂正 (corrective) フィードバックの研究で定評のあるRoy Lyster と Leila Ranta の共同研究の "Corrective feedback and learner uptake" (1997) という論文によると，アップテイクには2種類あるとされる．1つは自己修正を伴い，学習者が自分の誤りを正しく修正してアウトプットできた場合であり，もう1つは，そのような修正を伴わない場合である．(1) は教師 (T) のフィードバックであるリキャスト (Recast) に対する，学習者 (S) の修正を伴うアップテイクの例，(2) は修正がなかった例である．

(1) S: He is in London for two years.
　　T: He has been ….
　　S: He has been in London for two years.
(2) S: I went there two times.
　　T: You have been … You have been there twice.
　　S: Yes, yes.

　見た目の自己修正がないからといって，何も気づきがなかったとは言えないであろうし，反対に一見自己修正できたようでも，実は単に教師の発言をまねているだけという可能性もあり得る．しかし，自己修正を伴う場合は，一般的には，学習者がギャップあるいは自分の誤りに気づいたかどうかの判断基準とされることが多く，指導の成果を客観的に判断できる手がかりともなる．したがって指導においては，まずは修正を伴うアップテイクを引き出すように心が

けたい．さらには，一呼吸おいてからもう一度言わせるようにすれば，単なる教師の真似ではなかったことを確認することもできるであろう．

## 4. 第2言語指導の諸問題と留意点
### 4.1. 英語の授業は英語で
　2009年度版高等学校学習指導要領において，「授業を実際のコミュニケーションの場面とするため，授業は英語で行うことを基本とする」と明記されたが，それは世間的には一大センセーションを巻き起こした．マスコミは盛んに日本人英語教師の英語力，特にいわゆるスピーキング力に対する不安を取り上げ，教育現場にも少なからず混乱が生じた．「英語のコミュニケーション能力養成には英語でインプットするのは当然だ」という意見の一方で，「文法の説明などは日本語で行う方が効率的である」などとも言われ，「生徒がいかに授業中に多く英語を使用するかがより重要」という意見も聞かれた．中学校でも2017年度版の指導要領から同様の方針が示されたが，「英語の授業は英語で」とか「オールイングリッシュ」などという場合，特に注意すべき点は，どのような英語を用いれば学習者の言語習得の観点から貢献できるかである．

　英語の国際化に伴い，学習者にとって英語はその母語話者とのコミュニケーションに用いられるよりも，母語が異なる英語の非母語話者同士（例えば，日本語母語話者と中国語母語話者）の間のコミュニケーションを行うための「リンガ・フランカ（共通言語）としての英語（English as a Lingua Franca, ELF）」として用いられる機会がはるかに増えた．このような状況にあって，英語学習者に求められているのは，英語の母語話者と同じように英語を用いることではない．これは英語の非母語話者である日本人英語教師のアイデンティティにもかかわることなので，まずしっかりと把握しておきたい．もちろんただ通じればよいという，いいかげんな日本人英語で構わないと言うわけでは決してない．日本における英語学習にとってふさわしい英語とはどのようなものであるかを，改めて意識することが重要ということである．

### 4.2. ネイティブスピーカー神話
　Krashenと共にNatural Approachの提唱者であるTracy Terrelは "Foreigner talk as comprehensible input"（1991）という論文で，スペイン語の母語話者の発話が学習者のスペイン語の習得にどの程度貢献するかについて，母語話者が学習者に「理解可能な入力」をどの程度与えることができるかという観点で調査を行った．いわゆる教室外での母語話者と学習者のやり取りでは

あったが，母語話者の発話は学習者にとって「理解可能」と言えないことが多く，場合によっては，誤解を誘発することさえあったとのことである．この調査からわかるのは，母語話者でさえあれば言語の学習に有用なインプットができると単純には言えず，したがって，冒頭に示した英文の空欄に，単純に"to go to a country where it is spoken"と記入するのは躊躇されるのである．

### 4.3. 言語習得のためのインプット

　英語の授業は英語で行うという場合，学習指導要領では，「その際，生徒の理解の程度に応じた英語を用いるよう十分配慮するものとする．」という一文が続いている．これは，まさに教師が用いるべき英語の質について言及したもので，まずは Krashen のいう「理解可能なインプット」が重要であるという指摘である．次に英語の非母語話者の教師がインプットすべき英語の質はどのようなものであろうか．当然ながら，生徒の英語習得に貢献できることが必須であるが，単に音声でインプットするだけなら，あらかじめ吟味された音声素材を流せばよいことになる．例えば，口頭による教師の効果的なインプットについては，イギリスの Robert O'Neill が "The myth of the silent teacher" (1994) という論文で，以下のようにまとめている．

(1) 意味単位 (sense group) に分割されている．
(2) 不自然ではない程度に単純化されている．
(3) 単語や構造が（適当な間をおいて）自然に繰り返されたり，再利用されるなど，余剰性がある．
(4) 生徒が途中で質問やコメントができるように，談話の短いまとまり (short paragraph segment) を形成している．
(5) 新しい語彙や構造を指導する際は，典型的な例が与えられる．
(6) 明示的，暗示的両方の訂正テクニックを用いている．
(7) 85 から 95 パーセントは生徒に理解される．

　その他，速度に配慮がある．声が十分大きい．ポーズが長い，語彙レベルが適切，イディオムがあまりない，身振り手振りジェスチャーを用いる，必要に応じて言い替え (paraphrase) や補足説明 (elaboration) がある．前の発言のまとめを行う，発話が短く完結する，適切な発音やイントネーションを用いるなどに配慮したい．

### 4.4. トークン頻度 (token frequency) とタイプ頻度 (type frequency)

　3.4 節において，学習者の注意を引く方法の1つとして，形式の出現頻度

(frequency) を挙げたが，言語習得に関連して頻度はトークンとタイプという2つに分類することができる．従来から語彙の習得ではこの2種類の頻度について言及されてきたが，近年形式（文法）の習得にも，その頻度が関係していると考えられている．トークン頻度は学習者が同一の項目や形式，言い換えると事例に接した総数を指し，事例そのものの習得に貢献するとされている．したがって，例えば，不規則動詞の過去形である ate, caught, wore などは，それぞれを何回見聞きしたかが問題で，頻度が高いほど習得されやすいと考えられ，これは「項目学習（item learning）」に関係する．

それに対し，タイプ頻度は，例えば規則動詞の過去形であれば，asked, called, walked など様々な動詞を介して，"Verb＋-ed" という範疇としての頻度を指す．タイプ頻度は，Verb の部分に様々な動詞を入れて創造的に用いる産出能力の基盤を提供し，個々の事例から一種の抽象化，一般化を伴い，規則の習得に向かうことから，「体系学習（system learning）」に通じていると言える（この点に興味のある方は，山岡俊比古「文法教授と文法学習」(2007) を参照いただきたい）．

## 4.5. インプットの洪水（input flood）とインプットの強化（input enhancement）

イギリスの応用言語学者 Michael A. Sharwood Smith は，学習者の気づきを誘発するため，意味処理の際に学習者の注意を形式に向ける2種類のインプットの方法を，"Consiousness-raising and the second language learner" (1981) という論文で提案している．1つは，インプットの洪水（input flood）ないしインプットの豊化（Input enrichment）と呼ばれ，学習者が読んだり，聞いたりする文章の中に目標形式をたくさん配置しておくものである．

出現頻度の目安などは理論的には明確ではないが，より多くの事例に触れることで，学習者の作動記憶（ワーキング・メモリー（working memory））に貯蔵され，その後の意味と形式の関係の処理に活用されることが期待されている．ただし，単に特定項目の頻度を高くするだけでは全体に不自然な英文になる可能性があるので，英文を作成する際は留意したい．

もう1つは，インプットの強化（Input enhancement）で，文字テキストの場合は，対象となる項目の書体を変えたり，下線を引いたり，色をつけたりして，目標の形式を強調して目立つようにすることを指す．音声テキストでは，該当部分をはっきり，ゆっくり発音したり，項目の前や後に信号音を入れたりすることもある．音声の場合は英語として自然なリズムや音調から（あまり）逸脱しないよう配慮すべきである．

この2つはいわゆる暗示的（implicit）な指導であり，意味の理解に伴う偶発的な学習（incidental learning）なので，特に教師の指導がなくても学習者が自然に目標形式に注意を払うことが期待されている．(Rod Ellis はこれを事前型のフォーカス・オン・フォーム（proactive focus on form）とも呼んでいる．) しかし，数が多いというだけで学習者が必ず注意を払うとは限らないし，目立つものに気づいたとしても，意味と形の関係を理解するのに必要な知識や経験，すなわちレディネス（readiness）が学習者になかったり，形式と意味の関係が複雑で難し過ぎるならば，結局はインテイクに至らない．そのため，これらは単独で用いるよりも，明示的な指導と組み合わせて利用するほうが，より効果を期待できると考えられる．例えば"would"のインプットの洪水の場合であれば，学習者自身に該当する部分に下線を引かせ，その中から「過去の習慣」の意味を表すものを選択させるなど，該当の形式に能動的に注意を向けさせる活動と組み合わせることができる．

インプットの強化とインプットの洪水はセットで用いられることも多い．ただし，特定の部分にばかり目や耳が捕らわれてしまうと，反対にテキスト全体の理解が十分できなくなるので，指導上のバランスに留意したい．

### 4.6.　構造化されたインプット (structured input)

アメリカの第二言語習得研究者である Bill VanPatten は，情報処理モデルの枠組を採用しているが，学習者の認知処理能力には限界があるため，意味処理に認知資源を割かれると，形式のほうには注意が向かなくなる傾向を重視している．そして，学習者が十分に形式と意味の関係を把握できるようにすることが必須と考え，*Input processing and grammar instruction in second language acquisition* (1996) をはじめとした著作で，インプットの際に自動的に形式に注意が向くようにしむける「インプット処理指導（input processing instruction）」を提唱した．

また，VanPatten は，2004 年の "Input processing in second language acquisition" という論文において，学習者の認知処理の傾向（ストラテジー）に関する研究成果を2つの大きな原理と9つの下位原理にまとめた．2つの原理は，次のようなものである（その他の原理については，VanPatten, 2004 他を参照されたい）．

(1) 意味処理第一原理（The primacy of meaning principle）：学習者は，インプットを処理する際，言語の形式よりも意味の理解を優先する．
(2) 最初の名詞原理（The first noun principle）：学習者は，文中の最初

の名詞または代名詞を主語ないし行為者（agent）と理解する傾向がある．

(1) は，例えば，We played tennis last week. という英文が過去の出来事を記述していると理解するのに，played の -ed と last week が同じように利用可能であるにもかかわらず，前者には注意が向かず，もっぱら後者に依存して意味を理解する傾向を指す．(2) については，The horse was kicked by the farmer. のような文の the horse を行為者と理解するのが例である．このように，学習者は基本的に文法形式よりも特に単語（の意味）に注目するストラテジーを持っているので，インプット処理指導の目的は，そのようなストラテジーを変えることである．

指導の中核をなすのが，「構造化されたインプット／構造的インプット (structured input)」で，この構造化されたインプットにはある項目や形式に学習者の注意を引くだけでなく，その項目や形式をインプットの処理（理解）に用いないと課題が解決できないという特質がある．上記の例に関して言えば，last week や now のような過去や現在を明示するような語句を含まない文を聞いて，動詞の形だけを頼りに過去のことか現在のことかを判断したり，受動文を聞いて，Who does the action? という質問に答えたりすることなどが挙げられる．

VanPatten によれば，インプット処理指導はすべての言語形式に有効というのではなく，上に示した学習者の認知処理の原理にかかわるものに限られるとのことであるが，通例，以下のような手順で実施される．

1. 学習目標である形式や構造について明示的な情報を与える．
2. ある形式を処理するのに不適切な，あるいは不十分な処理ストラテジーと適切なストラテジーの両方について情報を与える．
3. 学習者が不適切な処理ストラテジーを放棄し，適切に形式と意味を関係づけられるように構造化されたインプット処理の活動を行う．

また，VanPatten は 1996 年の著作で，構造化されたインプット活動のガイドラインとして以下の 6 点を挙げている．

(1) 一度に 1 つのことだけを：例えば直接目的語であれば，3 人称単数の代名詞だけに限るというように，形式をいくつかのポイントに分割して，多くの説明を要しないように．
(2) 意味の理解を重視して：単なる暗記だけではなく，形と意味の関係づけが目的．課題や活動の遂行には意味も必要である．

(3) 初めは単文から始め，だんだんと複数の文，すなわち談話レベルまで：初学者の場合は，単純なほうが注意を向けやすい．
(4) インプットは，音声と文字の両方で：学習者のタイプに適切なものを．
(5) 単に聞いたり，読んだりするだけではなく：意味理解も的確に行えているかを確認するために，インプットの内容に対して，正誤の判定を行ったり，賛成，反対の意思表示をしたり，内容を絵や写真とマッチさせたりするなどの活動が必要．
(6) 学習者のインプット処理の傾向を常に念頭に：誤ったストラテジーを正すことが目的なので，そのように活動や課題を組み立てることが必要．

### 4.7. インタラクション (interaction)

3.2 節で示した Long のインタラクション仮説では，インタラクションする行為自体の重要性が指摘されていたが，誰とどのような状況でインタラクションするのかという面には関心が向けられていなかったと言えるだろう．それに対して社会文化理論におけるインタラクションの概念は，ペアやグループによるコミュニケーション活動やタスク活動などの協働的な学習や対話的な学習との関連が深い．しかしながら，インタラクションが L2 の習得に有効であると言っても，ただペアやグループを組んで活動すれば意味交渉が活発に行われるというわけではないことはよく知られている．この問題に対処するためには，少なくとも次の点に留意する必要がある．

① ペアやグループの組み方：

特に口頭のコミュニケーションは話し相手との共同作業なので，その質と量は，相手がどのようなタイプかによって変わってくる．オーストラリアの応用言語学研究者 Neomy Storch は，2002 年に "Patterns of interaction in ESL pair work" という論文を発表し，ペアでのやり取りについて，お互いの「平等性（equality）」と「相関性（mutuality）」の観点から，次の4つの組み合わせが存在するとした．

(1) 協働的 (collaborative) パターン：学習者は助け合いながら，共に活動する．
(2) 支配的／支配的 (dominant/dominant) パターン：学習者は両方とも相手を認めず，共に活動したり，助け合ったりすることは（ほとんど）

ない．
(3) 支配的／受動的（dominant/passive）パターン：支配者がタスクをコントロールし，受動者はただそれに従う．
(4) 熟練者／初級者（expert/novice）パターン：熟達度の高い学習者が相対的に低い学習者を積極的に援助する．

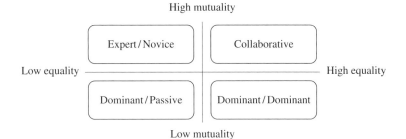

図 2．インタラクションのパターン（Storch, 2001 に基づく）

　Storch によれば，4つの組み合わせの中で情報のやり取りが行われるのは，1番目と4番目である．1番目のパターンでは，二人の発言の回数や量がほぼ同じで，交互に発言するという特徴を示す．内容的にもお互いの意見や考えを認めつつ，課題の達成や解決に向けて協力する．一方，2番目のパターンでは，一見二人の発言の回数や量はほぼ同じ程度であっても，お互いに相手の意見や考えを受け入れず，拒否したり，無視したりという事が多く，その反面，自分の意見を押し通そうとする傾向が強い．3番目では，支配的な学習者がほぼ1人で発言し，課題にも1人で従事する一方，受動的な学習者はせいぜい相づちを打つ程度しか参加しないというのが典型的なケースである．4番目の場合は，必然的に熟達度の高い学習者の発言回数や量が多くなるが，熟達度の低い学習者も必要に応じて質問やコメントを行いながら，全体として2人で課題に向かう姿勢が見られる．この熟練者と初心者のペアについては，2.4節で述べた Vygotsky の足場掛け（scaffolding）の考え方が典型的に当てはまる．

　以上の4つに加え，Watanabe and Swain の "Effects of proficiency differences and patterns of pair interaction on second language learning" (2007) という論文では，5番目として，熟練者／受動的というパターンが観察されているが，この場合は，受動者が活動に参加する意欲が低いので，熟練者が空回りしている印象が強い．さらには，特に日本では，両者とも意欲が低い，受動的／受動的というパターンを加えることも可能であろう．受動者同士の場合は，予測されるように2人の発言回数も量も少なくてうまくいかないことが

多いが，課題が難しすぎず，学習者自身が課題達成の面白さや重要性を認識できるならば，多少とも情報のやり取りが行われる可能性がある．

　グループ活動についても，活動の結果や課題の成果だけを見るのではなく，活動の経過，すなわちグループの中で実際に誰がどのような情報のやり取りをどの程度行っているのかについて常に留意する必要がある．実際にたくさん発言したり，課題に積極的に取り組んでいるのは，リーダー的あるいは支配的な学習者だけであるということも珍しくない．したがって，協働学習，対話的な学習を企図する場合は，まずペアやグループの組み方に注意すべきであるが，理想的なパターンでペアやグループを作れるとは限らない．そこで，授業中にいろいろな人と組んで活動する機会を設けるといった配慮が必要となる．あるいは，ペアでもグループでも，それぞれの学習者が課題解決に必要な異なる情報を提案できたり，求められたりするとか，インフォメーションギャップが存在するように活動や課題を設定し，それぞれの情報を持ち寄らないと最終的な成果が得られなかったりするなど，目標に向かってそれぞれの学習者が具体的に何をすべきか，役割や分担を明示することが必要になる．

② **言語関連挿話 (language related episode)**

　次に注意すべき点は，実際にどのような内容の情報のやり取りが行われるかである．Swain and Lapkin は "Focus on form through collaborative dialogue" (2001) という論文において，課題を遂行中，コミュニケーションの合間に学習者同士が言語自体に注意を払い，特に語彙や文法の正しい用法を求めて話したり，互いに質問したりしながら，相手や自分の誤りの修正を行うような一連の行為を「言語関連挿話 (Language Related Episode, LRE) と称している．それによって，学習者がコミュニケーションの最中に言語の特徴に気づくことが言語の習得に貢献すると考えられている．先に言及した「意味交渉 (negotiation of meaning)」が，主にコミュニケーションがうまくいかないときに，伝わらなかったことを何とか伝えようとして生じるのに対し，LREは，学習者が課題達成のために，（意図的に）言語についてのやり取りを行うという違いがある．例えばペアで一連の絵の内容を描写する課題に対処する場合を取り上げてみよう．コミュニケーションが一見うまくいっているようでも，実際には，ストーリーの展開や話の落ちのように内容についてのやり取りが中心で，言語そのものについての話し合いがあまり行われないと，言語習得への貢献度は下がると考えられる．LREには「語彙中心」と「形式中心」の2種類があり，語彙中心は，適切な英単語を探索したり，いくつかの候補を挙げてその中から選択したりするなどのやり取りを指し，形式中心には，形態素，文法，

談話，スペリングなどについての発話が含まれる．これらは Dictogloss や Jigsaw task などでよく見られる．

ここで，さらに注意すべきことは，ただ LRE の数が多ければ多いほど言語習得に必ず結びつくというわけではないということである．重要なのは，LRE によって，学習者同士で検討したり，場合によっては辞書を引いたり，教師の援助を得たりして，正しく問題解決が行われることである．検討はされたが，結果的に誤った，あるいは不十分な答えしか得られなかった場合や，途中で検討をあきらめて未解決のままにしてしまう場合は，結果的に言語習得には至らないと考えられる．

その後 Swain は，2.4 節で紹介した社会文化理論と 3.3 節で言及した「メタ言語知識の発達を促す」アウトプットの機能を背景として，"Languaging, agency and collaboration in advanced language proficiency" (2006) という論文で「ランゲージング (languaging)」という概念を提唱した．これは，"the process of making meaning and shaping knowledge and experience through language" と定義され，言語と思考の関係が重視されている．具体的には，学習者が L2 やその使用について，特に言語的な観点から考えたり，理解したことを，自分の言葉で話したり，書いたりして「言語化」することが L2 の習得に貢献すると考えられている．上で示した LRE もこの一環とみなされるが，ランゲージングには，ペアやグループでのやり取りだけでなく，例えば，学習者が L2 学習において理解できたと思うことや疑問点などについて内省し，その結果を個人で書き出すような場合も含まれる．ランゲージングを日本語と英語のどちらで行うかは，課題の難易，トピック，活動の目標や内容，学習者の習熟度などを考慮して判断すべきである．

## 5. まとめ

本章では，過去 50 年ほどの間に急速に発展してきた「第 2 言語習得」という研究分野において，特に大きな影響を与えてきたと考えられる「ものの見方・考え方」を取り上げて解説した．実に多様なアプローチがなされてきたことが，第 2 言語の習得がいかに複雑なプロセスであるかを物語っている．その一方で，着実に明らかになってきたことも多い．英語教師としての幹を益々太くし，指導観を確固としていくためにも，当該分野の研究の成果に対して open-mind を持ち続けていただきたい．

## 参考文献

Anderson, J. (1983). *The architecture of cognition*. Cambridge, MA: Harvard University Press.

Chomsky, N. (1959). A review of B. F. Skinner's verbal behavior. *Language, 35*, 26-58.

DeKeyser, R. M. (1997). Beyond explicit rule learning: Automatizing second language morphosyntax. *Studies in Second Language Acquisition, 19*, 195-221.

DeKeyser, R. (1998). Beyond focus on form: Cognitive perspectives on learning and practicing second language grammar. In C. Doughty & J. Williams (Eds.), *Focus on form in classroom second language acquisition* (pp. 42-63). New York, NY: Cambridge University Press.

Ellis, R. (1997). *SLA research and language teaching*. Oxford, UK: Oxford University Press.

Ellis, R. (2008). *The study of second language acquisition* (2nd ed.). Oxford, UK: Oxford University Press.

Krashen, S. (1982). *Principles and practice in second language acquisition*. Oxford, UK: Pergamon.

Krashen, S. (1991). The input hypothesis: An update. In J. E. Alatis (Ed.) *Georgetown university round table on languages and linguistics 1991* (pp. 409-431). Washington, D.C.: Georgetown University Press.

Long, M. H. (1983). Native speaker/nonnative speaker conversation and the negotiation of comprehensible input. *Applied Linguistics, 4*, 126-141.

Long, M. H. (1985). A role of instruction in second language acquisition: Task-based language teaching. In K. Hyltenstam & M. Pienemann (Eds.), *Modelling and assessing second language development* (pp. 77-99). Clevedon, UK: Multilingual Matters.

Long, M. H. (1996). The role of the linguistic environment in second language acquisition, In W. C. Richie & T. K. Bhatua (Eds.), *Handbook of second language acquisition* (pp. 413-468). San Diego, CA: Academic Press.

Lyster, R., & Ranta, L. (1997). Corrective feedback and learner uptake: Negotiation of form in communicative classrooms. *Studies in Second Language Acquisition, 19*, 37-66.

O'Neill, R. (1994). The myth of the silent teacher. (http://www.tedpower.co.uk/es10420.html よりダウンロード)

Schmidt, R. (1983). Interaction, acculturation, and the acquisition of communicative competence. In N, Wolfson & E. Judd (Eds.), *Sociolinguistics and language acquisition* (pp. 137-174). Rowley, MA: Newbury House.

Schmidt, R. (1990). The role of consciousness in second language acquisition. *Ap-

*plied Linguistics, 11*, 129-158.

Schmidt, R. (2001). Attention, In P. Robinson (Ed.), *Cognition and second language acquisition* (pp. 3-32). Cambridge, UK: Cambridge University Press.

Sharwood Smith, M. (1981). Consciousness-raising and the second language learner. *Applied Linguistics, 2*, 159-168.

Storch, N. (2002). Patterns of interaction in ESL pair work. *Language Learning, 52*, 119-158.

Swain, M. (1985). Communicative competence: Some roles of comprehensible input and comprehensible output in its development. In S. Gass & C. Madden (Eds.), *Input in second language acquisition* (pp. 235-256). Rawley, MA: Newbury House.

Swain, M. (1995). Three functions of output in second language learning. In G. Cook & B. Seidlhofer (Eds.), *Principle and practice in applied linguistics* (pp. 125-144). Oxford, UK: Oxford University Press.

Swain, M. (1998). Focus on form through conscious reflection. In C. Doughty & J. Williams (Eds.), *Focus on form in classroom second language acquisition* (pp. 64-81). Cambridge, UK: Cambridge University Press.

Swain, M. (2006). Languaging, agency and collaboration in advanced language proficiency. In H. Byrnes (Ed.), *Advanced language learning*: *The contribution of Halliday and Vygotsky* (pp. 95-108). London, UK: Continuum.

Swain, M., & Lapkin, S. (2001). Focus on form through collaborative dialogue: Exploring task effects. In M. Bygate, P. Skehan, & M. Swain (Eds.), *Researching pedagogic tasks: Second language learning, teaching, and testing* (pp. 99-118). New York, NY: Longman.

Terrel, T. R. (1991). Foreigner talk as comprehensible input, In E. Alatis (Ed.), *Georgetown university round table on languages and linguistics 1990* (pp. 193-205). Washington, D.C.: Georgetown University Press.

VanPatten, B. (1996). *Input processing and grammar instruction in second language acquisition*. Norwood, NJ: Ablex.

VanPatten, B. (2004). Input processing in second language acquisition. In B. VanPatten (Ed.), *Processing instruction: Theory, research, and commentary* (pp. 5-32). Mahwah, NJ: Laurence Erlbaum Associates.

Watanabe, Y., & Swain, M. (2007). Effects of proficiency differences and patterns of pair interaction on second language learning: Collaborative dialogue between adult ESL learners. *Language Teaching Research, 11*, 121-142.

山岡俊比古 (2007).「文法教授と文法学習」『新しい英語教育のために』15-27. 東京：成美堂.

（久保田章）

# 第2章　日本における英語教育史

## 1. 日本人と英語

　日本人がはじめて英語に触れてから既に400年以上の歳月が経過している．現代の日本は押し寄せるグローバル化の大波に洗われ，空前の「英語ブーム」となっている．小学校では2011年（平成23年）から5・6年生において外国語活動が実施されてきたが，小学校新学習指導要領（2020年（平成32年）から全面実施）では3・4年生から外国語活動が開始され，5・6年生ではついに英語が教科化される．また，中学や高校の英語授業の内容も，アクティブ・ラーニングやICTを活用したコミュニケーション重視の方向性をさらに強化したものになる．
　さらに，平成32年度以降の大学入試センター試験に代わる「大学入学共通テスト」では，実用英語技能検定試験（英検）やTOEFLなどの民間の英語資格・検定試験を積極的に充用し，スピーキングとライティングも含んだ4技能評価が導入されることになっている．
　今や英語は否応なく我々の生活の中に入り込んで来ているが，この章では，この「英語という言語」が日本においてどのように教育されてきたかを，望月昭彦（編著）『改訂版　新学習指導要領にもとづく英語科教育法』（以下，望月，2010）に倣い，日本における英語教育を第1期（開国期），第2期（明治時代から昭和20年第2次世界大戦終了まで），第3期（昭和20年から高度成長期の始まる昭和40年代半ばまで），第4期（昭和40年代半ばから現在まで，）第5期（新時代の英語教育と新学習指導要領）の5期に分けて記述していく．

## 2. 第1期：開国期
### 2.1. 蘭学の時代
　日本に初めてやって来た英語話者は William Adams であるとされている．Adams は 1600 年に現在の大分県に漂着し，その後徳川家康と会見してから外交顧問として重要な役割を果たし，三浦按針という日本名を与えられた．Adams は 1620 年に日本で没したが，その後，日本は鎖国時代に突入する．鎖国時代，日本は西洋諸国の中ではオランダとのみ貿易を行っていたが，1808 年にイギリス軍艦フェートン号がオランダ船を装って長崎港に乱入し，オランダ商館員を人質にして，飲み物と食料を奪うという事件が発生した（フェートン号事件）．この事件をきっかけとして，徳川幕府は国防のためにオランダ語通詞に英語を学習させた．これが日本で最初の「英語教育」であろう．
　その後 1848 年にアメリカ人 Ranald MacDonald が北海道の利尻島に上陸し，捕縛されて長崎に護送された．やがて MacDonald はオランダ通詞達に英語を教え始めるが，ここで日本人が初めて英語を母語とする人物から英語教育を受けることとなった．
　第 1 期の英語教育史に欠かせないのが中浜万次郎である．四国の土佐の漁師であった万次郎は 1841 年に遠州灘で遭難したが，アメリカの捕鯨船に救助されてアメリカに渡った．14 歳から 26 歳までの 12 年間アメリカで生活し，高校も卒業して後に捕鯨業に従事した．1851 年に琉球に上陸して鎖国中の日本に戻り，薩摩，長崎を経由して故郷の土佐に帰った．万次郎はその後，老中の阿部正弘にアメリカでの教育と語学力をかわれて幕府に仕え，1860 年には日米通商条約批准のための遣米使節団に通詞として随行した．1862 年には幕府軍艦操練所の教授となり，退職後は土佐や薩摩で英語や航海術を教え，明治維新後は開成学校（現東京大学）の英語教授となった．したがって，万次郎こそが日本で最初の日本人英語教師であったと言える．

### 2.2. 蘭学から英学へ
　1854 年の日米和親条約に続いてイギリス，オランダ，ロシア，フランス等の国々と通商条約が結ばれると，英語の必要性が急激に高まった．江戸幕府は 1855 年に外交文書の翻訳とその機密保持及び時局の要請する西洋軍事科学書の翻訳と研究のために洋学所を設置した．洋学所は 1856 年に蕃所調所と改称され，1858 年から英語の研究が，1860 年からは英語の授業も開始された．これにより，日本で初めて組織的な英語の学校教育が始まったわけである．

## 3. 第2期：明治時代から昭和20年第2次世界大戦終了まで

### 3.1. 明治時代の英語教育

#### 3.1.1. 明治初期

　明治維新により日本は一気に欧米化の波に洗われることになる．斎藤兆史著『日本人と英語：もうひとつの英語百年史』（以下，斎藤，2007）によれば，徳川幕府による鎖国は1854年の日米和親条約締結で終わり，その後日本の近代化（＝西洋化）が始まったが，明治政府は新しい国造りの規範を西洋に求め，政府はその中でも特に当時帝国の最盛期を迎えていたイギリス及び日本を開国に導いたアメリカを「国造りの師」と仰いだ．したがって，当然のごとく高等教育の主たる担い手は英米人を中心とするお雇い外国人となり，その外国人たちの授業を受けるには，まず何よりも英語を学ぶ必要があったのである．

#### 3.1.2. 明治中期～後期

　斎藤（2007）によると，1905年（明治38年）に日本が日露戦争に勝利すると，国力の充実を意識した国民の間に国際社会に対する関心が高まり，外国語の中でも同盟国イギリスの国語たる英語を学ぶことの重要性が強く認識されるようになった．高梨健吉・大村喜吉らの著書にあるように，明治中期以降，英語は「学習・研究の対象」として完全に客体化されたと言える．詳しくは（高梨・大村『日本の英語教育史』を参照されたい）．そしてかつての英学は中等教育レベルでは「教科としての英語教育」となり，高等教育レベルでは「英語・英文学研究」へと専門分化していくようになったのである．

### 3.2. 大正時代

　1912年（大正元年）に英語学者市河三喜は専門的英語研究の確立に最も貢献した『英文法研究』を研究社から出版した．これにより市河は日本の英語学の祖とされ，本書によって，規範文法とは別に母語話者の実際の言語使用を説明する法則（記述文法）の存在が明確にされた．

　英文学に関しては，1913年（大正2年）に英文学者の斎藤勇が東京帝国大学に講師として就任し，専門的に英文学を講じた．同大学英文学科内に東京大学英文学会が設けられ，1915年（大正4年）には学会誌たる『英文学研究』が発刊された．

　一方，大正時代になると我が国の国際的地位は高まり，学問の独立も唱えられるようになった．一部には，「もはや欧米文化に学ぶものはなしという風潮」もあらわれてきたと高梨は『英語教育問題の変遷』で述べている（高梨他，

1979).文化が進み,国が安定すると,教育は国体観念の強化,国民道徳の養成に主力を注ぐようになり,外国語においては従来のように英語だけでなくフランス語・ドイツ語に対する必要性も急激に要請されるようになってきた.しかも,外国語教育は文化の輸入や知識の摂取を目的とするものばかりでなく,徳育の涵養のために学習するものであるとも考えられるようになってきた.また,一方,一般社会においては「多くの時間を費やしながらもその効果はみるべきものなし」という英語教育に対する風当たりがかなり強くなってきた.

　そのような状況の中で,大正時代の英語教育における最も大きな事件の1つが起きた.永盛一『英語の教育』(以下,永盛,1983)によれば,1916年(大正5年)に『教育時評』に発表された前衆議院議長・大岡育造の論文に端を発して,教育の独立を唱えて中学の必須外国語科(英語)を廃止すべきであるという主張がなされた.大岡は「厳然として独立する国がその普通教育において,ある特殊の外国語を必須化とする理由は断じてない.中学は普通教育を主眼とし,一般国民的知識を修養する所であるから,一定の外国語を必須科とするのは大いなる間違いである.外国語は上級学校に入る生徒には必要であるが,その数は中学生に比べれば少なく中学の大部分の生徒はその少数の生徒のために苦しめられている.そしてその結果は何人も知るごとく,何の役にも立たないいわゆる生かじりの外国語と盲目的外国崇拝になる」と主張したと『教育時評』に記述されている.

　これに対して早速,東京外国語学校の村井知至が『教育時評』で反論を行った.永盛(1983)によれば,村井は「中学は普通教育を主眼とし,一般国民的知識を修養する所が故に外国語を必須科とすべきである.中学の英語が卒業後に役立たないということは,外国語を必須科にする理由にはならず,その教授法が不完全であるか,学習者の努力が足りないからである」と反論したとのことである.

　このような批判を受けて,文部省(現・文部科学省)は1922年(大正11年)にイギリスの音声学者,英語学者 Harold. E. Palmer を招聘した.Palmer は文部省の英語教育顧問や英語教授研究所(後の語学教育研究所[語研])所長となり,1936年(昭和11年)に離日するまで,オーラル・メソッド(Oral method)(口頭教授法)の普及と英語教育の体系化に努めた.オーラル・メソッドは伝統的な文法・訳読式教授法に対し,オーラル・イントロダクションなどの手法を取り入れ,音声言語を優先して,聞き,話す訓練を中心とする新しい言語教授法であった.Palmer は1924年に *A Grammar of Spoken English* を著し,滞日中は日本各地で積極的に講演や授業実演を行うなど,日本の英語教育の改善に尽力した.この Palmer のオーラル・メソッドが,現在の実

用コミュニケーション中心主義につながる音声重視の英語教育の先駆けとなったのである．

### 3.3. 昭和時代：昭和初期から第二次世界大戦終結まで

この時代には英語教授法が研究され，指導法の整備が行われる一方で，1927年（昭和2年）には再び英語廃止論が持ち上がった（永盛，1983）．その口火を切ったのは東京帝国大学国文科教授・藤村作の『現代』に掲載された「英語科廃止の急務」である．彼の主張は，英語は現代国民の生活にとって必要でないこと，英語科が生徒にとって大きな負担になっていること，普通教育は道楽ではないので卒業しても読むことも書くこともできない実用的でない中学の英語科は断じて廃止すべきであるというものであった．これに対し，同年に早稲田大学教授の帆足理一郎は，廃止反対の論文を同じく『現代』に掲載した．彼は普通教育における実用価値と教養価値，試験地獄と学校制度などについて論じ，外国語教育の本質的価値は疑いを入れないとした．また，外国語教育に非難があるのは，その教授法の誤りと学校制度の欠陥によるものだとして，外国語必須の廃止を叫ぶのではなく，外国語学習法の徹底的な改善をこそ主張すべきであると述べた（永盛，1983）．

斎藤（2007）によると，このように英語教育存廃論が繰り返されるなか日本は戦争へと突入していき，ついに英語は「敵性語」さらには「敵国語」となり，すべての英語ラジオ講座も中止となった．学校の英語教育は細々と続けられたが，まず，1942年（昭和17年）3月末をもって英米人の教師はすべて解職となった．また，1944年（昭和19年）には，中等学校の教科教授日数が縮減され，職業系学校の英語科ものきなみ時間削減の処置を強いられ，英語教師達は失業の危機に怯えつつ，肩身の狭い思いをして細々と英語を教えていた．そして第2次世界大戦がようやく終了を迎えた．

先に言及した市河三喜は Harold E. Palmer とも親交があり，当初語学教育研究所の顧問として，後に第2次大戦前後の1937年～1957年は理事長，所長として Palmer のオーラル・メソッドの普及にも貢献した．

## 4. 第3期：昭和20年から高度成長期の始まる昭和40年代半ばまで（英語教育と学習指導要領）

### 4.1. 第2次世界大戦直後

先にも紹介した高梨・大村の『日本の英語教育史』によれば，第2次世界大戦後（以下，戦後）の外国語（英語）教育は日本に進駐してきたアメリカ軍の

語学将校の流暢な日本語に対する驚きから始まった．これは必ずしも全面的な真相を伝えるものではないが，日本の英語教育界に大きな刺激となったことは疑いない．敗戦国日本の風潮はなんでもアメリカ一辺倒であった．アメリカはその技術のみならず，文化もすべて敗戦国日本の賛美するところとなった．そのため，戦後には爆発的な英語ブームが訪れた．また，アメリカが日本語のように難しい外国語を，短日月のうちに習得させる訓練に成功したことは占領下の日本人には奇蹟と思われた．これまで述べてきたように，日本の英語教育界は明治以来，長い間にわたって外国語教育，特に英語教育に多大な努力を払ってきたが，その効果は思うように上がらなかった．それがアメリカ軍の外国語訓練の成果を目のあたりにして，大きなショックを受けたのである．この外国語訓練は陸軍専門教育計画（Army Specialist Training Program [ASTP]）に基づいて実施されたもので，この陸軍語学教授法はアーミー・メソッド（Army Method）と呼ばれた．アーミー・メソッドは短期集中訓練法，要するに特訓であり，平和時に普通の学校で実行できるような性格のものではなかったが，アメリカのみならず，日本の英語教師に与えた影響は大きかった．集中的訓練を行えば，短期間でもスピーキング能力が養成できるという自信を日本の英語教師に与えたのである．

　戦後の混乱期から徐々に立ち上がろうとする中で英語の必要性がますます認識され，英語が日本国民の中に広く受け入れられる条件が整い，1947年（昭和22年）に教育基本法が公布され，6・3・3・4制の新しい学制が定められ，同年新制中学が発足し，英語がその選択教科となった．

　しかし若林俊輔がその著『昭和50年の英語教育』（1980年）で指摘するように，旧制中学の教師は多く新制高校に移ったので，教育経験の少ない旧制大学あるいは専門学校の卒業生で終戦で職を失った者が新制中学の英語教師になるというような場合が多かった．このように急速に制度改革を行うと，現在の小学校のように教師不足が深刻になるという事態は昔から生じていた問題と言える．そして，翌年，翌々年にそれぞれ新制高等学校，新制大学が発足した．このような中で，アメリカ英語はさらに学校教育にも入り込んで来た．占領軍であるアメリカの英語が日本の英語教育界に多大な影響を及ぼしたのである（高梨・大村，1975）．

　一方，「日本人が英語を話すことができない」という現実的な問題を前にして，英語教育の活性化に取り組むべきとの意識と気運が官民の関係者・有識者の間に大いに高まった．1950年（昭和25年）には，文部省の主導で全国英語教育団体連合会（全英連）が組織され，1952年（昭和27年）には，中央教育審議会が設けられた．

## 4.2. 英語教育の整備と「役に立つ英語論争」

　1956年（昭和31年）には日本英語教育研究委員会 (The English Language Exploratory Committee [ELEC] (現英語教育協議会)) が発足し，同年アメリカからオーラル・アプローチ (Oral Approach) の提唱者である言語学者の Charles C. Fries と William F. Twaddell を，イギリスからは Palmer の後継者とみなされた英語学者・辞書編集者の Albert S. Hornby を招いて英語教育専門家会議が開催された．オーラル・アプローチはオーディオ・リンガル・メソッド (Audio-Lingual Method)，あるいはミシガン・メソッド (Michigan Method) とも称される．背景にはアーミー・メソッドがあると考えられるが，構造主義言語学と行動主義心理学に基づいた，より一般化された科学的な外国語教授法として世界中に広まった．日本でも ELEC が中心となって各地で講演会，講習会を開催するなど，その普及に力が注がれた．さらには，当時アメリカに留学した日本人英語教師の多くがミシガン大学で実際にオーラル・アプローチの指導を受けて帰国し実践したこと，戦前からのオーラル・メソッドの素地があったこともあり，オーラル・アプローチの概要は教育現場にもスムーズに受け入れられた．口頭による模倣と反復，文の代入や転換などのパタン・プラクティス (pattern practice) という徹底した文型練習は，日本全国で一世を風靡した．

　文部省独自の正式な学習指導要領は，その後，中学校が1958年（昭和33年）に，高等学校が1960年（昭和35年）に告示された．1961年には語学ラボラトリー協会 (LLA)（現外国語教育メディア学会 (LET)）が，1962年には大学英語教育学会 (JACET) が相次いで設立され，1963年には日本英語検定協会が実用英語検定試験を開始した．また，江利川春雄『日本人は英語をどう学んできたか』には，このように英語教育への環境整備が進む中で，昭和30年代から日本の英語教育をめぐる宿命的な問題（『いくら学校で英語を習ってもさっぱり使いものにならない』という問題』）が改めて浮上してきたことを指摘している．高度経済成長期の幕開けとともに，日本企業がその製品を海外にどんどん売り込んでいくためには「実用的な英語」，「使える英語」が必要となり，「役に立つ英語」を教えよという経済界からの要請が高まってきたのである．伊村元道『日本の英語教育200年』(2003) によれば，1956年（昭和31年）に日本経営者連盟から「役に立つ英語」の要望書が発表されて大きな反響を呼んだ．その内容は「新制大学卒業生の語学力は，逐年向上しているが，いまだに産業界が要求している程度にはいたっていない」との指摘の上に，6項目にわたる要望が提示されていた．このような「役に立つ英語」を日本人に習得させるという産業界の要望に対応するために，文部省は1960年（昭和35

年）に英語教育改善協議会を発足させた．

## 5. 第4期：昭和40年代半ばから現在まで
### 5.1. 昭和後期

　永盛（1983）によれば，高度経済成長の波に乗って高校進学率は昭和40年代中期から急速に伸び始め，高校準義務教育化の声も出るに至った．事実，大都市では90%を越える高校進学率のところもあった．また，英語の授業形態として言語活動の活性化の提唱とともに高校でもVTRやOHPが利用され始め，特に音声指導のためにカセットテープを用いた英語指導が急速に普及していった．

　そのような状況の中，昭和40年代も終盤になると，アメリカの構造主義言語学と行動主義心理学の衰退に伴い，中学英語であれほど全盛をきわめていたオーラル・アプローチにもかげりがみられるようになった．やがて時代が平成になる頃には新たな英語教授法であるコミュニカティブ・ランゲージ・ティーチング（Communicative Language Teaching [CLT], Communicative Approachとも称される）が紹介され，英語教育に大きな転換をもたらした（興味のある方は森光有子・中島寛子『英語 vs. 日本人：日本人にとって英語とは何か』を参照されたい．以下，森光・中村，2009）．これは，文法，語彙などの言語知識に重心をおいた教授法ではなく，効果的にメッセージを伝達する能力の育成に重点をおいた教授法である．CLTでは，正確な言語知識を持っているか，いかに文法的に正しく表現できるかということよりも，誰とどのような状況で会話をしているかによって，そのときどきに応じた適切な表現の仕方を判断する力が重要と考えられる．よってCLTでは，オーラル・アプローチのように1つの文型を使って活動を行うのではなく，ある目的を達成するためにそれぞれの場面に応じたさまざまな言語表現を用いて活動を行う．例えば，空港や買い物での一場面のロールプレイや，相手と情報を交換しながらお互いの情報の空白を埋めていくインフォメーション・ギャップといった活動がよく行われる．このCLTの流れは現代の英語教育にもつながっている．

　しばしば英語教育の理念の変わり方が振り子に例えられるが，新しい教育理念や教授法が紹介されると振り子は180度反対の方向に移動し，それまでの教育理念や教授法は誤ったものと捉えられたり，古い過去のものとして消え去ったりする．すでに指摘したように，この時期（オーラル・アプローチからCLTへの教授法の変化の）も振り子が180度移動したかのように，それまで重視されてきた言語知識中心の指導法が反対の扱いを受けるようになってし

まった．つまり，それまで語彙や文法を習得することにあまりに力を注ぎすぎ，「使うための英語学習」をしてこなかったのではないかという反省から実践的なコミュニケーションに重点を置く英語学習をすべきであるという考えや「語彙・文法の学習」を軽んじるような解釈や悪者扱いするような見方が出て来てしまったのである．

この影響は学習指導要領にも色濃く表れ，検定教科書制度上，文法教科書は1982年（昭和57年）から実施された高等学校学習指導要領からは姿を消してしまった．また，このような英語教育界の動きは，「役に立つ英語」や「使える英語」を求める経済界の要望とも一致するものであった．森光・中村（2009）はさらに，新たな教授法（CLT）によって「コミュニケーション」に目標をおいた英語がますます注目される中，日本の英語教育について大きな反響を呼んだ論争として「平泉と渡部の論争」を取り上げている．年配の英語教師や英語教育に興味のある方はご存知だと思うが，この論争は1974年（昭和49年）に自由民主党の平泉渉衆議院議員が自民党政務調査会に提出した「英語教育の現状と改革の方向」と題した英語教育改革試案に対して当時の上智大学・渡部昇一教授がこれを批判したもので，雑誌『諸君』において半年間にわたり繰り広げられた．「試案」において平泉は，旧制・新制を通じて平均8年以上，多大な努力をして英語を学習しても実際の活用のレベルには達していないという状況を，日本の文教政策上の最も重要な課題の1つであると述べ，その成果の上がらない日本の英語教育の問題点として，(a) 外国語教育を事実上国民子弟のすべてに課すことは妥当か，(b) 外国語としてほぼ独占的に英語を選んでいる現状は妥当か，(c) 成果を高める方法はないか，の3点を指摘した．そして，平泉は，義務教育機関の英語学習の内容量はそれまでの3分の1にして国民の学習負担を減らし，それ（中学）以降は希望者のみが英語学習を続けるが，その代わり学習者は徹底的に英語習得に力を注ぎ，最終的には国民の5％が実際に英語を活用できる能力を持つことを提唱した．

これに対して渡部はこれまでの英語教育は無駄ということではなく，普通の学校の授業に実用的な英語能力を求める方がおかしいと述べ，さらに，平泉が提案した「国民の5％のエリート養成」つまり「高校における英語学習を志望した者にだけに対する徹底した英語教育」は，ごく一部のエリートを養成するためにその他の国民から「知的訓練」と「（英語習得に対する）潜在能力」を開発するための機会（英語教育）を奪ってしまうことになると主張した．この論争は『英語教育大論争』として文藝春秋社から出版され，大ヒットした．現在も文春文庫に収められている．

森光・中村（2009）は，平泉・渡部による論争が日本の英語教育におけるさ

まざまな問題点を浮き彫りにし世間の注目を集めたにもかかわらず，これらが学習指導要領に反映されることもなく，英語教育の見直しにつながることも遂になかったと記述している．そして，この論争が繰り広げられた後の1977年（昭和52年）には，中学校での英語授業時数を週3時間にする学習指導要領が告示された．そして，1981年（昭和56年）よりこの学習指導要領は全面的に実施され，英語の授業は戦前・戦後を通して最も少ない授業時数へと縮小してしまった．

### 5.2. 平成時代

斎藤（2007）は，元号が改まった1989年（平成元年）にベルリンの壁が崩壊すると，その2年後にはソ連が崩壊し冷戦が終結して，ここにアメリカを中心とした西側の最強の言語たる英語の世界的優位が決定的となったこと，そしてこの機に乗じて英語産業の振興を図るべく，英語の本家本元たるイギリスはブリティッシュ・カウンシルを通じて積極的な世界戦略に乗り出したことも指摘している．

このような時期に改訂された学習指導要領（1989年・平成元年）により，中学校における英語の授業時数は週4時間に回復された．望月他（2010）は，この改訂された中学及び高等学校指導要領ではコミュニケーション能力の養成が特に強調され，高等学校では「オーラル・コミュニケーションA（日常会話）・B（聞くこと）・C（スピーチ，ディベート）」が設けられたと述べている．また，森光・中島（2009）は「国際理解教育」と「英語教育」を結びつける動きがこの時期より活発になり，国際理解をテーマにした英語の授業が多く提案されるようになったことも指摘している．

斎藤（2007）は英語がこれだけ強大な言語になってしまった以上，英語を国際対話のための道具（リンガ・フランカ）として捉えるべきであるという議論がこの時期に次第と優勢になり，そのような議論の流れに乗って文部省は1998年（平成10年）と99年（平成11年）に，中学校と高等学校の学習指導要領をそれぞれ改定・告示し，外国語の指導要領に1989年以上に強力な「コミュニケーション重視の方針」を盛り込んだと述べている．

斎藤（2007）はさらに，(a) オーラル・コミュニケーション重視の方針を盛り込んだ中学校学習指導要領が実施に移された2002年（平成14年）に，文部科学省は小学校の総合的な学習の時間に「国際理解」のための「外国語会話」と称して英会話を導入したこと，(b) その翌年の2003年（平成15年）には大学入試センター試験へリスニング試験を導入し，さらに，(c) 英語教育を強力に推進する「スーパー・イングリッシュ・ランゲージ・ハイスクール」を選定

したこと，そして，(d) 2004 年（平成 16 年）に教員研修・外国語指導助手の有効利用をはじめとする施策（案）を打ち出し，(e) 翌年の 2005 年（平成 17 年）にはそのための「『英語が使えるための日本人』の育成のための行動計画」を策定して，その行政的な実施に乗り出したことに言及している．

さらに，文部科学省は 2008 年（平成 20 年）に中学校，2009 年（平成 21 年）に高等学校の学習指導要領を改訂・告示し，高等学校では英語学習の中核となるすべての科目にコミュニケーションの名称をつけ（コミュニケーション英語基礎，コミュニケーション英語 I・II・III），さらに，英語会話（スピーキング，リスニング），英語表現 I・II（ライティング・スピーキング）が設けられ「コミュニケーション重視の方針」が一層促進された．この後，2010 年代に入ると，2013 年（平成 25 年）には「グローバル化に対応した英語教育実施計画」，2014 年（平成 26 年）には「中・高等学校を通じた英語教育強化事業」，2015 年（平成 27 年）には「生徒の英語力向上推進プラン」と文部科学省は怒濤のごとく日本社会のグローバル化に対応するために新たな英語教育ための施策を矢継ぎ早に打ち出し，新学習指導要領では，小学校の 5・6 年で「教科としての英語」が正式導入されること，中学においても英語の授業は英語で行うこと，高校では「コミュニケーション英語」は「英語コミュニケーション」に，「英語表現」が「論理・表現」となり，いずれも英語で聞いたり読んだりしたことを基に，話したり書いたりする統合的な言語活動を通じて，それぞれの領域の能力をさらに伸ばしていくことが決定された．

## 5.3. 第 5 期：新時代の英語教育と新学習指導要領
### 5.3.1. 概要

この節では，中学校学習指導要領を中心に英語教育と学習指導要領の関係を述べる．

時代は第 1 次産業革命（機械），第 2 次（電気），第 3 次（ICT）を経て，現在は第 4 次産業革命（AI）に突入している．時事通信出版は『授業が変わる！新学習指導要領ハンドブック：小学校編』を 2017 年に出版し，その中で，このような時代の変化に対応するために，「今回の学習指導要領の改訂は，空前の大改訂である」としており，その背景には，急速な情報化やグローバル化等の急激な社会的変化，そのような社会の中で未来の創り手となるために必要な資質・能力を生徒が確実に備えることのできる学校教育の実現，そのためによりよい学校教育を通して，よりよい社会を創るという学校と社会の共有の目標，つまり「社会に開かれた教育課程」が必要であると述べられている．日本経済団体連合会は，政府の第 3 期教育振興基本計画の策定に向けた意見書を

まとめたが，その中で，実業界は今後の教育に，思考力や表現力などの育成，使える英語力の向上，ICT 教育の環境整備などを強く求めている．田村学も英語教師向け雑誌『英語教育』(2017) の記事で，未来社会を担っていくのは，私たちの目の前にいる 1 人 1 人の子供で，そうした子供の確かな成長と育成は，学校教育のみで行うものではない．家庭での教育や広く社会での教育が一体となって行われることで，大きな効果を発揮し，子供たちは未来社会の創り手となっていくもので，そのためにも学校教育の中心である教育課程が社会に開かれたものであることが大切である．今回の学習指導要領の改訂は，学校教育と社会が一体となって子供を育てる「社会に開かれた教育課程」の理念を大切にして検討を進めてきたと指摘している．

　また，今回の改訂では，「何を学ぶか」という個別の知識はもちろん，「何ができるようになるか」という実際の社会で活用できる能力の育成を大切にし，それらがより確かに，より適切に，より安定して発揮される態度として形成されることを検討してきた．これは多分に，「今後の新時代を担う能力を養成する」という産業界からの要請も含まれていると筆者は推測している．そうした検討を進めることで，今後必要となる資質・能力を明確化するとともに，これらの資質・能力の育成が実際の社会とのつながりなくしてはできないことも明らかになってきた．こうした教育を取り巻く社会の変化や子供の実態から，「何ができるようになるか」として (Can-Do)，育成を目指す資質・能力を以下の 3 つの柱として検討を進めてきた：①「何を理解しているか，何ができるか（生きて働く『知識・技能』の習得）」；②「理解していること・できることをどう使うか（未知の状況にも対応できる『思考力・判断力・表現力等』の育成）」；③「どのように社会・世界と関わり，よりよい人生を送るか（学びを人生や社会に生かそうとする『学びに向かう力・人間性等』の涵養），つまりこれまでのような一方的に知識を教え込む『チョーク・アンド・トーク』の授業，1 人 1 人の子供が受身の授業の大きな改善やこのような資質・能力が必要になるのは，従来の受身で教師中心の授業では実際の社会で活用できる学力が育成されるとは到底考えることができないからである．学習をする子供が自ら取り組む学びこそが求められているのである．生きて働く「知識・技能」，未知の状況にも対応できる「思考力・判断力・表現力等」，学びを人生や社会において生かそうとする「学びに向かう力・人間性等」を 1 人 1 人の子供に育成していくことが必要なのである．そのためにも実社会や実生活にある出来事を解決するリアルな学習に主体的に取り組んだり，様々に異なる多様な人々とのかかわりを通して自分の考えを広める対話的な学習をしたり，学んだことが様々な課題の解決に生かせるような深まりのある学習も大切になりうる（田村，2017）．

こうした「主体的・対話的で深い学び」を実現するために，「アクティブ・ラーニングの視点による授業改善」と「カリキュラム・マネジメントの充実」が，今後の英語授業では求められているのである．このような学びを通じて，新しい時代を生きる生徒達は，これまで経験したことがないような課題への対処法を思考し判断し表現し，お互いに協力し合いながら解決していく力を身につけていくことができるのである．

### 5.3.2. 指導内容の変化

今回の学習指導要領の改訂により学習内容もこれまでとは大きく変化している．向後秀明によれば，今回の改訂のポイントの1つは，「何ができるようになるか」を明確化するに当たって，全ての教科等を，①「知識及び技能」，②「思考力，判断力，表現力等」，③「学びに向かう力，人間性等」の3つの柱で整理したことである．「外国語」の目標においても，その構造が従来と根本的に異なっている．特に留意すべきこととして，次の3点が挙げられる：1) 言語材料の個別の知識量ではなく，それらを実際に「活用できる技能」に焦点を当てている点；2) 理解し表現するだけでなく，互いに伝え合うインタラクティブな面が重視されている点（言語材料をコミュニケーションで用いることのできる能力の育成）；3) コミュニケーションにおいて，相手に対して配慮することが含まれている点（協働性の重視）．これらが今後の外国語教育の目標となっていく（詳しくは，『英語教育』(2017) 66 巻 5 号，15-17 を参照されたい）．また，新学習指導要領「英語」の各目標は，1) 何について：「社会的な話題に関して聞いたり読んだりしたこと」；2) 何を：「考えたことや感じたこと，その理由など」；3) どうする：「簡単な語句や文を用いて述べ合う」とある．このため，各授業の目標やそれに沿った Can-DO が設定しやすくなり，生徒が，「何を，どのように，どこまでできるようにするか」という目標が各授業でも立てやすくなるもの考えられる．EFL (English as a Foreign Language) としての受容語彙は 5000 語が必要であると言われているが，新学習指導要領では，小学校 700 語，中学 1800 語，高校 2500 語で合計 5000 語の語彙が導入されるので，高校修了段階ではほぼ十分な受容語彙をほとんどの日本人は習得できるものと予測される．また，中学の授業も基本は英語で行うことが規定されているので，これで小・中・高とほぼすべての授業が英語で行われることになり，生徒の英語のインプット・アウトプットの量もさらに充実したものになることが予測される．問題はそういう授業を行える教員養成である．教員養成抜きにしては新学習指導要領の目指すところも絵に描いたモチになりかねない．

### 5.3.3. アクティブ・ラーニング

時事通信社 (2017) によれば, 「アクティブ・ラーニング (Active Learning [AL]) は, 新学習指導要領においては「主体的・対話的で深い学び」と表現されているが, これを日常の授業において如何に実践していくかということが, これからの英語教育の大きな課題となることを指摘している. これまでも, グループ・ディスカッションやディベートなどを活用した授業を実践しており, 十分に AL を行ってきたと主張される諸兄もいることとは思うが, 「活動あって学びなし」との指摘もよく耳にするところである. 形式的に対話型を取り入れた授業であっても, ややもすれば, そこに「主体的な学び」や「深い学び」が欠落していたとすれば, AL 本来の視点から授業改善を図っていく必要がある.

西川純はその著『すぐわかる！ できる！ アクティブ・ラーニング』(2016) で, AL 型授業にはさまざまなものがあると述べ, 次のような例を挙げている：

(1) 教師から課題を与え, 「全員達成が目標」と伝える (5 分以内)：生徒が能動に動く時間を最大限に確保するため, できるだけ教師の最初の説明は 5 分以内とする. 生徒全員を能動的にするため, 全員が助け合い, 全員が課題達成することを目標にするため, 「わからないから教えて」と自分から助けを求めることを奨励する.

(2) 「さあ, どうぞ」と動くことを促し, 生徒が動く (約 40 分)：「どんどん動いて課題を達成して動くことを促す. 最初は周囲の様子をうかがったりして, 生徒はあまり動かないが, そのうち生徒同士で聞き合おうとどんどん動くループが生まれ, グループ同士の交流も始まる.

(3) 振り返る (5 分以内)：最後に全員が達成できたかを振り返らせる. 学習内容のまとめはしない.

また, 大杉 (2016) によれば, 例えば大学の場合, 「講義」では教員が授業で取り上げる論争問題の状況や背景, 議論する手続きについて学生が共通理解できるよう説明を行う. その後, 「話し合い」では, 学生がグループで論争問題について議論し意見をまとめ「発表」する. 最後の「まとめ」では, 学生がグループごとの発表内容を聞いて最終的な意見を確定させ, そして教員がコメントし評価するという構成が考えられる.

このように, 授業の多様な活動段階で適している場合に AL を取り入れたり, あるいは 1 時間すべてで AL を行う場合は, 1 つのレッスンの中で「関係代名詞」の学習が一通り終了し, そのまとめとして, ペアやグループに関係代

名詞を用いて2つの文を1つにしたり，関係代名詞を用いた和文英訳を課題として与え，お互いに考え・話し合い（思考力，協働性），最後にクラス全体に発表して（表現力），その発表の質を生徒達が評価し（判断力），教師からフィードバックを受けるような授業の場合に利用できるであろう．

筆者は，ALによって，教師の役割が授業全体を通して劇的に変化することはないと考えている．それは，英語授業の場面，場面で教師はJ. Harmerという言語学者はその著『実践的英語教育の進め方――小学生から一般社会人の指導まで』(2001)で指摘しているように，多様な役割を果たしていかなくてはいけないからである．教師は最初に出欠を確認し，問題行動を行っている生徒へ注意を与え，まずは授業を行える環境を整えなくてはいけない（統率者）．それから教師はその時間の授業で学ぶ新出項目の簡単な説明を行う（統率者）．授業のここまでの活動ではALの授業形態を取る必要はないであろう．その後，新出項目のドリル・練習も行うが（統率者・まとめ役・観察者），練習の段階（特に，練習をペアワークやグループワークで行っている場合）からはAL型授業を実施することが可能となる．

### 5.3.4. 英語の授業は英語で

2021年の中学の授業も「英語で行うことが原則」となる．このことは，使える英語の養成を要求する実業界の願いを強く反映したものと考える．これにともない，中学の英語教員も，自己の英語の知識と英語運用力を向上させ，生徒に$i+1$の理解可能なインプット (comprehensible input) を与えるとともに，生徒が英語でアウトプット (output) する機会を多く設けるようにAL等を活用した授業形態の工夫をしなくてはいけなくなるであろう．

### 5.3.5. 言語材料と言語活動

平成20年版の中学校学習指導要領解説では，言語活動は「実際に言語を使用して互いの考えや気持ちを伝え合うなどの活動」と「それを支える言語材料について理解したり練習したりする活動」の両方を含むものと説明されている．一方，今回（2017年）の改訂では，「実際に英語を使用して互いの考えや気持ちを伝え合うなどの言語活動」と「言語材料について理解したり練習したりするための指導」が区別された．つまり，言語活動を通して資質・能力を育成していくことを基本とし，必要に応じて，言語材料を理解したり練習したりするための指導を行うこととされている．これは村野井仁の『第二言語習得研究から見た効果的な英語学習・指導法』(2007)で提唱されているPCPP（最初のPで言語材料の提示・説明を行い，次のPで言語材料をしっかりと理解し，3

番目のPで練習をしっかりと行う）という指導方法と完全にリンクしている．

### 5.3.6. 小学校での英語教育

2020年度よりいよいよ小学高5・6年で教科・外国語が導入される．これも，まさに新時代の英語教育の幕開けを告げる画期的な改革と言えるであろう．このことに関して，萬谷隆一は『英語教育』(2017)で，これまでの外国語活動では，伝え合いの活動体験が中心となり，事前の使用表現の習得が不十分な傾向があったこと，つまり「いきなり話す」活動に至る授業が多い傾向があり，そのために児童は不安を覚え，単語で伝えたり，日本語に頼ることになることを指摘している．さらに話せない原因は文法や高度な伝達内容であることもあるが，出口の話す活動の事前にじっくり表現を聞き記憶したり，使用表現を何度も疑似的場面で練習するなど，授業の指導過程の有機的構成が今後きわめて重要となってくると述べている．

第2に，このような「いきなり話させる授業」だけでなく，最近は「いきなり書かせる授業」も散見されるようになってきた．また「いきなり読ませる」指導も多い．未知の単語を文字で提示する例さえある．読むことの目標が「音声で十分に慣れ親しんだ」語句や表現の意味理解を重視していることに注意したい．

第3に，授業の出口の話す活動において，板書やスクリプトを見ないと発表できないという「文字依存」が小学校で広がる事態が懸念される．それでは，コミュニケーションではなく，「読みニケーション」である．「書いたものを読んで話す」ことが多いことが，日本の英語教育が話せない学習者を作り続けてきた一因ではないか．発表活動での手がかりのための文字や，発表に至る情報整理や準備のための文字の役割を排除すべきということではない．文字がなくとも話せる程度に，授業で，事前の音声への慣れ親しみや発表での支援方法を十分に配慮すべきであるということである．そのためにも，授業では，コーラスリーディング → ペアリーディング → バズリーディング → コーラスリーディング → リード・アンド・ルックアップ → オーラル・インタープリテーションの充実した音読活動を指導していく必要があると筆者は考える．

## 6. まとめ

これまで記述してきたように幕末の開国期から平成に至るまで日本の社会情勢は多様に変化してきた．このことに関して，森光・中村 (2009) は，英語教育に関しては「英語を学習する理由とその成果」をめぐって，同じような議論

が繰り返し行われてきたが，結局は，経済界及び政界からの強い圧力により，学習内容においてはますます英語コミュニケーション能力の実用面を重視し，そしてより早い段階で英語の学習を開始する方向に日本の英語教育が向かっていることを指摘している．

また，斎藤（2007）はこのような社会情勢及び教育環境の中で，日本人の英語力を向上させようとするのであれば，まず図るべきは中学・高校における英語教育の充実と主張している．斎藤は，小学校よりもすでに教員養成や教科運営の制度の整っている中学・高校で集中的に英語を教えるほうが，小学校から英語教育を始めるよりもはるかに効果的であることは，多くの英語教育の専門家が認めていることや，中等教育における英語の授業時数を欲を言えば週に最低でも6時間程度に増やす必要があることを指摘し，さらに，生徒が高度な英語を身につけるためには教師自身が優れた英語の使い手でなければならず，したがって，優秀な英語教員の存在が必要になることも指摘している．

斎藤（2007）はまた，日本が本当に必要とする優秀な国際人を養成するためには環境整備が必要であり，意欲のある若者がわざわざ高いお金を払い時に身の危険を冒してまでも留学などをしなくてもすむように，高度な英語の自主学習を可能ならしめる研修制度や語学施設を設立することの必要性も指摘している．

現在の日本の学校英語教育は，コミュニケーション能力の養成が優先されすぎて，地道な繰り返しの演習等による言語知識の習得を軽視した内容になっていないであろうか．また，小学校への「教科としての英語」の導入は「英語指導法を知らない小学校教員」に大きな負担を課し，さらに，そのような教員（英語指導法の詳しい知識を持たない教員）から英語を指導される生徒の英語学習に弊害をもたらすことはないのであろうか．これらの政策は斎藤（2007）が指摘する「学習者個々人がそれぞれの動機に基づいてのちのち必要な英語力を積み上げることができるような堅固な基礎力の養成」に資するものなのであろうか．

1808年に英語教育が初めて日本に導入されてから，すでに200年以上の時間が過ぎようとしている．これまでの英語教育の問題点及び英語教育の現状に関する検証が十分になされないまま，この数年，英語教育に関する改革案が怒濤のごとく提案され実施されている．このような状況にいる我々は，今後の日本の英語教育の方向性をしっかりと見据える重要な局面にまさに今現在，直面していることを認識すべきであろう．

## 参考文献

伊村元道 (2003).『日本の英語教育 200 年』東京：大修館書店.
江利川春雄 (2008).『日本人は英語をどう学んできたか』東京：研究社.
大杉昭英 (2017).『アクティブ・ラーニング　授業改革のマスターキー』東京：明治図書.
久埜百合 (2017).『英語教育』66 巻 5 号, 18-19.
向後秀明 (2017).『英語教育』66 巻 5 号, 15-17.
斎藤兆史 (2007).『日本人と英語：もうひとつの英語百年史』東京：研究社.
時事通信出版局 (2017).『授業が変わる！ 新学習指導要領ハンドブック：小学校編』東京：時事通信社.
時事通信出版局 (2017).『授業が変わる！ 新学習指導要領ハンドブック： 中学校英語編』東京：時事通信社.
高梨健吉他 (1979).『英語教育問題の変遷』東京：研究社.
高梨健吉・大村喜吉 (1975).『日本の英語教育史』東京：大修館書店.
田村学 (2017).『英語教育』66 巻 5 号, 10-11.
寺沢拓敬 (2014).『何で英語やるの？の戦後史』東京：研究社.
永盛一 (1983).『英語の教育』東京：大修館書店.
西川純 (2015).『すぐわかる！できる！アクティブ・ラーニング』東京：学陽書房.
Harmer, J. (2002).『実践的英語教育の進め方─小学生から一般社会人の指導まで』(渡辺時夫・高梨庸雄, 訳) 東京：ピアソン・エデュケーション.
村野井仁 (2006).『第二言語習得研究から見た効果的な英語学習・指導法』東京：大修館書店.
望月昭彦 (編著) (2010).『改訂版 新学習指導要領にもとづく英語科教育法』東京：大修館書店.
森光有子・中島寛子 (2009).『英語 vs. 日本人： 日本人にとって英語とは何か』東京：開文社.
萬谷隆一 (2017).『英語教育』66 巻 5 号, 26.
若林俊輔 (1980).『昭和 50 年の英語教育』東京：大修館書店.

（林　伸昭）

# 第3章　学習者の個人内要因

## 1. 学習者の個人内要因を把握する必要性

　学習者の個人内要因（individual-difference variables）というものは，その言葉からもわかるように非常に曖昧であり，また幅広い意味を有している．例えば，学習者の性別，国籍，性格，言語適性，家族背景，文化といったより一般的なものから，ある言語に対しての熟達度，動機，自信，会話意欲，自律性などといった言語習得に特定的なものまで，すべてを網羅した用語である．本章ではその中でも日本の EFL 英語教育環境において，応用可能であり，知識として有しておく必要性の高い要因に着目し，その一般的な理論的背景と教育的・研究的示唆を簡潔に提供することを目的とする．ここで取り上げる要因は，動機づけ，会話，不安，自信，自律性，学習方略，スタイルの7つの分野である．なお，個人内要因に関して詳細かつ包括的に描写，説明しているのは，Dörnyei の *The psychology of the language learner: Individual differences in second language acquisition* (2005)（以下 Dörnyei (2005)）であり，個人内要因に興味のある方は，ぜひこの本を参照していただきたい．

　個人内要因に関しての問題は，「目に見えない，形としてなかなか現れてこないものを研究することになぜ意義があるのか」，「どうすれば学習者の動機を向上させられるのか」，「楽しいだけが学習ではないのではないか」など，様々である．もちろん教師も研究者も個人内要因が学習に及ぼす影響は認識していると思うが，やはり熟達度・指導法の効果・テスティングなどといった，より具体的な何らかの結果が得られる研究に比べると，この分野の研究は未だ曖昧なところがある．ただ例えば上で示した最初の質問に対する答えにも関連するが，第2言語習得（SLA）の動機づけ研究の第一人者ともいえる Robert Gardner は，知能や言語適性（適性検査によって得られる結果）などでは言語

習得は十分に説明できず，学習者が習得しようと考えている言語が使用されている社会に対してどのように感じているか，など形として現れてこないものこそが重要な役割を果たしていると提案し，現在の動機づけ研究を意味あるものにしたのも事実である．第1言語習得でさえ，行動・生得・相互作用・認知主義的アプローチなどを採用しているように，それよりもさらに混沌とした事象を含む第2言語習得では，あらゆる分野の理論や概念を取り入れ，そのプロセスを説明することが望まれている．つまり個人内要因の研究は，複雑な言語習得過程の様々な側面を解明し，その結果を教育現場に如何に還元できるかを念頭に置いた必要不可欠な分野であると言えるだろう．

## 2. 個人内要因の理論的背景

### 2.1. 動機づけ要因

現場の教師や研究者が最も重要視することは，学習者が言語学習に成功できるかどうかであると考えられ，その代表的な尺度としては熟達度が挙げられる．では，どのようにして熟達度は向上するのか．教師の立場としては多種多様の実践・指導方法を捻出し，学習に効果的な授業を提供することが要求されている．学習者の観点からは，強制的に学習させられるか，または自主的に学習するかである．ここに学習の原動力としての動機づけが介入してくる．ここでは，代表的な3つの動機づけ理論を簡潔に紹介する．

### 2.1.1. Gardner の社会教育モデル (socio-educational model)

第2言語習得論の中で最も有名なものが，Robert Gardner の社会教育モデルであろう．Gardner は学習の動機づけを「統合的動機づけ (integrative motivation)」と「道具的動機づけ (instrumental motivation)」に区別して説明している．「統合的動機づけ」とは，学習者が身に付けたいと思っている言語が使用されている社会の一員としてその文化に溶け込んでいく動機を指し，一方「道具的動機づけ」とは，例えばよい成績をとる，よりよい仕事に就く，などといったように現実的な理由・目標のために言語を学習する動機を指す．Gardner らの研究によると，統合的に動機づけられた学習者のほうが道具的に動機づけられた学習者よりも，言語習得に成功する可能性が高いとされている．学習者の動機と学習達成度，特に教室内で実施されるテストや課題との間には中程度の強さを示す関係性があることがわかっている．興味深いのは，道具的動機づけと達成度の間の関係は，統合的動機づけと達成度の関係よりも弱かったという点と，動機は一般的な語彙や文法知識といった教室外の要因とは

あまり関係がなかった点である．ここでも統合的動機づけの役割が明確に示されている（より詳細に知りたい方は A. M. Masgoret, & R. C. Gardner (2003) Attitudes, motivation, and second language learning: A meta-analysis of studies conducted by Gardner and associates. *Language Learning*, 53, 123-163 を参照されたい）．

では，動機づけとはどのように定義されるのだろうか．Gardner の "Integrative motivation and second language acquisition" (2001) という論文によると，動機づけは，努力（effort），願望（desire），興味（enjoyment）の3つの要素が必要であり，その1つでも欠けてしまうと，動機づけを完全には説明することができないとされている．事実，ゲームなどのある種の活動を一時的に非常に楽しんでやっている学習者が，他の活動にはあまり熱心に取り組まず，何かを達成しようという願望も低いケースは多々目にする．もちろんこの学習者は動機づけられているとは言えない．「楽しいだけでは決して学習はおきない」ことは周知の事実である．

現在日本での動機づけ研究で，Gardner の提案する統合的動機づけに主たる焦点を当てて調査している研究は数少ない．なぜなら，SLA 環境（SLA）と外国語習得（FLA）環境は大きく異なっており，たとえ統合的動機づけを大意にとらえたとしても，その応用可能性は決して高くないからである．1990年代に Gardner らの研究は，言語学習が行われている教育現場や FLA の環境にはあまり適した概念ではないと G. Crookes や W. R. Schmidt，あるいは，R. L. Oxford や J. Shearin らから批判され，動機づけに対して異なったアプローチが取られ始める．しかしながら，この統合的動機づけ・統合的志向という考えは，様々な概念の土台としての役割を果たし続けている．例えば，Yashima の研究で扱われている国際的志向性や以下に示される Dörnyei の理想の自己も Gardner の考えに基づき FLA 環境に応用できるように考え出された概念である．つまり，SLA における動機づけ研究は Gardner の社会教育モデル抜きでは語ることができないほど重要であり，今後もこのモデルは改良され，発展していくと予想される．

### 2.1.2. Deci and Ryan の自己決定理論 (self-determination theory: SDT)

E. L. Deci と R. M. Ryan の著書である *Intrinsic motivation and self-determination in human behavior* (1985) によって提唱された自己決定理論は，人間がどのように動機づけられるかを説明している．この理論は2000年くらいに言語の社会心理学を専門とする Kim Noels を中心とした研究者によって言語習得論の分野に幅広く浸透していった．上述の Gardner の統合的動機づけと道具的動機づけが二項対立的に議論されていた一方，この自己決定理論で

は動機づけを，無動機（amotivation）→ 外発的動機づけ（extrinsic motivation）→ 内発的動機づけ（intrinsic motivation）という連続体としてみなし，有能感（competence），自律性（autonomy），関係性（relatedness）という3つの欲求が満たされない限りは，人間は内発的には動機づけられないとしている．さらに，自己の行動がどのような外的要因によって引き起こされるかに着目し，外発的動機を外的調整（external regulation）→ 取り入れ的調整（introjected regulation）→ 同一化（視）的調整（identified regulation）→ 統合的調整（integrated regulation）に細分化した．学習者が価値観などの内発的要因によって動機づけられていると学習は促進されると考えられている．この自己決定理論の最大とも思われる利点は，学習者の動機の変化を他の理論よりも説明しやすいことにある．Gardner らの動機づけ理論では，単に学習者の動機は高い，もしくは低い，などとしか描写できず，さらに一般的な英語学習動機は特性動機（trait motivation）と考えられるため，この種の動機は大幅に変化する要因ではないと述べられている．しかし，自己決定理論では，ある時点では学習者は外的調整の要素が高かったが，学期末にはより統合的調整の特徴を示していた，といったように学習者の成長を観察することが可能である．反対に，学習者の動機の低下も把握することができるため，教育的介入も比較的容易に行うことができる．同時に自律性・有能感・関係性も考慮に入れることができ，学習者の特定の時期の特徴を包括的に理解できるのはこの理論ならではの利点と言える．実際に Noels らは "Learning Spanish as a second language: Learners' orientations and perceptions of their teachers' communication style"（2001）という論文で，どのようなフィードバックやティーチングスタイルが学習者に有能であると感じさせ，自ら学ぶ姿勢に影響を与えるかも議論している．例えば，学習者が自ら学ぼうとする姿勢は教師主導の授業では弱くなり，また教師のフィードバックがより示唆に富んでいればいるほど，学習者は自分が有能であると強く感じるということがわかっている．このようにこの理論は，日本の EFL 学習環境下でも大いに応用可能な理論となっている．

### 2.1.3. Dörnyei の第2言語動機づけ自己システム（L2 motivational self system）

私たちは「こうなりたいな，ああなれるかもしれない，ああはなりたくないな」などといった理想の自己（ideal self）を有しており，その理想の自己と現在の自己とのギャップを埋めるために私たちは動機づけられ，行動を起こすという理論がある（詳しくは MacIntyre, P. D., Mackinnon, S, P., & Clément, R. (2009) の論文を参照されたい）．Dörnyei（2005）は，理想の自己に加え，ネガティブな

結果を避けようとする自己という要因と，学習経験を考慮に入れ，複雑な言語習得の事象などを説明することを試みている．Gardner の統合的動機づけとは異なり，理想の自己の概念はより FLA の環境下で応用可能である．なぜならば，統合的動機づけには目標とする言語を使っている地域や集団（コミュニティー）が必要不可欠になるが，理想の自己の概念は学習者個人の目標，想像，または未来のあるべき姿に焦点を当てているからである．よって，教育的介入の余地が多分に含まれている．例えば，日本人教師が英語で授業を行うと，生徒も「日本人でも努力すると英語が話せるようになるんだな，私もあんなふうに英語が喋れたらいいのにな」という意識が芽生えてくる可能性があり，これが理想の自己として，英語学習への努力や動機づけにつながり，結果として学習行動を引き起こすと考えられる．筆者も英語の授業を英語で行った結果，教師が理想の英語使用者としてのモデルの役割を果たし，学習者の理想の自己によい影響を与え，英語で会話をする意欲を向上させた経験がある．また，S. Ryan は "Self and identity in L2 motivation in Japan: The ideal L2 self and Japanese learners of English"（2009）という論文で，学習者が英語を自己達成や他とかかわるための手段とみなした際に理想の自己は動機づけられた行動と密接に関連しているが，単なる英語学習を学業目的と見なすとあまり効果を発揮しないと述べている．この日本の英語学習・教育環境では，学習者にとって英語は未だコミュニケーションの道具ではなく，授業科目の１つとしてとらえられている傾向が強い．その中で，理想の自己を如何に向上させていき，その結果として動機づけられた行動を起こさせることができるのかが今後の課題になっていくだろう．

## 2.2. 会話要因

　動機づけ要因は目標とする言語を学習したいという意欲を説明することができるが，その言語を使用したいという気持ちまで説明できるとは限らない．言語習得の最終目標は，決して文法項目を理解することや語彙を増やすことだけではなく，その言語を用いて生活したり，他者を理解したり，あるいは研究をしたりするなど，様々な形でその言語を使用することにある．確かに現在の日本の環境では，英語を使用する機会がそれほどあるとは言い難い．しかしそれでも，学習者だけでなく教師もその機会を積極的に見つけ出し，率先してコミュニケーションをとる意欲がなければ，決して生徒たちの英語は上達しない．この意欲の説明を可能にしてくれる理論が「会話意欲」（WTC: willingness to communicate）である．

　WTC は 1990 年ごろアメリカのコミュニケーション学者である McCroskey

や Richmond らによって母語のコミュニケーションの範疇で議論されていた．よって WTC は，性格（内向的か外向的か），自尊心，会話に対する有能感，会話不安といった要因によって説明される．この理論を SLA に積極的に導入したのが MacIntyre らである．彼は，「伝統的動機づけの研究では，学習者の熟達度や性格といった過去の事象または理想の自己や学習志向といった未来に焦点を当てているが，学習者がある行動を起こす瞬間に関しては，ほとんど研究されてきていない」と主張し，それを WTC 理論で説明しようと試みている（興味ある方は "Willingness to communicate in the second language: Understanding the decision to speak as a volitional process" (2007) を参照されたい）．WTC は実際の言語使用に直接影響を与えるため，WTC が高い学習者は頻繁に他者とコミュニケーションを取ろうと試みる．また，会話に対する自信（会話に対する不安が低く，有能感が高い状態）と誰と会話をするかによって会話意欲も変化する．

日本では，Yashima が WTC 理論を発展させ，学習者が国際事情などに興味関心（international posture）を持っていると，学習動機や WTC も高く，より頻繁に会話をしようとすると "Willingness to communicate in a second language: The Japanese EFL context" (2002) で述べている．現在の日本の英語教育では，コミュニケーション能力に焦点が置かれているので，学習者の WTC を向上させることは大切な課題である．

### 2.3. 不安要因

言語学習に関連する不安は一般的に言語不安（language anxiety）と呼ばれ，これは，ある言語に対してあまり熟達度の高くない学習者が，その言語を使用しなければならないときに経験する不安を指し，さらに学習者の性格にも深く関連していると考えられている．E. K. Horwitz, M. B. Horwitz と J. Cope らは "Foreign language classroom anxiety" (1986) という論文で，教室内でもたらされる不安はさらに，会話をすることへの不安，悪い評価を受ける不安，そしてテストに対する不安といった3つに細分化している．不安要因，動機要因，熟達度・パフォーマンスなどがお互いにどのように関連しているか，様々な研究がなされているが，基本的には不安要因は動機やパフォーマンスに悪影響を及ぼすと考えられる．ただ，不安があるために，それがかえって学習者によい影響を与えることもまれにだがある．この種の不安はスポーツの場面などで議論されているが，言語学習においてもちょっとしたプレッシャー，緊張感があったほうが学習者もそれを乗り越えるために努力し，期待以上の結果を残す可能性もあるかもしれない．

言語不安を一般化して見ると，性格などが密接にかかわる不安と，会話をする状況，テストやタスクの種類などの特定の状況によって生じる不安とがあり，前者を「特性不安」(trait anxiety)といい，後者を「状態不安」(state anxiety)と呼ぶことがある．特性要因，例えば言語不安，性格，知能などはあまり大きく変動することがなく，固定された要因と考えられており，それとは反対に状態要因，例えば状態動機，状態不安，ムードなどは，より流動的で状況に応じて変化する要因であると考えられている．この議論は現在の日本の英語教育にとって非常に重要である．というのも，学習の初期段階において学習者が状態不安を蓄積すると，特性不安につながっていくと考えられるからである．さらに興味のある方は P. D. MacIntyre & R. C. Gardner "Anxiety and second-language learning: Toward a theoretical clarification" (*Language Learning*, 39) が参考になる．小学校英語教育が教科化されていくが，学習者が早期の段階で状態不安をより多く感じ，さらに状態動機が低下することになれば，その学習者の特性不安や特性動機にも大きな悪影響を及ぼす可能性がある．そうなると，その後の教育・指導は明らかに困難なものになる．よって，個々の状況・要因にしっかりと焦点を当て，学習者の反応をよく観察し，可能な限り状態不安をもたらす要素を取り除き，状態動機によい影響を与えるようにしていかなければ，将来の日本の英語教育には期待が持てなくなってしまうだろう．

### 2.4. 言語に対する自信 (linguistic self-confidence)

上述の不安要因と最も関連が深いのが自信である．目標言語を使用することに対する自信の研究は，1980年頃からカナダのバイリンガルの環境で行われ，同国の社会言語心理学者の Richard Clément らの研究によって発展していくこととなった．当初の研究では，目標言語が用いられている地域や文化に頻繁に積極的にかかわればかかわるほど，学習者は言語を用いることに対する自信が高くなる傾向にあり，その結果，その言語を使用する動機につながるとされている．この研究は，カナダの社会文化的背景にかなり依存しているところが見られるが，その後の研究では，バイリンガル以外の状況においてもこの概念をさらに拡張し，言語自信とは Clément らは "Motivational variables in second language acquisition: A study of francophones learning English" (1977) などの論文で，「言語を用いることに対する不安が低い，熟達度に対する自己評価が高い，授業の満足度が高い」状態であるとしている．言語に対する自信が高いほど，目標とする言語を使用する意欲やその学習の達成度も高くなるので，動機と達成度から学習者がどの程度，目標言語を使うことに対して自信を

持っているかを予測する研究もある (R. C. Gardner, P. F. Tremblay, & A. M. Masgoret (1997). "Towards a full model of second language learning: An empirical investigation" *Modern Language Journal, 81* などを参照されたい). また, Clément らの自信に関する研究で非常に興味深いのは, 学習者が単一文化に属し, 目標言語が使われている地域との接触が少ない場合, 自信はあまり学習には効果を示さないという実験結果である. このことは日本の EFL 環境にかなり当てはまっており, さらに日本文化では謙虚さがどちらかというと重要視されているので, 学習者の自信があまり高くないのは, 環境・文化に起因しているのかもしれない.

　自信と非常に類似した概念に「有能感」(perceived competence / competence) というものがある. 有能感はある特定の活動を行う際に, この活動ならできそうだ, うまくやれる, と感じることを指す. 先に述べた自己決定理論でも, ある活動を遂行するために自ら内発的にやろうという気になるためには, その活動を自分自身で「できる」と感じなければならない. また WTC の理論でも, ある特定の相手とある特定の状況で会話をすることができると思わなければ, 会話意欲は低下してしまうと考えられている. つまり, 自信 (confidence) という用語は有能感よりも広い意味があり, 決して不安度が低いからといって自信度も高いというわけではない. 事実, 先の自信の定義にも「ポジティブな自己評価」が含まれており, これが有能感に近い概念と言える. 私自身は常に学会等で発表する際には英語で行っているが, その際いつも自分の英語力に対して不安を抱いている. しかし同時に, 英語でも発表はできるとも感じている. 誰もがこのように感じることはあるだろうが, このような場合では, 自信という用語でこの現象を説明することは難しい. よって, 自信・不安・有能感という概念の違いを明確に理解しておくことは重要である.

## 2.5. 自律性

　英語学習が他教科の学習と大きく異なっているのは, 教師は「自律した言語学習者」と「自律した言語使用者」という 2 種類の自律性に着目しながら, 学習者を導いていかなければならない点である. 1990 年頃は, 学習者がより自発的に学習を行えるように指導するという「自律した言語学習者」に重点を置いていたと言える. しかし, コミュニカティブアプローチが広がっていくにつれて, より「自律した言語使用者」のほうに焦点が当てられるようになっていったと, M. Gremmo と P. Riley はその論文 "Autonomy, self-direction and self access in language teaching and learning: The history of an idea" (1995) で述べている.

Ema Ushioda は「自律した言語学習者は本質的には動機づけられた学習者である」(*Learner autonomy 5: The role of motivation*, p. 2) と述べ，さらに，「学習者が自分自身を動機づけるために教師として何ができるのか，どのように手助けできるのか」(p. 2) を考慮する必要があると提案している．自律性は自らの意思で物事を決定し，批判的内省を通して，独立して，ある行動を持続して行う能力であるとの定義がある (詳しくは，D. Little, *Learner autonomy 5: The role of motivation*, 1991 を参照されたい)．自律性を能力 (capacity) として捉えることは，非常に有意義である．なぜなら，学習者にその能力，つまり自律性を獲得させることによって，自律した学習者を育成できるからである．自律性を向上させるためには，行動・選択の自由を与える，自らの行動に責任を持たせるなどという方法も提案されている．これは，生涯教育や大学教育のような授業内容，評価基準などに自由度が高い状況においては試してみる価値はあるかもしれない．しかし，義務教育や高等学校の教育においては，学習指導要領に基づき授業を進めていかなければならないので，生徒に教材を選択させたり，評価基準を決めさせたりするような選択肢を与えることが不可能なため，あまり現実的な方法ではないだろう．

　2つ目の「自律した言語使用者」に深く関連するのが前述した会話意欲 (WTC) であろう．WTC の高い学習者は，自ら目標言語で会話をできる機会を探し，実際に会話を行うことが一般的である．WTC を向上させる1つの方法として，英語の授業を英語で行うことである．教師が英語を使用することでよいモデルを提供することができれば，学習者の英語で話そうとする意欲は高まる，または英語の使用が増えると考えられる．日本のような英語が日常的に用いられない環境の中で外国語として英語を学ぶ際に英語教師にできることは，せめて英語を使用できる環境を作り出すことである．結果的に，学習者の英語で話そうとする意欲が向上し，より「自律した言語使用者」を育成することにつながるだろう．

### 2.6. 学習方略 (learning strategy)

　学習方略とは，R. L. Oxford (1999) や Dörnyei (2005) によれば，目標言語のスキルや熟達度を向上するために学習者が自ら意識して使用する学習法，あるいは学習活動であり，これはその言語の内在化，記憶，検索，使用を容易にするものであると考えられている．学習者の動機と学習方略の使用には関係があり，基本的には確固たる動機を持って学習する者はそうでない者よりもより多種多様の学習方略を使用し，より効果的に学習しようと試みる傾向にある．ただ，どのような状況でも方略を使用するわけではなく，学習者が学習過

程においてある活動がより効果的であり，より有意義だと認識した際に，より積極的に方略を使用し，その活動を達成しようする．つまり，教師は学習者の動機を高めるだけでなく，学習方略も使用できるような授業を行わなければ，学習効果はあまり期待されないだろう．

　学習者が使用する学習方略の分類法にはいくつかの種類があるが，ここでは，Dörnyei (2005) の次の4つの分類を紹介しておく．(1) 認知方略 (cognitive strategies)：学習材料やインプットを覚えやすいように変えたり，別の情報を加えたり，グループ化したりする方略で，反復学習や要約を含む，(2) メタ認知方略 (metacognitive strategies)：学習過程の分析，評価，計画など，学習をモニターする方略，(3) 社会的方略 (social strategies)：目標言語での会話やそのメンバーとの交流を増やすために使用する方略，(4) 情緒的方略 (affective strategies)：学習において感情的，情緒的要因に対して制御する方略．

　これらすべての方略が達成度や熟達度と直接関連するとは言えないかもしれないが，動機の強さの度合いによって学習者は様々な方略を使用し，学習過程をより効果的になるように調整している．近年，心理学の分野から自己調整方略という分野も導入され始めている．ただ，自己調整方略と上記の SLA で議論されている学習方略との類似点や相違点，また自己調整方略が第2言語習得のような特殊な状況でどのような役割を果たすのか，などを調査している研究はあまり見られない．よって，自己調整方略も興味深い分野である．

## 2.7. 学習者スタイル・学習スタイル

　最後に，教育面では教師が学習者の学習のスタイルを理解しておくことは重要である．認知スタイルの区別として，学習者には全体像に左右されずに確実に個々の物をとらえることができる場独立型 (field independence) の者と，目の前にある全体像に捉われすぎて，個々の物を把握することが苦手である場依存型 (filed dependence) の者がいる．この傾向から場独立型の学習者のほうがより好ましいスタイルであると言われており，さらに認知的作業においては場依存型の学習者よりパフォーマンスが上回ると報告されている．

　さらに，視覚型 (visual learners)，聴覚型 (auditory learners)，運動感覚・触覚型学習者 (kinesthetic / tactile learners) といった分類もある．視覚型学習者はその用語の視覚が示すように，特に目に見えるものからより多くの情報を得ることが得意であり，聴覚型学習者は耳からの情報を得ることに秀でており，運動感覚・触覚型学習者は体を動かすことや実際に触れたりすることによって学習が容易になる者と考えられている．これに加え，言語習得理論の中

ではあまり研究はされていないが，教育面では影響力のある Howard Gardner がその著 *Frames of mind: The theory of multiple intelligences* (1993) で提唱する多重知能（multiple intelligences）がある．人とかかわることが得意な対人的知能，マイペースで個人作業などを好む内省的知能，音やリズムに合わせ学習する音楽・リズム知能，空間的・ビジュアル化して物事を捉える視覚空間的知能，読むことや話すことによって学習が促進する言語・語学知能，論理的思考や数字などを頼りに学習する論理・数学的知能，体を動かすことによって学習しやすくなる身体・運動感覚的知能，そして区別分類や自然の中で学習することを好む博物学的知能といった8つの知能があるとされている．

　以上述べたような様々な能力・スタイルを持った学習者が存在することを認識することは，特に教育面では重要であり，学習者のスタイルに応じた活動，教材の提示方法，学習方略指導などを適切に行わなければ，学習は促進されないことを心に留めておく必要がある．

## 2.8. その他の要因

　現在の個人内要因の研究で頻繁にみられる7つの要因の概要を非常に簡単に述べてきたが，まだ紹介しきれていない要因も多々ある．例えば，言語適性・知能が言語習得に果たす役割も決して軽視することはできず，動機づけ研究にも，期待・価値理論，プロセスモデル，目標理論といった他の概念も多々存在し，またフロー理論（flow theory），創造性（creativity），学習者の信念，自己調整方略といった興味深い分野も開拓され始めている．言語が思考を決定するという主張が真実ならば，欧米や他のアジア諸国での研究理論や結果に依存することなく，日本特有の社会文化的学習環境や学習者傾向の解明が望まれる．よって，性別・年齢・教師と生徒の関係性・教師の教育理念など，着目すべき要因は山積みである．それらの研究のヒントになる著書は先に述べた Dörnyei (2005) である．

## 3. 教育現場への示唆

### 3.1. 教師・学習者プロフィールに基づく授業計画

　はじめに，孫子の兵法書の格言を借用する．「敵を知り，己れを知れば，百戦あやうからず．敵を知らず，己れを知らざれば，戦うごとに必ずあやうし．」もちろん学習者は「敵」ではないが，学習者のことを何も知らず，また教師として自分自身のことを何も知らなければ，何をやってもうまくいかないだろう．しかし反対に両者をしっかりと把握していれば，かなりの戦略を練ること

ができるはずである．つまり，教師がまず自らがどのような学習経験を有しており，さらにどのような信念を持って学習者と接しているかを吟味すると効果的である．教師は自らの学習方法や経験を，学習者に勧める・強いる傾向にある．つまり，意識していなければ，私のような伝統的な英語教育を経験した教師は文法中心の教師主導型指導法で学習者の動機を下げてしまうだろう．次に学習者のプロフィールを年度初めに作成すると，その後，様々な教育的な介入手段を考えることができる．その際には，可能な限りの要因を調査しておくと，多種多様な戦略を練ることができる．R. C. Gardner, *Social psychology and second language learning: The role of attitudes and motivation* (1985) 中の Attitude Motivation Test Battery（AMTB）や Schmidt and Watanabe, "Motivation, strategy use, and pedagogical preferences in foreign language learning"（2001）に見られる研究で使われているアンケートは，多種多様な個人内要因，例えば学習者が両親から学習のサポートを受けているか，学習者の協働意識や競争心は高いのか，などを測定できるので，その中から教師として学習者の何を知っておくべきかを判断し，それを測定できる適切な項目を選びアンケートを実施し，学習者プロフィールを作成すると効果的な授業を計画することができるだろう．よりよい教育方略，指導方法，そして教室環境を築くために，第1段階として，己を知り，敵を知ることが大切である．

　教師自らの学習経験を振り返り，さらに学習者のプロフィールを作成した後は，調査した要因が教師の教育や指導によって変化するかどうかを見極め，変わる要因に関しては，様々な方法でそれらを向上・低下させられるよう努力する必要がある．もちろんその見極めの方法は，その要因が変化しやすい「状態要因」なのか，それとも比較的固定された「特性要因」なのかで判断するとよい．例を挙げると，学習者の学習スタイル，言語適性，知能といった「特性要因」という種にどれだけ良質な水や肥料を与えても，決して芽がでるとは限らない．しかし，ある活動を行う際の動機や不安，協働意識，あるいは会話意欲や有能感といった「状態要因」という種ならば，芽がでることを期待できる．また状態要因はより授業や学習環境と密接に関連する要因であるとされているので，コミュニケーション活動を頻繁に行うことによって，学習者の協働意識が向上し，結果として授業内で英語を使用することに対して抵抗がなくなり，会話不安と言語不安が低下し，有能感とWTCが向上したという報告もある．さらに，筆者自身の研究では，ライティングにおけるペア活動は学習者の有能感を向上させたが，日本人学習者は新奇な活動よりも慣れ親しんだ英作文のような活動を好む傾向にあった．ただ闇雲に動機づけ方略を使用しても効果は望めないかもしれない．そこで非常に参考になるのが，T. Hiromori（廣森友人）

が "Instructional practice that enhances English learners' motivation: Diagnostic use of motivation evaluation" (2012) で述べているもので，学期の途中に学習者にアンケートを実施し，その結果をもとにその後の教授法や教授スタイルを調整し，学習者の動機を高めるというやり方である．学習者のニーズを事前に調査し，そのニーズを基にシラバスや授業案を作成することは，中・高等学校ではほぼ不可能に近い．よって，教師ができる動機づけ方略を駆使し，学習者の状態要因を適切に刺激し，その結果として特性要因にもよりよい影響を与えられるような，ボトムアップ的な指導法が不可欠である．もちろん一般化はできないが，教師の動機づけ方略は学習者の動機づけ行動と関係があると考えられている（詳細は，M. J. Guilloteaux & Z. Dörnyei "Motivating language learners: A classroom-oriented investigation of the effects of motivational strategies on student motivation" (2008) を参照されたい）．私たちの努力が必ずしも報われる保証はないかもしれないが，それでも試行錯誤し，様々なことを実践していくことが大切である．

### 3.2. 会話要因を高める授業法

上述したように，言語に関する自信は，学習者が目標言語が使われている地域と頻繁に，そして積極的にかかわろうとすると，その言語に対する自信が高まる．「外国語習得では目標言語コミュニティーは存在しない」という議論は，今では不毛である．現在のようにグローバル化された世界では，リンガ・フランカ（共通語・通商語）としての英語が存在している．英語自体，そして英語文化・国際文化に頻繁に触れれば，言語自信やその言語を学ぼうという意欲や使おうとする意志も高まると予想できる．では教室環境でどのように英語に触れる機会を増やすかだが，もちろんその方法は英語の授業を英語で行うことである．

英語の授業をすべて英語で行うことの利点として，まず英語でのインプットの観点から，S. D. Krashen がその著 *The input hypothesis: Issues and implications* (1985) で提唱する理解可能なインプットをより効果的に供給できるのは，英語母語話者ではなく，日本人学習者の習得・学習過程をより理解し，母語としての日本語を共有している日本人教師であり，その日本人教師が英語を使用することそのものに価値があると考えられる．次に，教師-学習者・学習者-学習者のインタラクションの面では，教師が英語で話しかけるため，学習者も英語でコミュニケーションを取ろうと努力し，また英語が普通という環境下では学習者間でのインタラクションも自然に英語になっていく可能性が高いと予測される．最後にアウトプットの点では，インタラクションが英語で頻

繁に行われていれば，活動を行う際にも高い英語使用が期待されることだろう．

筆者の研究では，英語を英語で授業した際に学習者のWTCが向上したが，日本語主体の授業で7週間のディベート活動を実施した結果，WTCが低い学習者にとっては効果が見られたものの，そうではない学習者のWTCにはあまり影響はなかった．それでも有能感は向上していた．この会話要因の向上は2つの観点で説明することができる．1つ目の英語主体の授業では，日本人教師が授業で主に英語を話したことにより，理想の英語話者（ideal L2 user or ideal L2 self）としてのモデルを提供することができ，これが学習者のWTCによい影響を及ぼしたと考えられる．2つ目の日本語主体の授業では，学習者がディベートというアウトプット・コミュニケーション活動に従事し，英語を実際に使いながらその活動を完遂できたことが有能感の向上につながったと考えられる．さらに英語の授業が会話要因に与える影響を詳しく調査するために，同一内容の授業を日本語で行ったグループと英語で行ったグループを比較した．興味深いことに，その結果は日本語で授業を行ったグループのほうが，WTCが向上していた．このすべて日本語という環境下では，学習者は話したいとき，自信があるときに英語を使用し，さらに英語を使用しなければならないという不安・プレッシャーが少なかったことがWTC向上に貢献した可能性がある．しかしながら，実際に英語か日本語のどちらを使ってもよいという状況においてグループ内でプレゼンテーションを行った際には，英語で授業を行ったグループのほうが英語をより多く使っていたことも同時に明らかになった．

これら3つのことから，英語で授業を行うことが本当に効果的であるというような一般化はできないが，WTC，会話に対する有能感，会話不安といった会話要因に対し悪い影響を与えることはなく，英語で授業を行うという環境の中で学習することによって学習者は自然に英語を使用するようになる可能性がある．インプットだけでは英語学習は成功しないので，協働学習やコミュニカティブな活動を多く取り入れ，学習者がアウトプットできる機会を増やすと，学習者も自身の英語力の不足に気付き，それを埋めるためにより多くの学習や会話をしようとするかもしれない．英語の授業を英語で行い，コミュニケーション活動を積極的に取り入れ，協働活動を増やすことで，会話に対する不安や間違えてはいけないという心配も減り，英語での発話も増え，さらなる効果が期待される．

### 3.3. 多様性を考慮に入れた授業

　第2言語学習では，意識的に様々な資源を使用し学習を効果的にする必要があり，この点では子供たちが母語話者との相互作用を通して自然に言語を獲得する第1言語習得とは大きく異なっている．学習経験を積めば積むほど，その資源も増えていくが，中学生や高校生では自ら学習するために使うことができる資源・経験は決して十分に持っているとは言えない．よって，学習者がすでに持っている資源を最大限に使用できるよう指導し，また学習の初期段階で学習者が利用できる方略を明確に伝えることが必要である．例えば，「暗記する際は口に出してみよう，またはリズムに合わせて暗記してみよう」，「ちょっとこんな感じで表やグラフにしてみようか」，などといったように，はじめは教師が学習者と一緒に『明確に』やってみることが必要である．その際に忘れていけないのが先述の学習者スタイルである．Dörnyei (2005) でも議論がなされているが，学習方略と学習者スタイルとは相互に関連しあった概念である．もちろん身体・運動感覚的知能が強い学習者に表やグラフを使用して暗記する方略を教えてもあまり効果は期待できないかもしれないが，論理・数学的知能や視覚・空間的知能が強い学習者にとっては効果が期待される．どのような学習方略を使用するかは学習者自身が決定することなので，教師は考えられるすべての方略を提示しなければならない．

　では教師はどのようにして学習者に学習方略を使う意識を高めさせることができるのだろうか．その質問にはここでも Dörnyei (2005, p. 174) が参考になる．彼は主に5つの方法を示している．1) 学習者に学習方略についての意識を高めさせ，タスク内で明確にその方略を見せる．2) 方略使用を勧め，その根拠を示す．3) 学習者が選択できる様々な適切かつ価値ある方略を提供する．4) 方略使用の明確な練習を行う．5) 学習者が方略使用の振り返りができるような事後タスクを提供する．これらに加え，重要なことは，学習者自らが発見した，または開発した方略を授業内でクラスメイトと共有することである．教師が思いもつかない効果的な学習方法を学習者は使用しているかもしれない．それらを引き出して，教室内で他の生徒たちと共有することも教師にとって重要な役割である．このようなプロセスを通して，学習者が方略を使用するようになると，学習が促進されるだけでなく，自律した学習者も育成することができる．

　最後に，教師にとって非常に困難な問題は，すでに動機づけられており，熟達度も高い学習者に対してどのような教授・動機づけ方略を使用できるかである．興味深いのは，動機づけの向上を目指した研究では，「比較的動機の低い」学習者の動機を向上させることは可能であったが，反対に「すでに動機づけら

れている」学習者の動機要因は向上も低下も見せなかったという結果が多く報告されている．前者の学習者はコミュニケーションや意味のやり取りを重視し，正確さなどにはあまりこだわらない，いわば流暢性を向上させることによって，「意味が通じる」，「言いたいことが少し言えた」，「話す機会が持てた」などといったことに満足し，次に英語を使うときにはもっと言いたいことが伝えられるようになりたいと思って勉強したり，英語を使ってみたりする可能性がある．しかし，後者の学習者はそれだけでは満足していないように思われる．おそらく，教師は文法的により正しく，高度な言い回しや表現に目を向け，彼らには「通じるだけの英語には限界がある」，「難しい話題に関しても主張・議論できる英語力や思考力」，「英語圏で英語母語話者と変わりなく生活できる能力」について明確に伝え，その能力を育成できる授業を提供する必要がある．「通じればよい」としか考えず，正確性などに焦点を当てない学習者は決して英語力は向上していかない．やはり，地道に1つ1つ正確に石を積み上げていかなければ，しっかりとした建物（結果）は築けない．それを熟達度の高い学習者は経験を通して認識しており，実際，廣森友人は『外国語学習者の動機づけを高める理論と実践』(2006) で，このような学習者には文法的なフィードバックがより効果的であると述べている．特に中学校や高等学校では多種多様な学習者が1つの教室に存在する．彼ら・彼女らに同じカリキュラムで教えなければならない状況下では，学習者に応じて異なったフィードバックを与えることが最低限教師にできることであり，その上で何が適切であるかを模索する必要があるだろう．

　以上，本章では個人内要因に関して簡潔に紹介し，それに基づいていかに学習者をやる気にさせ，英語を使用させることができるかを考えてみた．小学校での英語科目の必修化や中学校で英語の授業を原則英語で行うなど今後新しい制度が導入されるが，授業場面においては制度など関係なく，もっとミクロレベルで教師と生徒が学習の環境を作り上げていかなければならない．教師や生徒の個人内要因をしっかりと理解することで，今現在の教室現場をよりよいものにできると著者は考えている．

## 参考文献

Clément, R., Gardner, R. C., & Smythe, P. C. (1977). Motivational variables in second language acquisition: A study of francophones learning English. *Canadian Journal of Behavioural Science, 9*, 123-133.

Clément, R., Major, L. J., Gardner, R. C. & Smythe, P. C. (1977). Attitudes and motivation in second language acquisition: An investigation of Ontario francophones. *Working papers on Bilingualism, 12*, 1-20.

Crookes, G., & Schmidt, W. R. (1991). Motivation: Reopening the research agenda. *Language Learning, 41*, 469-512.

Deci, E, L., & Ryan, R. M. (1985). *Intrinsic motivation and self-determination in human behavior.* NY: Plenum Press.

Dörnyei, Z. (2005). *The psychology of the language learner: Individual differences in second language acquisition.* NJ: Lawrence Erlbaum Associates, Inc.

Gardner, H. (1993). *Frames of mind: The theory of multiple intelligences.* NY: Basic Books.

Gardner, R. C. (1985). *Social psychology and second language learning: The role of attitudes and motivation.* London: Edward Arnold.

Gardner, R. C. (2001). Integrative motivation and second language acquisition. In Z. Dörnyei, & R. Schmidt (Eds.), *Motivation and second language acquisition* (pp. 1-19). University of Hawai'i, Second Language Teaching and Curriculum Center.

Gardner, R. C., Tremblay, P. F., & Masgoret, A. M. (1997). Towards a full model of second language learning: An empirical investigation. *Modern Language Journal, 81*, 344-362.

Gremmo, M., & Riley, P. (1995). Autonomy, self-direction and self access in language teaching and learning: The history of an idea. *System, 23*, 151-164.

Guilloteaux, M. J., & Dörnyei, Z. (2008). Motivating language learners: A classroom-oriented investigation of the effects of motivational strategies on student motivation. *TESOL Quarterly, 42*, 55-77.

Higgins, E. T. (1987). Self-discrepancy: A theory relating self and affect. *Psychological Review, 94*, 319-340.

廣森友人 (2006).『外国語学習者の動機づけを高める理論と実践』東京：多賀出版.

Hiromori, T. (2012). Instructional practice that enhances English learners' motivation: Diagnostic use of motivation evaluation. *Annual Review of English Language Education in Japan (ARELE), 23*, 361-372.

Horwitz, E. K., Horwitz, M. B., & Cope, J. (1986). Foreign language classroom anxiety. *Modern Language Journal, 70*, 125-132.

Koga, T. (2010). Dynamicity of motivation, anxiety, and cooperativeness in a semester course. *System, 38*, 172-184.

Koga, T. (2016). Effects of task conditions and administrations on changes in state motivation. *Studies in English Language Teaching, 4*, 360-375.

Koga, T., & Sato, R. (2013). Effects of a debate task on changes of communication variables. *Annual Review of English Language Education in Japan (ARELE), 24*, 295-306.

Koga, T., & Sato, R. (2016). Teaching English in English or in Japanese: Effects of instructional languages on development of communication variables. Oral presentation at the 42nd JSELE (Japan Society of English Language Education) conference, Dokkyo University.

Krashen, S. D. (1985). *The input hypothesis: Issues and implications.* New York: Longman.

Little, D. (1991). *Learner autonomy 1: Definitions, issues and problems.* Dublin: Authentik.

Little, D. (1995). Learning as dialogue: The dependence of learner autonomy on teacher autonomy. *System, 23*, 175-181.

MacIntyre, P. D. (2007). Willingness to communicate in the second language: Understanding the decision to speak as a volitional process. *Modern Language Journal, 91*, 564-576.

MacIntyre, P. D., Mackinnon, S, P., & Clément, R. (2009). The baby, the bathwater, and the future of language learning motivation research. In Z. Dörnyei & E. Ushioda (Eds.), *Motivation, language identity and the L2 self* (pp. 43-65). Bristol: Multilingual Matters.

MacIntyre, P. D., Clément, R., Dörnyei, Z., & Noels, K. A. (1998). Conceptualizing willingness to communicate in a L2: A situational model of L2 confidence and affiliation. *Modern Language Journal, 82*, 545-562.

MacIntyre, P. D., & Gardner, R. C. (1989). Anxiety and second-language learning: Toward a theoretical clarification. *Language Learning, 39*, 251-275.

Markus, H., & Nurius, P. (1986). Possible selves. *American Psychologist, 41*, 954-969.

Masgoret, A. M., & Gardner, R. C. (2003). Attitudes, motivation, and second language learning: A meta-analysis of studies conducted by Gardner and associates. *Language Learning, 53*, 123-163.

McCroskey, J. C., & Richmond, V. P. (1987). Willingness to communicate. In J. C. McCroskey & J. A. Daly (Eds.), *Personality and interpersonal communication* (pp. 119-131). Newbury Park, CA: Sage.

Noels, K. A. (2001). Learning Spanish as a second language: Learners' orientations and perceptions of their teachers' communication style. *Language Learning, 51*, 107-144.

O'Malley, J. M., & Chamot, A. U. (1990). *Learning strategies in second language acquisition.* Cambridge University Press.

Oxford, R. L. (1990). *Language learning strategies: What every teacher should know.* NY: Newbury House.

Oxford, R. L., & Shearin, J. (1994). Language learning motivation: Expanding the theoretical framework. *Modern Language Journal, 78*, 12-28.

Ryan, S. (2009). Self and identity in L2 motivation in Japan: The ideal L2 self and

Japanese learners of English. In Z. Dörnyei & E. Ushioda (Eds.), *Motivation, language identity and the L2 self* (pp. 120-143). Bristol: Multilingual Matters.

Sato, R., & Koga, T. (2012). Examining the effects of all English class on learners' affective aspects. *Journal of the Chubu English Language Education Society, 41*, 183-190.

佐藤臨太郎・笠原究・古賀功 (2015).『日本人学習者に合った効果的英語教授法入門：EFL 環境での英語習得の理論と実践』東京：明治図書.

Schmidt, R., & Watanabe, Y. (2001). Motivation, strategy use, and pedagogical preferences in foreign language learning. In Z. Dörnyei & R. Schmidt (Eds.), *Motivation and second language acquisition* (pp. 313-359). University of Hawai'i, Second Language Teaching and Curriculum Center.

Swain, M. (1985). Communicative competence: some roles of comprehensible input and comprehensible output in its development. In S. M. Gass and C. G. Madden, (Eds.), *Input in second language acquisition* (pp. 235-253). Rowley, MA: Newbury House.

Ushioda, E. (1996). *Learner autonomy 5: The role of motivation*. Dublin: Authentik.

Yashima, T. (2000). Orientations and motivation in foreign language learning: A study of Japanese college students. *Japan Association of College English Teachers (JACET) Bulletin, 31*, 121-133.

Yashima, T. (2002). Willingness to communicate in a second language: The Japanese EFL context. *Modern Language Journal, 86*, 54-66.

Yashima, T., Zenuk-Nishide, L., & Shimizu, K. (2004). The influence of attitudes and affect on willingness to communicate and second language communication. *Language Learning, 54*, 119-152.

（古賀　功）

# 第4章　英語教師
―第2言語習得研究における動機づけ研究を基に―

## 1. はじめに

　現在の日本では，英語教師を取り巻く環境が驚くほど早く変化している．いわゆる「国際化」が求められる中で，例えば，小学校では，それまで総合的な学習の時間の一部として実施されてきた英語活動が，外国語活動として必修化されている．それに応じて，中学校の英語教師は，学習者が小学校で学んできた内容を考慮しながらの授業運営を行うことが求められるようになっている．また，中学校や高校では受験に向けた文法訳読を中心とした指導からの脱却が求められており，さらに，教師が「英語を使って」英語の指導を行うよう求められている．まさに，英語教師には，自身が持つ従来の教育・指導観や指導方法を柔軟に変えていくことが求められているといえるだろう．

　そのような中で，日本の英語教育は様々な目標を達成することが期待されている．例えば T. Yashima, L. Zenuk-Nishide, & K. Shimizu が "The influence of attitude and affect on willingness to communicate and second language communication" (2004) という論文で主張するように，高校，大学入試の突破や，英語資格試験のスコアの向上などを目指す短期的な目標から，日本人の国際志向性を高め，グローバルな人材を育てるという長期的な目標，さらには教養として英語の知識や技能を身に付けるという目標もあるだろう．日本の英語教育が達成すべきことは，実に多岐にわたるといえる．

　すべての目標を同時に達成することは難しく，また，それぞれの目標には異なるアプローチが必要であり，個々の教師の手腕と個性が問われるといえる．しかし，英語教育を取り巻く環境がどのように変わり，どのような目標を重視し，どのようなアプローチで指導を行おうとも，教室内の学習者に有益な指導実践を行い，学習者が活発になれる授業づくりが最も大切であることは常に共

通している．様々な方法が考えられるが，教師が準備した授業を効果的に実施し，学習者の心理的負担を低減しつつ，指導を成功させるための下地作りがまずは重要であると考える．そのためにはどうすればよいのか，本章では，第2言語習得研究における動機づけ研究の観点から考える．

## 2. 教師の役割

### 2.1. 教師に求められる8つの役割

英語教師に求められる役割は，実に多様である．例えば，M. Spratt, A. Pulverness そして M. Williams ら3人によって作成されたケンブリッジ大学が定義する英語教師としての指導力を網羅したコースブック *The TKT course: Modules 1, 2 and 3* (2011) では，教室のマネージメントという観点から次の8つの教師としての役割が提案されている（表1）．

表1 教師に求められる役割

| 役 割 | 内 容 |
| --- | --- |
| 1. プランナー<br>(Planner) | 授業の準備や内省，起こり得る問題の予測，教材の適切な選択や作成 |
| 2. マネジャー<br>(Manager) | スムーズに授業が進む環境づくり，有益でわかりやすいルールやルーティンの提案・実施 |
| 3. 観察者<br>(Observer) | 学習者個人，ペア，グループにおける学習の進捗状況の確認と，適切な支援の提供 |
| 4. 促進者<br>(Facilitator) | 学習の機会の提供，（自習）教材の選択の支援，自律の促進 |
| 5. 診断者<br>(Diagnostician) | 学習者が直面する困難の原因を見つけ，対処 |
| 6. リソース<br>(Language resource) | 目標言語について学習者が参照し，アドバイスを得られる言語的なリソースとしての役割 |
| 7. 評価者<br>(Assessor) | 学習者の言語能力や言語への態度を様々な角度から評価 |
| 8. ラポールビルダー<br>(Rapport builder) | 学習者との，そして学習者間のよりよい関係性を促進 |

教師に求められる役割の分類には様々なものがあると考えられる．しかし，上記の Spratt らの分類の興味深い点は，生徒の動機づけを促進する理論と共通項が多い点である．せっかく時間をかけて準備した教材や活動を成功させ

ためにも，これらの役割を全うしたい．

## 2.2. 動機づけの観点から見る教師の役割

また，特に生徒の動機づけを考慮した授業を実践する場合でも，それぞれの役割は重要な意味を持つといえる．例えば，動機づけの枠組みには様々な種類が存在するが，心理学者である E. L. Deci & R. M. Ryan が 2002 年に "An overview of self-determination theory: An organismic-dialectical perspectives" で改めて提唱した自己決定理論（self-determination theory; SDT）の中心的概念である内発的動機づけと外発的動機づけの枠組みは英語教育の分野にも応用され，特に内発的動機づけは生徒の英語学習を促進する最も有力な動機づけであると考えられている（本書第 3 章 2.1 節も参照）．

内発的動機づけとは，ある学習活動や行動そのものに対する興味や好奇心，そこから得られる刺激などによって動機づけられている状態を指す．英語学習を行う最たる理由が英語学習そのものに付随する興味である場合，内発的に動機づけられていると考えられる．一方，外発的動機づけとは，ある行動の結果得られるものによって動機づけられている状態を指す．英語を学習する理由が，よりよい成績や単位の取得，学習しないことによる罪悪感の払拭，将来のキャリアのために必要，などの場合は外発的に動機づけられていると考えられる．理論的には，内発的動機づけを促進するには，人間の 3 つの心理的欲求である「自律感への欲求（自らが選択・決定したい）」，「有能感への欲求（自らが有能であると実感したい）」，「関係性への欲求（周囲と良好な関係でいたい）」を満たすことが重要であると考えられている．

学習者の内発的動機づけの促進を授業の目的とする場合，「プランナー」としては，内発的動機づけが促進される条件を満たすことができる指導内容を考え，教材を用意するという事前準備が重要となる．また，「促進者」としては学習の機会の提供や自律感の促進が求められる一方，特に後者は検定教科書が定められ，指導要領に基づいた指導が求められる日本の環境では非常に難しい．しかし，学習方法やグループワークの進め方などに可能な限り選択肢を用意することにより，生徒の自律感（もしくは自己決定感）を徐々に満たし，主体的な学習を促進できるようになる．

また，「観察者」としては，支援を提供する際にどのような言葉がけを行うか，フィードバックを与えるのかが重要となる．できるだけ具体的に，学習者にとって有益な情報が豊富な（その後自信を持って進められるよう具体的な）フィードバックを与えることが「有能感への欲求」を満たすのに重要な役割を果たすと考えられている．また，動機づけの観点から，心理学者である B.

Weinerらが提唱した原因帰属理論を基に考えると，例えば，生徒が失敗したときに，「すぐには変えられないこと（例えば，能力）」よりも，「自分で変えることができること（例えば，努力の量）」にその原因を結び付けられるような声がけが重要となる．自分の力で変えられるものに原因を見出したほうが，次に向けての行動の動機づけの源泉になるといえる．

「評価者」としても学習者の動機づけには大きくかかわる．例えば，英語教育分野における動機づけ研究の第一人者であるZ. Dörnyeiの*The psychology of the language learner: Individual differences in second language acquisition* (2005) によれば，英語学習活動を行う際，活動前，活動中，活動後というそれぞれ3つの段階で動機づけが形成されるという．それらはお互いに関連し合っており，活動の結果をどのように受け止めるかによって，次の活動に対する動機づけにも影響すると考えられる．そのため，評価者として，生徒が正しく自己評価し，成功や失敗を適切な原因に結び付けられるよう，明快かつ情報的な評価を行う必要がある．

最後にラポールビルダーであるが，「ラポール」(rapport) とは相手との間に親和的な関係を結び，相互理解状態にあることを指すことから，生徒と良好な関係を築きつつ，生徒同士の良好な関係も促進する役割を担うことを表す．内発的動機づけの促進には生徒の関係性への欲求を満たすことも重要であり，また，よい関係が築かれている環境では，学習や活動も上手く進むことは容易に想像できる．教師を含む他者との関係に脅威を感じず，心理的にその環境に安心して適応していると実感できる環境作りが重要である．

## 3. 学習者の動機づけとどう向き合うか

教育の段階を問わず，授業は，教師と生徒のかかわり合いよって成り立つと考えられる．そのため，時間をかけて授業準備を行ったとしても，教師だけがやる気があって，生徒が全くやる気がなければ，授業はうまくいかない．また，教師が興味深いと思う活動を用意しても，その思いは生徒に通じず，意図したとおりに動いてくれないこともある．このような問題を引き起こす原因には様々なものがあり，また，それを解決する方法も無数にあるといえるが，その中でも生徒の動機づけを無視するわけにはいかない．先にも述べたように動機づけの理論は数多くあるが，まずは英語教育学の分野で重要視されている理論を紹介する．

## 3.1. 動機づけ研究の課題

　動機づけの定義には様々なものが存在するが，それらを集約した Z. Dörnyei と E. Ushioda の *Teaching and researching motivation*（2011）による「ある目標に向かって努力を継続するというプロセス」という定義が英語教育学の分野では一般的である．Z. Boo, Z. Dornyei, & S. Ryan による "L2 motivation research 2005-2014: Understanding a publication surge and a changing landscape" という 2015 年の研究では，最近 10 年で言語学習の動機づけに関する出版物の数が増え続け，2015 年現在では 4 倍以上になっていることがわかった．このことからもわかるように，動機づけは言語習得を左右する大きな要因の 1 つであると多くの教育者や研究者に認識され，その重要度は日に日に増しているといえる．

　これまでの研究において，様々な分野で提唱された動機づけ理論を応用し，多様な理論が提案されてきた．例えば，英語教育学の動機づけ研究分野では最も著名な研究者の 1 人であるといえる R. C. Gardner が提案した統合的/道具的動機づけ（integrative/instrumental motivation）がある．これは言語学習動機づけ研究において最初期に提案された理論であり，目標言語（例えば英語）のコミュニティに溶け込みたいから英語を学習している場合は統合的動機づけ，また，例えば将来のキャリアのため英語が必要で学習している場合は道具的動機づけ，であるといえる．この理論を基に非常に多くの研究が行われた．しかし，国際化が進む現代において，英語を学習する理由は，英語圏のコミュニティの一員になりたいからとは限らないため，その他の動機づけ理論が注目されるようになった．心理学分野で提唱された人間の心理的欲求に基づいた理論である自己決定理論（以降，SDT）のほかに，日本人の英語学習理由をまとめた T. Yashima の "Willingness to communicate in a second language: The Japanese EFL Context"（2002）にある国際的志向性（international posture）や，Gardner の理論を国際化の時代に適合するように発展させた Dörnyei がその著 *The psychology of the language learner: Individual differences in second language acquisition*（2005）で提案した L2 自己（L2 self）が注目されるようになった．また，学習理由に基づく理論ではなく，実際に行動を引き出す動機づけの理論として，人間は成功が期待でき，やる価値があると思う際に行動を行うと捉える，磯田貴道が「授業の中で捉える学習者の動機づけ：認知的評価のプロセスの検証」（2006）という論文内で応用した期待価値理論（expectancy-value theory）や，英語で話すかどうか選択できる場面で，敢えて英語を話そうする意志の強さを表す P. D. MacIntyre らが応用した willingness to communicate（WTC）など，枚挙に暇がない（WTC についてさらに興味

のある方は *Modern Language Journal, 82* (1998) にある，P. D. MacIntyre らの "Conceptualizing willingness to communicate in a L2: A situated model of confidence and affiliation"，および第3章2.2節を参照されたい）．

しかし，研究者にとっては非常に興味深い反面，実践という観点からは，結局どの理論に注目して指導に取り入れるべきかがわかりにくい．動機づけ研究の目標の1つは，どのように言語学習者を動機づけることができるのかを解明することであるが，いまだ明快な解答が得られていない．その理由には，動機づけは多様な面があり，様々な要因から影響を受けるために1つの答えを導き出すのが困難であることが挙げられる．それに加えて，多様な理論が存在するために，指導や研究の焦点が定めきれていないことも挙げられる．したがって，動機づけ研究の成果を教育実践に役立てるためには，それぞれの動機づけ理論や枠組みの特徴を踏まえた上で，それらが日本という環境の中でどのような意義を持つのか，またどのように応用可能かを考える必要がある．

## 3.2. 内発的動機づけ

先に動機づけには様々な理論や枠組みがあると述べたが，本章では内発的動機づけを中心とした SDT の応用を提案したい．その理由として，(1) 学習との関連を示す研究成果が豊富であること，さらに (2) 指導実践例が豊富であり，再現性が高いこと，の2つが挙げられる．

内発的動機づけと外発的動機づけは先にも言及した SDT に含まれるものであり，心理学の分野での研究も含めると長い間研究の焦点となってきた．そのため，多くの研究成果が蓄積されている．例えば，内発的動機づけが高い生徒は集中力が高く（例えば Guay, Vallerand, & Balnchard の研究），また，様々な学習方略を用いるなどの努力をする（例えば Pintrich & De Groot の研究）ことがわかっている．これらのことから，内発的動機づけは学習の成否を左右する重要な動機づけ要因であることがわかる．

英語学習への内発的動機づけを高める実践研究は，日本でも SDT を応用した実践研究で著名な廣森友人や田中博晃によって精力的に行われている（詳しくは後述）．他の動機づけ理論と比較して，SDT の優れた点の1つは，人間が内発的に動機づけられるまでの過程について，明確な理論が想定されていることである．廣森や田中の実践研究では，この理論に基づいて英語の指導実践が行われた結果，内発的動機づけは指導によって促進される可能性があることがわかった．廣森や田中の実践研究の中にはヒントが豊富にあり，参考にすることが可能であるため，様々な状況で再現可能性が高いといえる．SDT に注目

すべき利点はこれら以外にも存在するが，現時点で最も現実的で効果的な動機づけを高める指導実践の1つは，SDT を基にしたものであるといえるのだろう．

## 3.3. 内発的動機づけを促進する要因

人間の自己決定を促し，内発的な動機づけを促進するためには，「自律感への欲求」，「有能感への欲求」，そして「関係性への欲求」という3つの心理的欲求を満たす必要があるとされている．まず，自律感（autonomy）への欲求であるが，自らの選択と決定によって行動したいという欲求を指す．他者からの働きかけによるものではなく，自らの興味や好奇心のもと，様々な選択肢の中から積極的に選んで行動を起こすことができていると認識できるかどうかが重要であるとされている．次に有能感（competence）への欲求であるが，ある状況において自分はうまくやれているとの認識や，自らの能力を発揮したいという欲求を指す．端的に言えば，ある行動において自信を感じることができるかどうか，である．最後に関係性（relatedness）への欲求であるが，他者との繋がりや，互いを認め合うこと，あるいはコミュニティへの帰属感への欲求を指す．この関係性については必ずしも親密な友人関係を築くことではなく，あくまで周囲との関係に不安がなく，心理的に脅かされない状態にいると認識することが重要であると考えられている．これら3つの心理的欲求が満たされるような雰囲気や状況を英語の授業の中に創り出すことが内発的動機づけを高める指導実践に必要である．

また，周囲の環境を「統制的」として認識するか，「情報的」として認識するかが，内発的動機づけの促進や減退に影響すると考えられている．統制的である状況とは他者からの強制や圧力による他律感が作り出されている状況であり，内発的動機づけを減じたり弱めたりする．例えば，宿題をやろうと自ら決意したときに，両親や教師から「宿題をやりなさい」と圧力をかけられた途端，やりたくなくなってしまったという経験が誰にでもあるのではないだろうか．同様に，内発的な行動に対して，締め切りや監視，競争，評価，賞罰などが加わると自律感を損なわせ，他律感が促進されるため，教師としては注意が必要である．

一方，生徒が選択の自由と自信を感じられる状況は，情報的であると考えられる．つまり，生徒が自律感や有能感を失わないような，建設的なフィードバックが得られる状況といえるだろう．例えば，英語でのプレゼンテーションを実施する場合，よい発表にはその進歩や努力に対して積極的に高く評価し，その逆に低い評価しか与えられない発表に対しても，次は何をどうすればもっ

とよくなるのかを具体的に伝えるようにすれば，実に情報的であると考えられる．さらに，いくつかのヒントを与え，自分に合ったものを選ばせる，というのも自律感を促進する．

統制的か情報的かという問題を踏まえ，Dörnyei や MacIntyre らと並び外国語学習動機づけ研究で著名な K. A. Noels らは 1999 年に，フランス語の学習者が教師のコミュニケーションスタイルを情報的と捉えるのか，それとも統制的と捉えるのかによって内発的動機づけにどのように影響するのかを調査し，"Perceptions of teacher's communicative style and students' intrinsic motivation"（1999）という論文でその結果を発表した．それによると，内発的動機は，情報的であると捉えるほど高く，統制的であると捉えるほど低いことがわかった．それだけでなく，情報的であると捉えると，学習者はより努力し，これからもフランス語の学習を続けたいと思うこともわかった．このことから，英語の授業においても，生徒が教師を含む「環境」を情報的であると思うことができるようにすることが大切であることがわかる．

### 3.4. 動機づけを高める指導実践

先に SDT の枠組みに基づいて，生徒が教師を含めた環境を情報的であると感じ取れるような指導の有効性を述べたので，次に日本国内で行われてきた SDT を応用した実践研究を紹介し，動機づけを高める英語指導実践のポイントを探りたい．ここでは，SDT を応用した実践研究の代表的な研究者である廣森と田中の一連の研究を基に，内発的動機づけを高めるための効果的な方略をまとめ，英語の授業への応用のヒントとしたい．

### 3.4.1. グループ活動の有効性

まず，廣森と田中の実践研究から明らかになったのは，グループ活動は内発的動機づけを高めるのに有効であることである．例えば，廣森と田中は 2006 年にグループでのプレゼンテーションを最終目標とした全 5 回のグループ活動を授業内で実践し，その効果を検証した．この研究の特徴は，1) グループ編成の際，メンバーやリーダー，発表テーマの決定等を学生に委ね，自主的な取り組みを促したこと，2) 授業で指導されたパラグラフ・ライティングの知識を使ったスクリプトを日本語と英語の両方で書き，教師が学習者の達成感と有能感を意識したコメントを与えること，そして 3) 本番のプレゼンテーションに対しては教師からのフィードバックに加えて，可能な限り情報的になるように指示した上での学生間の相互評価によるフィードバックも得られるようにしたという点である．つまり，関係性への欲求を高められるグループ活動の中

に，自律感と有能感の向上を狙った指導内容を組み込んだことが特徴である．実践の開始前と終了後に自律感，有能感，関係性の欲求の充足具合と内発的動機づけをアンケートで測定し，分析した結果，3つの心理的欲求が満たされ，内発的動機づけが向上していたことがわかった．また，参加した学生の多くは，自主性を尊重した指導内容に好感を持ち（自律感），また，指導された内容を実践することにより得るものがあった（有能感）と述べている．このことから，グループプレゼンテーション活動の導入により，自律感と有能感を促進できる可能性が認められた．グループ活動の内発的動機づけへの有効性は，田中の2005年の研究「どのようにすれば学習者の動機づけは高められるのか？：学習者の動機づけを促進する方略の効果検証」，および田中と廣森の2007年の研究「英語学習者の内発的動機づけを高める教育実践的介入とその効果の検証」，そして筆者の2014年の研究 "Motivational practices for enhancing EFL learners' self-determination and the L2 self" でも認められている．

　これらの研究を踏まえて，グループプレゼンテーションを効果的に行うための3つのポイントを挙げたい．まず，明確かつ挑戦的なゴールの設定が必要であることである．田中や廣森がプレゼンテーションをグループ活動のゴールに据えたのは，まさに，そのときの学習者にとって挑戦的であったためである．このようなゴールがあるからこそ，グループにおける個々の学習者の自主的な学習活動が引き出され，お互いの協力が生まれるといえる．次に，ゴールまでの段階的な道筋を教師がしっかりと設定することである．廣森らの研究では，グループの決定，テーマの決定，スクリプトの作成など，1回毎にプロセスを分けてグループでの活動が設定されていた．学習者にとって何をすべきかが明確であり，ゴールに向けて準備が進むのは学習者にとって自信に繋がる．最後に，メンバーの組み合わせである．グループを組む際，動機づけが高い学習者と低い学習者を組ませ，動機づけの橋渡し効果を狙うことも1つの考えかもしれない．しかし，筆者はこの組み合わせが必ずしも効果的であるとは限らないことも2017年の研究を通して経験している．できるだけ生徒が自由にペアを組む機会を与えるのがよいだろう．

### 3.4.2. 個に応じたフィードバック

　次に，個に応じたフィードバックの有効性である．例えば，廣森の2006年の著書『外国語学習者の動機づけを高める理論と実践』にある研究では，ライティングの授業にペアとグループの両方の活動を取り入れ，大学生を対象とした全12回の指導実践を試みた．この中で学生は100語程度の英作文を書くことが求められたが，この研究で特徴的なのが執筆の際に感じたことや疑問点も

あわせて書くことが求められたことだった．これによって，教師は，英語が得意な学生にはより文法に関するコメントを，不得意な学生には内容に関するコメントを与えて，教師は個々の学生のニーズに応じたフィードバックを行うことができた．実践前と実践後に実施したアンケートによって内発的動機づけを測定した結果，内発的動機づけが向上していたことがわかった．また，同時に行われた自由記述式アンケートの結果から，学生の疑問に対して教師が個別に答えたことが役に立ったと実感していたとわかり（有能感），それが少なからず内発的動機づけの向上に貢献したのではないかと廣森は分析し，個に応じたフィードバックがいかに重要であるかがわかったとしている．

この研究の他にも，上で挙げた田中と廣森が実践したグループプレゼンテーション活動でも，学習者のプレゼンテーションのみならず，その過程で学習者が作成したスクリプトなどにも個別かつ情報的なフィードバックが与えられており，内発的動機づけが向上した理由の1つとして挙げている．また，田中が2009年，2010年，2013年に行った，内発的動機づけの向上を目的としたリスニングとスピーキング活動においても，個人に対してフィードバックを与えることに加え，個人に適したヒントを与えたりするなど，内発的動機づけを高める手段の1つとして，個に応じることの有効性を主張している（詳細は *JALT Journal* 31号や *JACET Journal* の50号および56号の田中の論文を参照されたい）．

グループ活動に限らず，生徒の活動にはフィードバックを与えるようにし，可能な限り情報的な内容を伝えるようにしたい．例えば，点数だけを与えるのではなく，具体的によい点と改善すべき点がわかるようなものが望ましいといえる．その際には，どうすれば改善できるのかについてもヒントを必ず与えたり，一緒に考えたりするなどの支援も欠かせない．

また，廣森が2012年に大学生を対象に行った研究である「英語学習者の動機づけを高める指導実践：動機づけ評価の診断的活用」によると，全15回の授業のうち，8回目の授業後に異なる複数の動機づけのパターンを持つ学習者に授業内容についてインタビューを行い，その分析結果をもとに授業内容を改善することを試みた．結果としては，特に8回目までに動機づけが停滞してしまっていた学習者の動機づけに効果的であったことがわかった．この研究はフィードバックの話からは少し離れるかもしれないが，個々のニーズを分析して，それに極力応じる試みは動機づけには有効であることがわかる．

### 3.4.3. 有能感の充足

3欲求について，まず，上記の研究からは，英語学習において有能感が非常

に重要であることがわかる．有能感を満たすには様々な手段が考えられるが，基本的には授業内容を可能な限り挑戦可能なものとし，達成感を大切にする授業を心がけるとよい．その中で可能な限り情報的なフィードバックを与えることが重要である．そのフィードバックは生徒個々のニーズに応じたものであることが望ましい．それが難しい場合は，例えば，ルーブリックなどを活用した上で学習者が課題をどう克服していけばよいのかについて相談できる機会を設けるなどして，生徒の有能感に配慮したい．個別のフィードバックは，e-learning のシステムを活用することで比較的容易に行うことができる．近年は Moodle などに代表される Web 上の学習管理システム（Learning Management System; LMS）なども利用可能であるので，可能であれば活用したい．いずれにしても，有能感を満たすには，学習者にとって教師が「マネジャー」，「診断者」，「評価者」となり，学習者が英語話者として成長するために役立つ存在である必要がある．

　また，有能感を満たすことは，必ずしも自信を高めることに限定されない．例えば田中の 2013 年の研究「英語の授業で内発的動機づけを高める研究」では，授業内で使われたリスニング教材は有効であったと学生が実感したことが有能感の向上に繋がり，内発的動機づけが高まった理由の 1 つであることがわかった．このことから，授業内で学んだ目標事項をいかせる活動を豊富に取り入れたり，自身の学習やパフォーマンスに有効・有益である，と感じる教材を取り入れたりすることも，有能感を満たす有効な手段であるといえる．

### 3.4.4. 自律感の充足

　自律感について重要なのは，学習者自らによる「選択と決定」である．しかし，日本の中学校や高校での英語の授業には，教科書や学習内容などが定められているため，生徒の選択と決定を促進しにくいという側面がある．まず，授業の雰囲気が情報的・支援的であり教師とのコミュニケーションも十分に取れると認識できるように状況を整えることが 1 つである．また，先に紹介した廣森のように，学期の途中までの動機づけの推移などを把握して，それに基づいて学習者の意見を取り入れるなどして，できるだけニーズに合うような授業を展開することも 1 つの手段である．

　また，ライティングやプレゼンテーション，スピーチのトピックの決定，グループ活動の進め方，グループのメンバーなど，学習目標事項以外の面では生徒に選択肢を与えるなど，可能な限り選択の自由度を高める工夫も必要である．グループ活動の進め方については，まずはクラス全体で効果的な進め方を共有し，徐々に自由度を高められるようにするとよい．

以上のことを行うには，英語教師自身が「マネジャー」や「観察者」，「リソース」としての役割をこなす必要があるといえる．その上で，すべてを自由にする必要はなく，可能なときに生徒に選択の機会をできるだけ与えることが重要である．

### 3.4.5. 関係性の充足

　関係性を中心とした研究はそれほど多くはなく，また，有能感や自律感と比べると内発的動機づけとは比較的間接的な関係に留まるものの，関係性の充足は内発的動機づけには欠かせない．田中や廣森らの研究ではグループ活動が英語の授業における関係性の向上に効果があることを示した一方，英語の授業では必ずしもペアやグループでの共同作業が求められるわけではない．そのため，教師が「ラポールビルダー」として，まずは生徒1人1人とできるだけよい関係を築き，教師が支援者であると認識してもらえるようにすることが重要である．

　筆者自身の経験からも，グループ活動が不得意な生徒もいると想像できる．そのため，グループ活動の際には，まず，1人1人が達成すべきゴールをはっきりと設定することが重要である．まず，教師はその日に達成すべきゴールを提示する．そしてワークシートなどを用意し，グループのゴールと個人のゴールを生徒がはっきりと持てるように支援するとよい．話し合いや協働などが苦手な生徒だったとしても，個人のゴールを達成することでグループ活動の達成につながり，グループの一員であることを意識できるはずである．

## 4. 教師の態度が及ぼす動機づけへの影響

　生徒の動機づけには，指導実践のみがかかわるわけではない．最後に，教師のフィードバックの与え方や普段の態度が与える学習者の動機づけへの影響について述べる．

### 4.1. 原因帰属と教師からのフィードバック

　例えば，入学試験を目前にした，熱心な生徒がいたとする．あるとき，英語のテストの点数が想像以上に悪く，落ち込んでいる場合，教師はどのような態度で接すればよいのか．

　このような問題に対して，ここでは心理学の分野で著名なWeinerの原因帰属理論の観点から考える．この枠組みの中では，自らの失敗や成功の原因を何に見出すのかによって，次の行動への動機づけが変わることが考えられてい

る．例えば，テストの点数が悪かった際に，その原因を自分の努力不足に求めるのか，それともテストの難易度に求めるのか，または遊びに誘ってきた友人のせいにするのかによって，その後の学習への動機づけが異なる．

この理論では，失敗や成功の様々な原因が1）安定性（一時的なものか，永続的なものか），2）統制の所在（自分，もしくは外部からの統制），3）統制可能性（自分で統制できるのか）という3つの観点から分類される（表2）．一般的には，統制の所在が「内部」で，「統制可能」かつ「不安定」な原因を求めると，その後の行動に対して最も動機づけられると想定されている．

表2 帰属する原因のまとめ

|  | 統制の所在 | | | |
| --- | --- | --- | --- | --- |
|  | 内部 | | 外部 | |
|  | 安定 | 不安定 | 安定 | 不安定 |
| 統制可能 | 普段の努力 | その時の努力 | teacher bias | 他者の援助 |
| 統制不可能 | 自分の能力 | 気分 | 課題の難しさ | 運 |

（William, Burden, & Al-Baharna, 2001, p. 173 を基に作成）

表2では，統制の所在が「内部」で，「統制可能」かつ「不安定」（変わりやすい）なのは「その時の努力」である．例えば，テストの点数が悪かったことを，そのテストに対して不足していた努力に起因させることである．極端にいえば，努力の量は自分で加減することがある程度可能である．毎日15分ほど単語の学習時間を設けたり，テスト勉強の方法を変えたりするなど，すぐにどうにかできることもある．一方，「内部」で「統制不可能」かつ「安定」なのは「能力」である．一般的に，能力は，すぐに高めようと思ってもそれは難しいと考えられており，テストの点数が悪かったのは自分の能力のせいだと悔やんでも，急に能力を高めることができるわけではない．能力を高めるには時には長く厳しい道のりが必要である．能力に原因を求めるのか，それとも努力に原因をもとめるのか，その間には動機づけの面で大きな差があるといえる．

統制の所在が外部の場合，「不安定」，かつ「統制可能」な要因は他者からの援助である．今回助けを求めずに失敗したとすれば，次は助けを求めることによって解決できるかもしれない．一方，「安定」かつ「統制不可能」な原因は，課題の難易度である．課題の難易度は，教師が決めることであり，生徒がどうにかできる問題ではない．また，課題が難しかったのは能力不足だったかもしれないと考えると，余計に動機づけが低下すると考えられる．

原因帰属理論を基に，試験で失敗した生徒にどのような言葉をかければ動機

づけに繋がるのかを考えると，まずはテストに関連した努力の度合いにフィードバックを与えることが重要であると考えられる．例えば，「今回に限っては，いつもよりも頑張りがちょっと足りなかったかもしれないね．何かあったの？」という言葉がけが考えられる．学習者が試験に向けてどのように準備をしたのかを一緒に振り返り，今回の結果に至った経緯と今後の対策を一緒に考えることで，情報的なフィードバックを与えることができるだろう．

　原因帰属理論をもとに失敗した原因を分析することで，次にその問題を乗り越えるための動機づけをすることができるようになる．しかしながら，ときには厳しい教師の態度も必要であるときがあるため，目的に応じて臨機応変に対応したい．しかし，そのようなときも，態度は厳しくても，内容はできるだけ原因帰属理論を意識することで，厳しく注意しつつも，動機づけの低下を防ぐことができるかもしれない．動機づけを考慮するのであれば，「内部」「統制可能」「不安定」な原因，つまり生徒が自分自身で対処できる原因に失敗や成功を帰属させるようなフィードバックが効果的であるといえる．これを念頭に置いた上で，言葉を慎重に選び，情報的なフィードバックを与えたい．

### 4.2. 内発的動機づけに影響する教師の態度

　内発的動機づけをより指導実践の立場から研究する，心理学研究の分野で著名な J. Reeve らは，内発的な動機づけに影響する教師の態度について研究を進めてきた．彼らの 2006 年に行われた研究の成果によると，例えば，「学習者の言葉に耳を傾ける」，「学習者に説明の機会を十分に与える」，「自由に取り組む時間を与える」，「ヒントや励ましを十分に与える」という教師の態度が，学習者の自律感に大きく関連していることが明らかになっている．一方，「答えや解決策を与える」，「一方的に学習教材を決定する」「命令する」「『〜すべき』という言葉がけ」等の態度は，学習者の自律感を減退させるものであることがわかった．

　これらをもとに考えると，教師は，生徒の問題を解決する際に，すぐに「答えや解決策」を与えるよりも先に学習者に耳を傾け，何を問題としているのかを引き出すことが大切であるといえる．例えば，生徒が「関係代名詞がわからない」という質問を投げかけてきた場合，一度練習問題などを解かせた上で，学習者と対話し，話に耳を傾け，何が問題となっているのかを一緒に冷静に考えることが大切であると考える．また，フィードバックを与える際には，「〜という方法で勉強すべき」という強制は可能な限り避けるほうがよい．「〜すべき (should)」という表現は，例えば R. M. Ryan の論文 "Control and information in the intrapersonal sphere: An extension of cognitive evaluation theory"(1982)をはじめとして，これまでの研究から，内発的動機づけに負の影響を及ぼすことがわかっているからである．

## 4.3. まとめ

原因帰属理論の枠組み，および Reeve らの教師の態度に関する実証研究の結果から，1) 生徒が失敗した場合，生徒が対処可能なものに失敗の原因を見いだせるように導くこと，2) 生徒に耳を傾け，生徒のニーズを理解し，一緒に考える，という教師の態度が動機づけを高めることがわかった．これらはつまり，内発的動機づけを促進するには，情報的な教師の態度が重要であることを強調しているといえる．

内発的動機づけを高める指導を行うためには，表1の教師に求められる役割を全うし，学習者の自律感，有能感，関係性への欲求を満たすための工夫が大切である．加えて，教師は生徒が情報的であると感じる態度で，生徒にとって有益であり，生徒が活発になれる授業づくりを常に心がけたい．それをもとに，生徒の英語力を高める指導を行うことが重要である．

## 参考文献

Boo, Z., Dörnyei, Z., & Ryan, S. (2015). L2 motivation research 2005-2014: Understanding a publication surge and a changing landscape. *System, 55*, 145-157.

Deci, E. L., & Ryan, R. M. (1985). *Intrinsic motivation and self-determination in human behavior*. New York, NY: Plenum Press.

Dörnyei, Z. (2005). *The psychology of the language learner: Individual differences in second language acquisition*. Mahwah, NJ: Lawrence Erlbaum.

Dörnyei, Z., & Ushioda, E. (2011). *Teaching and researching motivation* (2nd ed.). Harlow, UK: Person Education.

Gardner, R. C. (1985). *Social psychology and second language learning: The role of attitudes and motivation*. London, England: Edward Arnold.

Guay, F., Vallerand, R. J., & Blanchard, C. (2000). On the assessment of situational instrinsic and extrinsic motivation: The situational motivation scale (SIMS). *Motivation and Emotion, 24*, 175-213.

廣森友人 (2006)．『外国語学習者の動機づけを高める理論と実践』東京：多賀出版．

廣森友人 (2012)．「英語学習者の動機づけを高める指導実践：動機づけ評価の診断的活用」*ARELE, 23*, 361-372.

廣森友人・田中博晃 (2006)．「英語学習における動機づけを高める授業実践：自己決定理論の視点から」*Language Education & Technology, 43*, 111-126.

磯田貴道 (2006)．「授業の中で捉える学習者の動機づけ：認知的評価のプロセスの検証」

*JACET Bulletin, 43*, 15-28.

Konno, K. (2014). Motivational practices for enhancing EFL learners' self-determination and the L2 self. *ARELE, 25*, 191-206.

Konno, K., & Koga, T. (2017). Exploring the relationship between motivation and on-task behavior during interactive tasks. *Language Education & Technology, 54*, 223-247.

MacIntyre, P. D., Clément, R., Dörnyei, Z., & Noels, K. A. (1998). Conceptualizing willingness to communicate in a L2: A situated model of confidence and affiliation. *Modern Language Journal, 82*, 545-562.

Noels, K. A., Clément, R., & Pelletier, L. G. (1999). Perceptions of teacher's communicative style and students' intrinsic motivation. *Modern Language Journal, 83*, 23-34.

Pintrich, P. R., & De Groot, E. V. (1990). Motivational and self-regulated learning components of classroom academic performance. *Journal of Educational Psychology, 82*, 33-40.

Reeve, J., & Jang, H. (2006). What teachers say and do to support students' autonomy during a learning activity. *Journal of Educational psychology, 98*, 209-218.

Ryan, R. M. (1982). Control and information in the intrapersonal sphere: An extension of cognitive evaluation theory. *Journal of Personality and Social Psychology, 43*, 450-461.

Ryan, R. M., & Deci, E. L. (2002). An overview of self-determination theory: An organismic-dialectical perspectives. In R. Ryan & E. Deci (Eds.), *Handbook of self-determination research* (pp. 3-36). New York, NY: The University of Rochester Press.

Spratt, M., Pulverness, A., & Williams, M. (2011). *The TKT course: Modules 1, 2 and 3* (2nd ed.). Cambridge, England: Cambridge University Press.

田中博晃 (2005).「どのようにすれば学習者の動機づけは高められるのか？：学習者の動機づけを促進する方略の効果検証」*JLTA Journal, 7*, 163-176.

田中博晃 (2009).「3つのレベルの内発的動機づけを高める：動機づけを高める方略の効果検証」*JALT Journal, 31*, 227-250.

田中博晃 (2010).「英語の授業で内発的動機づけを高める研究」*JACET Journal, 50*, 63-80.

田中博晃 (2013).「動機づけを高める方略の修正と効果検証：特性レベルの動機づけを高める教育的介入」*JACET Journal, 56*, 87-106.

田中博晃・廣森友人 (2007).「英語学習者の内発的動機づけを高める教育実践的介入とその効果の検証」*JALT Journal, 29*, 59-80.

Weiner, B. (2000). Intrapersonal and interpersonal theories of motivation from an attributional perspective. *Educational Psychological Review, 12*, 1-14.

William, M., Burden, R. L., & Al-Baharna, S. (2001). Making sense of success and failure: The role of the individual in motivation theory. In Z. Dörnyei, & R. Schmidt (Eds.), *Motivation and second language acquisition* (pp. 171-184). University of Hawai'i, Second Language Teaching and Curriculum Center.

Yashima, T. (2002). Willingness to communicate in a second language: The Japanese EFL Context. *Modern Language Journal, 86*, 54-56.

Yashima, T., Zenuk-Nishide, L., & Shimizu, K. (2004). The influence of attitude and affect on willingness to communicate and second language communication. *Language Learning, 54*, 119-152.

(今野勝幸)

# 第5章　英語科の教材

本章では，英語科の教材について，(1) どのような教材があるのか，(2) どのような目的・手順で開発されているのか，(3) 教材によるインプットが学習者の言語習得にどのようにつながるのか，(4) 教材をどのように分析・評価すればよいのか，の4点から概観する．

## 1.　英語科における教材とは

### 1.1.　教科書

　教科書は，英語では textbook または coursebook と呼ばれ，授業の根幹をなす教材である．日本の中学校・高等学校等の英語科の授業では，文部科学省検定済の教科書が主に使用されている．また，小学校の外国語活動，英語科の授業においても，文部科学省が作成・配布している教科書 *Let's Try! 1, 2, We Can! 1, 2* が授業の中心となっている．いずれも，学習指導要領で定められた指導内容に基づいて作成されているため，語彙や文法などの言語材料がある程度，統制されている．そのため，教師は教科書を中心に授業を組み立てれば，自ずと学習指導要領が求める内容を児童・生徒に伝えることができる．

　しかし，その反面，教科書は各学校，各クラスの個々の実情，ニーズに合わせて編纂されているわけではないため，教師は，担当のクラス・児童・生徒の興味，関心，英語熟達度に応じて，教科書の内容を適宜，取捨選択し，教科書の題材や文章を改作（adaptation）することが必要となる．この改作の主な方法としては，①教科書の分量調整（削除と追加），②補助教材の使用，③教科書の内容修正・変更の3項目が挙げられる（興味のある方は A. Cunningsworth の *Choosing your coursebook* (1995) や J. McDonough, et al. の *Materials and methods in ELT: A teacher's guide* (3rd ed.) (2013) などを参照されたい）．

　①は，クラスの英語熟達度に合わない箇所やあまり重要ではないと考えられる個所などを削除したり，教科書の練習問題に類似の問題や例文などを追加することであり，②は教科書付属のワークシートを使用したり，教師自身が補助プリントを作成したりすることである．また③は，教科書の本文中の難しい語句や表現をやさしいものに修正したり，地名や人名などを生徒に身近なものに変更したりすることである．

　例えば，以下のメール文では，イギリスを訪れる予定が示されているが，下線部の語句を変えること（すなわち，上記の③）によって，生徒自身の身近な予定を説明する文にすることができる（下線は筆者）．

　　Hi, Deepa.
　　What are your plans for the holidays?
　　I'm going to visit the U.K. next week. My sister and I are going to see many things.
　　Do you want anything from the U.K.?
　　Kota

(New Horizon English Course 2, p. 18)

ここでは，the U.K. のところを Tokyo や Osaka にしたり，next week を on Sunday や next month にしてもよいし，many things を具体的に Tokyo Skytree and Ueno Zoo などとすれば，生徒の興味・関心が高まることが期待できる．このような個々の学習環境に応じた教科書の改作を行うことにより，教師は教科書の可能性を最大限に広げることができる（さらに興味のある方は，本書第 6 章「教科書の活用と教材研究の視点」(pp. 105-111) を参照されたい）．

　なお，日本では，同じシリーズの教科書が，学年ごと，あるいは技能別（リーディング，ライティングなど）に分冊化されているため，教科書に登場する人物や扱われるトピックに継続性，類似性があるのも特徴である．例えば，中学校 1 年生用から 3 年生用までの教科書の本文中で，中学生の主人公が留学生や英語母語話者の外国語指導助手（ALT; assistant language teacher）などと交流を深めながら，中学校 3 年間で成長していくストーリーが描かれることがよくある．一方，海外の英語教科書では，初級（elementary），初中級（pre-intermediate），中級（intermediate），中上級（upper-intermediate），上級（advanced）と熟達度別に分冊化され，一貫した編集方針によって作成されたものが多い．

## 1.2. 教科書付属の教材

　教科書には，音声 CD，ワークシートが副教材として付属していることが多く，ワークブック，ピクチャーカード，単語カードなど教科書に準拠した教材も販売されており，教師は，教科書を軸に様々な教材を授業，宿題，及びテストの素材として利用できる．

　また，音声 CD，紙媒体の教材に加え，CD-ROM，DVD などに収録されたデジタル教材が副教材として付属していることが多い．小学校学習指導要領（文部科学省，2018a）と中学校学習指導要領（文部科学省，2018b）で，視聴覚教材やコンピュータ等の有効活用が推奨されていることもあり，教科書の本文や音声だけでなく，イラストや写真，動画，各種練習問題を含んだデジタル教科書が，情報通信技術（ICT; information and communication technology）（本書第9章「ICT の活用」を参照）の発展に伴い，近年多く用いられている．特に，小学校の外国語活動では，紙媒体をもたないデジタル教科書として，アルファベットの理解を深めるための文部科学省作成の *Hi, friends! Plus* や *Hi, friends! Story Books* のような絵本が使われており，英語に対する児童の興味・関心を高める役割を担っている．

　このようなデジタル教科書は，紙媒体の教科書の内容をさらに拡充した視聴覚教材として，今後さらに開発が進むことが期待されるが，デジタル教科書を映し出す電子黒板，情報端末などのハード面での環境が不十分な学校もあることと，デジタル教科書に対する検定をどうするか，などの課題もある．

## 1.3. e ラーニング・CALL 教材

　ICT の教育現場への導入の中で，デジタル教材とともに注目を集めているのが，e ラーニング・CALL 教材である．e ラーニング教材は，インターネット環境で提供される教材のことで，授業の予習や復習用の教材だけでなく，授業内容に関連した様々な英語教材がインターネット上で利用できるのが特徴である．インターネットを活用するため，学習者は英語の文章を読んだり，音声を聞くだけでなく，実際の会話の場面なども動画で閲覧したり，英文を画面に入力することもでき，従来の紙媒体とは違った形で教室外の自主学習に取り組むことができる．市販の e ラーニング教材・システムも多く開発されているが，ムードル（Moodle）のように無料で利用可能な e ラーニングシステムもあり，授業の課題などを教師と学習者間でオンライン上でやり取りしながら，お互いが学習の進捗状況を管理することができる．

　また，コンピュータ端末が設置してある教室では，CALL（computer assisted language learning）教材・システムが使用されることもある．e ラーニ

ングと違い，必ずしもインターネット環境を必要としないが，教室内の各コンピュータ端末が 1 つのネットワーク上につながっている必要がある．したがって，CALL では，教科書の指導内容に関連した音声教材や課題などを教師と生徒間で送受信できるだけでなく，生徒同士でペア・グループワークをコンピュータを通して行うことができる．さらに，無線 LAN (local area network) の環境がある教室では，コンピュータ端末の代わりにタブレットやスマートフォンを使用することができ，専用の教材アプリも開発されている．

　このように，e ラーニング・CALL 教材の教育現場での使用が徐々に広まっているが，重要なのはその教材の内容である．ほとんどの小学校・中学校・高等学校では，教科書を中心に授業が進められているので，e ラーニング・CALL で使用する教材は，あくまで教科書を補完する内容のものを選び，教師は教科書を使った学習とのバランスに常に配慮する必要がある．

### 1.4. その他の補助教材

　上記の教材以外に，授業では様々な補助教材が用いられるが，その中でも教師自身が作成する補助プリントが教科書を補完するために多く用いられる．教科書本文の内容を把握したかどうかを確認するためのワークシート，文法事項の復習のためのドリルや作文問題など，教科書をベースとした手作りの教材である．授業前は，教科書の予習を含めた教材研究で時間がかかるため，補助プリント作成は教師にとって負担になるが，教科書の内容をより深く理解できるよい機会である．また，最近はパーソナル・コンピュータを使って，イラストや写真を取り込んで視覚的に工夫した教材も作ることができるので，楽しみながら教材を作成したいものである．

　その他の補助教材の素材としては，新聞・雑誌の英文記事，英文広告，地図，あるいはインターネット上の動画などがある．日本の著作権法では，学校その他の教育機関において，公表された著作物の使用・複製が授業で必要な程度に限って認められているので（著作権法第 35 条），著作権を侵害しないように十分に配慮しながら，これらの素材を積極的に利用したい．ただし，ほとんどが英語学習者向けに作成されたものではないため，英語の難易度が高い場合が多い．教師は，生徒の英語熟達度を十分に考慮した上で素材を選択し，日本語の注釈などを付して，生徒が消化不良にならないように注意する必要がある．

　また，授業での教師の指示や生徒間の英語による発話も教材とみなすことができる．例えば，ある生徒が発表したときに，教師が拍手しながら "Give a big hand to …" と他の生徒にも拍手を促せば，わざわざ英語の説明をしなくても，多くの生徒はその表現の意味に気づくことができるはずである．すなわ

ち，教師の発言は，立派な教材の1つとなりうるのである．

このように，英語科の授業で使用する教材は，教科書の他に多種多様なものがあるが，それぞれの教材を吟味，選択していくことで，教師自身の教材観が養われ，授業がよりよいものになるであろう．

## 2. 教材の目的とデザイン

### 2.1. 教科書と学習指導要領

前節では，教科書の他，様々な教材が英語科の授業で使用されていることを述べたが，本節では，日本の検定教科書を中心に，その目的とデザイン，即ち教科書を構成する素材（言語材料など）の選択や配列の計画・設計について述べる．前述のとおり，日本の小学校，中学校及び高等学校で使用される教科書は，学習指導要領に定められる目標，内容に沿って作成されている．目標においては，小学校の外国語活動で「コミュニケーションを図る素地となる資質・能力」を養い，小学校，中学校，高等学校の外国語（英語）科で「コミュニケーションを図る資質・能力」を養うことが明記されているため，教科書も実際のコミュニケーション，例えば，日常の会話やメールのやり取りなどを多く含めた実用的なものを志向している．また，内容においては，学習指導要領に記載された言語活動，言語材料などの重要事項を教科書に盛り込む形でデザインされている．

すなわち，学習指導要領が改訂され，科目の目標，内容が変更になれば，教科書自体の中身も変わってくるということであり，教科書は，そのときどきの社会の要請を重視した政府の教育政策を反映していると言っても過言ではない．過去に出版された教科書をいくつか眺めてみると，これまでの国の英語教育に対する政策の変化を垣間見ることができる．例えば，中学校と高等学校の英語教科書を1980年代，1990年代，2000年代の3つの年代で比較した長谷川修治・中條清美の「学習指導要領の改訂に伴う学校英語教科書語彙の時代的変化：1980年代から現在まで」(2004) によると，教科書で使用されている語彙数は全体的に減少したが，日常生活で使用されるような実用的な語彙を盛り込む傾向が2000年代の教科書に見られている．

なお，2020年度から順次実施される新学習指導要領では，小学校で600～700語程度，中学校で1,600～1,800語程度，高等学校で1,800～2,500語程度を学ぶことと記載され，高等学校卒業段階まで4,000語～5,000語程度の語彙を指導することが求められている（文部科学省，2018c）．これは，前回の改訂時よりも合計で1,000語以上増やしたものであるため，今後，教科書で使用され

る語彙も増えていくものと考えられる．語彙に関することは，本書第 11 章を参照されたい．

　教科書を出版するのは各出版社であり，執筆，編集も各出版社が依頼した著者が行うが，まずは，国の教育政策を具体化した学習指導要領が教科書のデザインに大きく関わってくることをおさえておきたい．

### 2.2. 学習者と教師のニーズ

　教科書のような広く販売される教材を開発する際には，教材を使用する学習者と教師のニーズを把握し，教材のデザインに反映することが重要である．教材を開発するプロセスの一環として，まず教材の使用者のニーズをつかんだ後，既存の教材のどのような点を改善すれば，より使いやすい教材になるのかを検討することが挙げられる．特に，市販教材の場合は，使用者のニーズに合わないものを販売した場合，販売数に影響するため，マーケティング・リサーチが鍵となってくる．ただし，使用者が多くいればいるほど，それだけ教材に求めるニーズも様々になるため，どのようなニーズに焦点を当てて教材を開発するのかが重要である．

　日本の教育現場では，使用されている教科書に関して，各出版社が児童・生徒，そして教師を対象にアンケート調査を実施することはほとんどないが，教科書採択を決定する市区町村教育委員会が採択教科書名とその採択理由を公表している．従って，各出版社は，その公表資料から教育現場の大まかなニーズを把握して，新規の教科書作成，既存の教科書の改訂などに活かすことができるようになっている．

　しかし，教育現場，特に教師のニーズを重視しすぎると，吉田研作が「『使える英語』を遠ざけている教育界の，そして日本人の意識とは」(2016) の中で指摘するように，指導要領が改訂されたとしても，その趣旨を反映させた新しいタイプの教科書よりは，使い慣れた従来の教科書を少し変えただけの教科書が採択される傾向がある．この指摘が当てはまる実際の例としては，「英語表現 I」の教科書採択状況を挙げることができる．高等学校学習指導要領（文部科学省，2009）では，「英語表現 I」は具体的な言語の使用場面を設定した上で，書いたり話したりする言語活動を重視する科目となっているが，文部科学省まとめによる 2015 年度高等学校教科書採択状況によると，「英語表現 I」の採択点数 20 のうち，文法項目を軸にして編纂された *Vision Quest English Expression I Standard* と *Vision Quest English Expression I Advanced* が上位 2 点であり，それぞれ 21.4%，18.2% の占有率となっている（内外教育編集部，2015）．つまり，従来型の文法項目の定着を重視した教科書が多く採択さ

れており，これまでと同じような教え方が無難であるという教師の保守的な意識が教科書採択に影響している可能性がある．

なお，教師が自主教材，補助教材を作成する際には，使用する生徒の声を教材作成に直接反映させることができる．この点において，Tomlinson は，以下の枠組みの手順に沿えば，学習者のニーズを活かしながら，テキスト素材を用いて効率的に教材を作成できるとしている（詳しくは，B. Tomlinson が編集した *Developing materials for language teaching* (2003) を参照されたい）．

表1 テキスト素材を用いた教材作成の枠組み

| 段階 | 手順 |
| --- | --- |
| テキスト素材の収集 | 教師が授業で使用する文字や音声のテキスト素材を探す．もしくは教師自身でテキスト素材を作成する． |
| テキスト素材の選択 | 集めたテキスト素材が，自分のクラスの教材としてふさわしいかどうかを教師が検討し，取捨選択をする． |
| テキスト素材の吟味 | 教師が選んだテキスト素材を実際に読んだり，聞いたりして，もう一度検討する． |
| 学習準備段階の活動 | 教師が学習者にテキスト素材のトピックに関する情報を前もって与え，学習者のレディネス（学習準備状態）を高める工夫をする． |
| テキスト素材を体験する活動 | 学習者がテキスト素材を読んだり，聞いたりして，素材に描かれている状況を疑似的に頭の中で追体験する． |
| テキスト素材への理解を把握する活動 | 教師が学習者に対して，使用したテキスト素材の内容，そしてそれがどのようなものであったかを尋ねる． |
| テキスト素材を基にした発展学習活動 | 学習者はテキスト素材を基にした発展学習をする．例えば，素材のストーリーに似た状況のストーリーを学習者自身で作る練習などが挙げられる． |
| テキスト素材への理解を深める活動 | 学習者はテキスト素材の内容・言語に関する質問に答えたり，素材で述べられていることに対して批評したりする． |
| テキスト素材の授業での試用 | 教師は上記の作業を授業の中で続けながら，テキスト素材と学習者のニーズとのマッチングを図る． |
| テキスト素材の評価 | 教師は学習者に対して，アンケートやインタビューを行い，テキスト素材に対する評価を行う． |
| テキスト素材の見直し | 評価に基づき，テキスト素材をさらに検討した上で，教材化する． |

注．Tomlinson (2003, pp. 110-121) を基に作成．

表1の枠組みでは，主にテキスト素材を教材として用いる場合が示されているが，教室での試用を踏まえ，生徒の声を反映させながら教材を改善していく点は，練習問題等を含んだ教材を作成する場合でも，十分応用できるプロセスだと言える．

## 2.3. 教科書とシラバス

　教材，特に教科書をデザインする際の骨組みとなるのがシラバス（syllabus）である．シラバスの定義は様々あるが，教育現場では，特定の教科・科目の学習内容とその配列を示した計画表をシラバスと呼ぶことが多い．このシラバスは，作成時期の点において，あらかじめ学習内容・項目とその配列を設定した先行シラバス（a priori syllabus），授業での学習内容や活動を記録し，学習後にそれをリスト化した後行シラバス（a posteriori syllabus）に分類できる．またその他に，授業中に生徒と教師が話し合いながら，学習内容を検討し，どのように学習を進めていくかを決めていくプロセス・シラバス（process syllabus）もある．従って，教科書の場合は，あらかじめ著者，出版社が作成するものであるため，先行シラバスによって，教科書で扱われる内容・項目，およびその配列がデザインされることになる．

　次に，シラバスを学習内容で分類した場合，主に以下の6つに分類できる．この分類は先にも出した J. McDonough らの *Materials and methods in ELT: A teacher's guide* に基づくものである．

1. 文法／構造 (grammatical or structural) シラバス
2. 機能・概念 (functional-notional) シラバス
3. 場面 (situational) シラバス
4. 技能中心 (skills-based) シラバス
5. 話題中心 (topic-based) シラバス
6. タスク中心 (task-based) シラバス

この分類における文法／構造シラバスは，be 動詞，一般動詞，名詞，などの文法項目や「主語＋動詞」のような文の構造をベースに学習内容を配列していくシラバスで，教科書で長く採用されているものである．また，機能・概念シラバスは，相槌を打つ，謝る，賛成する，誘うなどのコミュニケーション上の言語の働き（機能）や，時や位置などの言語が持つ概念を基に学習内容を設定したシラバスであり，場面シラバスは，空港にて，レストランにて，など言語が使用される日常生活の場面で分類されたシラバスで，これらも教科書で多く用いられている．さらに，聞く，話す，読む，書くの4つの技能に焦点を当

てた技能中心シラバス，環境問題，科学技術といった話題やテーマで学習内容を配列する話題中心シラバス，様々なタスク（課題）を集めたタスク中心シラバスもある．

　教科書を作成する際には，このシラバスをあらかじめ設定することで，教科書の大まかなデザインが決まってくる．なお，教科書では，これら6つのシラバスが単独で用いられることは少なく，複数のシラバスが有機的に組み合わさった複合シラバス（multilayered syllabus）が使われる場合が多い．例えば，教科書の各課が日常生活の場面で分類され，ねらいとする文法項目，文構造がそれぞれに組み込まれた場合は，話題中心シラバスと文法／構造シラバスの複合シラバスとなる．

## 2.4.　言語材料と題材の選定

　シラバスが教科書の骨組みを形作るとすれば，その肉付けの役割を担うのが，言語材料と題材である．言語材料とは，中学校学習指導要領（文部科学省，2018b）では，「音声」，「符号」，「語，連語及び慣用表現」，「文，文構造及び文法事項」が挙げられており，要するに，聞くこと，読むこと，話すこと（やり取り），話すこと（発表），書くことの5つの領域に必要となる材料である．学習指導要領では，どのような言語材料を用いて指導するのかということに関して，最低限の基準が記載されているため，日本の検定教科書では，それらは満遍なく盛り込まれている．しかし，各言語材料の導入時期や順序，提示方法（音声，文字のどちらで提示されているのかなど），分量，難易度は各教科書の編纂者に任されており，その扱いによって教科書の個性が出てくる．

　題材は，話題，テーマと言い換えることができるが，この選び方次第で，生徒が教科書の内容に興味・関心を示すかどうかが決まってくる．例えば，スポーツを題材にした場合，野球やサッカーのような特定の競技を取り上げると，それらのスポーツが好きな生徒であれば，教科書の内容に興味を示すが，そうでない生徒にとっては，あまり面白くない内容になる可能性がある．高等学校学習指導要領（文部科学省，2009）では，「外国語を日常使用している人々を中心とする世界の人々及び日本人の日常生活，風俗習慣，物語，地理，歴史，伝統文化や自然科学などに関するものの中から，生徒の発達の段階及び興味・関心に即して適切な題材を変化をもたせて取り上げる」(p. 116) と記述されているが，具体的にどのような題材が適切なのか，そして各題材のバランスをどうするかについては，編纂者の好みや教材観が反映されるところである．

　なお，教科書の題材で取り上げられている地域については，高等学校の英語教師の視点で，教科書に関する研究を行っている大川光基の「高等学校英語検

定教科書が扱う文化題材の考察：異文化理解の観点から」(2016) で述べられている調査によると，高等学校「コミュニケーション英語 I」の検定教科書では，米国など英語を母語として使っている国々，及び日本が圧倒的な割合であり，その他の国や地域に関する題材は少ない．国際理解教育の観点からも，世界の国々，地域の話題をバランスよく教科書の題材に取り上げる必要があるだろう．

## 2.5. 練習問題とタスク

シラバスを設定し，言語材料，題材を選定すれば，教科書の大枠となる本文ができあがるが，教科書は単なる読み物ではなく，多くの場合，練習問題 (exercise) やタスク (task) と呼ばれる課題が付いている．これらの課題は，授業の主たる活動に用いられることも多いので，教科書デザイン上，重要な要素となっている．

練習問題の例としては，英文の穴埋め問題，英文和訳，和文英訳，多肢選択問題，英問英答問題，並べ替えの作文問題などがあり，教科書のみならず，伝統的に試験問題などにも使用されている形式である．これらの問題は，どちらかというと，語彙や文法などの言語形式に関する練習に焦点を当てたもので，主に本文の内容把握や語彙，文法事項の確認のために，教科書に盛り込まれている．

一方，タスクの大きな特徴は，コミュニケーション活動を重視した課題であるという点である．タスクの定義は様々あるが，よく知られているものとして，タスク中心の教授法 (TBLT; task-based language teaching) の理論をまとめた R. Ellis の *Task-based language learning and teaching* (2003) によると，①学習者の活動のための作業計画であること，②学習者同士の意味のあるやり取りに焦点を置くこと，③現実の世界で行われているコミュニケーションと同様の言語使用をすること，④聞く，読むといった受容的技能 (receptive skills) と話す，書くといった産出的技能 (productive skills) を必要とすること，⑤選択，分類，整序，推論などの認知的なプロセスを必要とする作業であること，⑥作業の目標達成によって成果 (outcome) が得られること，の6つの要素を含んだものがタスクとされる．すなわち，タスクは，練習問題のように言語形式の正確さを求めるというよりは，むしろコミュニケーションを行うことを狙いとした課題である．なお，教科書の中では，タスクと称さずに，活動 (activity) と称されることも多い．いずれの呼称も意図するところは同じである．

このタスクの主な種類としては，まるでジグソーパズルのように，ペアやグ

ループで異なった文や情報を組み合わせて，1つのストーリーを完成させたりするジグソータスク（jigsaw task），お互いに違う情報をもつ2人がやり取りをしながら1つの目的を達成させるインフォメーション・ギャップタスク（information gap task），手持ちの情報から問題の解決を目指す問題解決型タスク（problem-solving task），交渉や議論を通して何らかの決断を下す意思決定型タスク（decision-making task），お互いの考えや意見を交換しあう意見交換タスク（opinion exchange task）がある（さらに興味のある方はJ. C. Richards の *Curriculum development in language teaching* (2001) を参照されたい）．

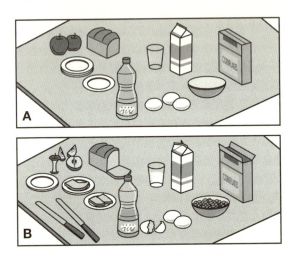

図1　インフォメーション・ギャップタスクの例
(*On Air English Communication I*, p. 89)

　それぞれのタスクは，日本の英語教科書に取り入れられている．図1の例では，ペアでテーブルの上にある食品や食器に関する情報をやり取りしながら，食卓の様子を説明するインフォメーション・ギャップタスクである．インフォメーション・ギャップを用いたタスクとしては，2枚のよく似た絵の中で，違う箇所をペアで見つけ出す間違い探しのタスク，違った情報が記載されている2枚の地図を用いて，ペアで目的地にたどり着くタスクなどがあるが，お互いの情報をやり取りするための表現が難しくなる場合は，タスクが完了しない場合があるので，生徒の英語熟達度に応じてタスクの種類を選択し，必要に応じて語彙や表現，例文をあらかじめ与えておく必要がある（図1に関しては，Half of the water has been drunk. と Some of the dishes have been used. という例文が教科書の同じページに提示してある）．

また，タスクのデザインの観点では，目標の達成にあたって，ある特定の言語形式（例えば前置詞）を必ず使うようなタスク（focused task）と特定の言語形式の使用や理解を促さないタスク（unfocused task），何らかの限られた答えを求めようとするタスク（closed task）と自由な解答を認めるタスク（open task），学習者がお互いに情報を双方向にやり取りするタスク（two-way task）と学習者が相手に一方的に情報を伝達して行うタスク（one-way task）などに分類することができる．

このように様々な練習問題やタスクを教科書の本文に付すことによって，言語形式の学習とコミュニケーション活動の練習が有機的にデザインされるのである．

## 3. 教材と言語習得
### 3.1. 教材による言語のインプット

S. Krashen が "The input hypothesis and its rivals"（1994）という論文で述べているように，言語習得において，学習者が理解可能で十分な量の言語のインプットが必要なことは言うまでもないが，教材と言語習得の関係については，まだあまり明らかにされていない．その主な理由として，教室内では，教科書をはじめとする教材の他，教師が発する言葉，教師と生徒，生徒同士の会話などのインプット源があり，教室外では，テレビやラジオ，新聞，雑誌，インターネットなどの各種メディアの言語，街中の広告，人々の会話などが言語のインプット源となるため，純粋に教材がどれだけ，そしてどのように生徒の言語習得に貢献しているのかがはっきりしないことが挙げられる．

従って，教材と言語習得の関係を明らかにするのは難しいが，日本人の中学1年生から3年生までの英語学習過程を観察，記録し，中学生のスピーチコンテストの発話データのうち，約70％が中学校の英語教科書で使用された語彙であることを明らかにした太田洋・金谷憲・小菅敦子・日臺滋之の『英語力はどのように伸びてゆくか：中学生の英語習得過程を追う』（2003）や，Y. Tono の *The role of learner corpora in SLA research and foreign language teaching: The multiple comparison approach*（2002）のような，日本の中学校・高等学校の英語教科書で使用されている動詞の出現頻度と日本人英語学習者の英作文における動詞の使用頻度を比較し，教科書によるインプットの影響を明らかにした研究など，いくつかの研究成果がある．

また，Tono の "TaLC in action: Recent innovations in corpus-based English language teaching in Japan"（2011）で述べられている調査では，British

National Corpus (BNC) の最頻出 1,000 語の 77.98% が日本の高等学校用の英語教科書で使用されていることが示されている．このことからも，日常的に英語に触れることのできる ESL (English as a second language) の環境になく，日本のように，あくまで外国語として教室で学ぶことが主となる EFL (English as a foreign language) の環境では，教科書からのインプットが学習者の言語のアウトプット（発話や作文）において重要であると考えられる．ただし，教材と言語習得の関係を実証的に調べた研究はまだ少ないため，今後の研究成果が期待される．

### 3.2. 教材のオーセンティシティ

上の節で教材が学習者のアウトプットに大きな関係があると述べたが，その教材の本物らしさ，すなわちオーセンティシティ (authenticity) が重要となる．特に近年では，実践的なコミュニケーション能力を育成するという観点から，教材のオーセンティシティを重視して，新聞，雑誌，インターネットの記事，広告，ラジオやテレビの音声，インタビュー，小説の抜粋などを素材とした教材が増えてきている．また，素材だけでなく，教材で扱う活動，例えば，デパートでの買い物，レストランの予約，注文といった日常生活の場面をタスクに盛り込んだ教材が多い．

オーセンティシティの定義は曖昧ではっきりしないところがあるが，言語そのものに関しては，言語教育を目的としておらず，主に母語話者向けとして作成されたテキストを含む度合がオーセンティシティとされる．また，学習者が教材を本物らしいとみなすかどうか，という学習者の解釈に視点を置いた定義もある．

オーセンティシティの高い教材，すなわちオーセンティックな教材は，学習者の自信や動機づけに繋がるという考え方が多くの研究者，教育関係者の中に広く浸透しており，M. McCarthy はその著 *Discourse analysis for language teachers* (1991) で，実生活におけるシミュレーションとして，オーセンティックな言語構造や語彙を学ぶ必要がある，という主張をしている．同様に，オーセンティックな教材を推奨する他の研究者も，教科書で取り上げられている会話文が自然な言語データと乖離した人工的なものであるため，教科書の言語は母語話者の自然な発話を反映されたものにするべきである，という主張をすることが多い．

ただし，オーセンティックな素材は母語話者用のものであるため，使用されている言語の難易度は高めの傾向にある．そのため，学習者の英語熟達度を考慮すれば，教科書の言語は必ずしもオーセンティックなものにする必要はな

く，汎用性の高い基本的な語彙，表現を中心に教科書に収録すべきであるという考え方もある（これについては，J. C. Richards が *RELC Journal, 37* に書いている "Materials development and research: Making the connection" (2006) が参考になる）．実際，紙面スペースの関係上，教科書に収録できる語彙数も限られているため，多少不自然な面があったとしても，重要度の高い語彙，表現に何度も繰り返し触れることのできる教科書が作成されている現状もある．

　オーセンティックな教材の是非に関しては，前述のようにこれまで議論が重ねられてきたが，今後必要となるのは，教材と言語習得との関係を実証的に調べ，きちんとした根拠を提示することであろう．筆者は，英語母語話者と日本人英語学習者の発話データと教科書の言語を分析したことがあるが，大人の英語母語話者の言語データ，すなわちオーセンティックなテキストに含まれる *I mean, well, you know* などの談話標識（discourse marker）は日本人学習者にとって習得しづらいもので，教科書の言語を大人の英語母語話者の言語データに合わせることが必ずしもよいことではない，とデータ分析の結果を踏まえて指摘した（興味のある方は，*Language Education & Technology, 49* 所載の拙論 "Discourse markers in EFL textbooks and spoken corpora: Materials design and authenticity" (2012) を参照されたい）．この研究のように，教科書をはじめとする EFL 教材のデザインを検討する際には，英語母語話者のデータだけでなく，学習者の言語データの分析から学習者の習得困難な点を明らかにし，どのような言語項目をどの段階で学習者に与えるのかを検討することが重要になる．

　オーセンティックな教材は学習者の動機づけを高める効果が期待できるかもしれないが，学習者の言語習得の観点からは，慎重に題材や言語材料を選定して，学習者に過度の負担をかけないような配慮をすることが教材作成者，そして教材を使用する教師に求められる．そこで，文字テキストの素材を選定する場合，文章の読みやすさの指標として，リーダビリティ（readability）の公式を用いることができるので，その主なものを紹介したい．

　まず，Flesch Reading Ease 公式では，テキストの語数，単語の長さ（音節数），センテンス数をもとに文章の読みやすさを 0～100 の間のスコアで表示し，スコアが高いほど読みやすいテキストとみなすことができる．

　　Flesch Reading Ease 公式：
　　　206.835 −（1.015×1 センテンスあたりの平均語数）−（0.846×100 語あたりの平均音節数）

(Kincaid, Fishburne, Rogers, & Chissom, 1975, p. 14)

この Flesch Reading Ease 公式を改良した Flesch-Kincaid Grade Level 公式

もあり，米国の学年レベル表示で文章の読みやすさを算出することができる．これらは，両方とも市販のPC用ワープロソフトで瞬時に算出できるため，教材を自作する際に利用したい．また，1センテンスあたりの平均語数と3音節以上の単語数を含む割合をもとにした Gunning's Fog Index 公式もオンライン上のツールで利用可能である（さらには R. Gunning, *The technique of clear writing* (1952) を参照されたい）．ただし，これらの公式は，文章のトピックや語彙のレベルを測定しているわけではないので，あくまで1つの指標であることに注意したい．

### 3.3. 教材におけるタスクと言語のアウトプット

前述のように，タスクはコミュニケーション活動を重視した課題であり，学習者の言語のアウトプット（産出）を促すためにデザインされたものが多い．この言語のアウトプットは，タスクの種類やデザインによって変わってくるが，P. Robinson によると，タスク遂行において，学習者が認知的資源（注意，記憶，論理的思考など）を多く使用する場合，そのタスクは複雑なものとみなすことができ，このタスクの複雑さが，学習者のパフォーマンスに影響を与えると考えられている（詳しくは *Cognition and second language instruction* の中にある Robinson の "Task complexity, cognitive resources, and syllabus design: A triadic framework for examining task influences on SLA" (2001) を参照されたい）．

具体的には，地図を使った道案内のタスクの場合，身近でよく知っている場所よりも，あまり知らない場所のほうが道案内するのは難しく，また，地図にあらかじめ出発地から目的地までの道のりが書いてあるものよりも，何も道のりが書いていないもののほうがより複雑であろう．また，1枚の絵の内容を説明するよりも，4コマの絵のストーリーを説明するほうがより複雑な作業が要求される．このようにタスクの複雑さ，言い換えれば学習者にとっての難易度が上がると，学習者はより多くの種類の語彙や文法項目を使用して，タスクを遂行させる必要が出てくる．

この点において，P. Skehan と P. Foster は "Cognition and tasks" (2001) という共同論文の中で，学習者の認知的資源の限界について，タスクが複雑になれば，内容に対する注意がより必要となるため，文法項目のような言語の形式面に対する注意がおろそかになり，言語の正確さが損なわれる可能性があると述べている．これに対して，Robinson は先述の *Cognition and second language instruction* で，タスクが複雑になっても，言語の正確さや複雑さは同時に向上し，言語学習の効果が促進されるという立場をとっている．

このように，教材におけるタスクの複雑さと言語のアウトプットとの関係に

ついては，まだ結論が出されていないが，タスクの種類，デザインが学習者の パフォーマンスに影響を与えると考えられるため，教材の中で使用するタスク の選択，そしてその配列は，学習者の言語習得上，非常に重要な要素であると 言える．

## 4. 教材の分析・評価方法

### 4.1. 教材の全体的印象

　教師が教材を評価する場合，まず，教材全体をざっと眺めることから始める ことになるだろう．教科書であれば，表紙，目次，本文のレイアウト，文字の 読みやすさ，イラストや写真の分量，種類など表面的なところから確認するこ とによって，教材の全体的な印象を捉えることができる．例えば，目次から は，どのような文法事項，トピックなどが扱われているか，また，本文を眺め ることによって，その教科書が易しそうか，あるいは難しそうか，興味深そう か，あるいは面白くなさそうか，といった第一印象を得ることができる．

　この中で特に重要なのが目次である．目次には，各課のタイトルのほか，扱 う文法事項，言語の働き，重要表現などが整理されている．すなわち，目次を 見れば，その教科書がどのようなシラバスでデザインされているかがわかるよ うになっているので，短時間で教科書を評価したい場合は，まず目次に注目す ることが重要である．

### 4.2. チェックリスト等を用いた個別的分析・評価

　全体的な印象あるいは目次から，教材をある程度評価することができるが， その教材が担当するクラス，生徒に合うかどうかは，もう少し細かい分析を 行ってから評価をする必要がある．そこで，よく知られた方法として，チェッ クリストを用いた教材の個別的分析がある．有名なのは A. Cunningsworth, *Choosing your coursebook* (1995) に掲載されているチェックリストで，そ こでは，教科書の目的とアプローチ，デザインと構成，言語材料，4技能の有 無，トピックなどを分析・評価するための確認事項が45項目挙げられている． 詳しくは，先述の著書 *Choosing your coursebook* を参照されたいが，例えば， 「教科書の目的は，授業の目的と学習者のニーズにきちんと沿ったものである か」，「教科書は4技能を十分に扱っており，授業の目的，計画で求められて いることを踏まえているか」(p. 3) などの項目がリスト化されている．

　このチェックリストを使った教科書の個別的分析・評価の利点としては， I. McGrath がその著書 *Materials evaluation and design for language teach-*

*ing* (2002) で述べているように，体系的に教科書を分析できること，教科書に関して効率よく多くの情報を得ることができること，情報を扱いやすい共通のフォーマットで記録できること，などがある．教師は，既成のチェックリストを自分の授業環境に合わせて，適宜，取捨選択，あるいは修正を施して使用すると便利であろう．なお，このようなチェックリストによる評価は，それぞれの授業環境やクラスの状況によって変わる相対的な面があるため，教科書そのものの絶対的な評価ではないことに注意が必要である．

また，B. Tomlinson はその論文 "Achieving a match between SLA theory and materials development" (2016) で，第2言語習得の観点から，教材を評価する項目を5つ定めた．この評価方法では，学習者に対して教材が，(1) どの程度，豊かな内容で繰り返しを含んだ，意味のある理解可能な言語のインプットを与えているか，(2) どの程度，感情を引き付けているか，(3) どの程度，認知的な作業に取り組ませているか，(4) 意味を重視しながらも，どの程度，言語の形式面に注意を払うことを促しているか，(5) コミュニケーションのための言語使用の機会をどの程度与えているのか，という点から，それぞれ5段階評価を行う（満点は25点）．ただし，5段階の基準が明確に設定されていないため，評価者によって，教材の評価が分かれる可能性がある．したがって，Tomlinson の評価項目に，各段階の基準がわかりやすい記述でまとめられたルーブリック（本書第8章「評価と測定」(pp. 131-132) を参照）を組み合わせるとより使いやすくなるだろう．

以上のように，教材の個別的分析・評価は，設定する項目と基準をどのようにするのかが難しいが，教材を客観的に見る目を養うためにも，教師は教材分析・評価の方法を知っておいたほうがよい．実際に教材を分析・評価することで，教材が担当授業，そして生徒に適したものであるのかがある程度判断でき，教材に対する理解が深まるのである．

## 5. まとめ

本章では，英語科の教材について，教師が知っておくべき最低限の知識，理論を先行研究の知見を踏まえて概説した．教材論の体系化はまだまだこれからであるが，主なテーマは，どのような教材が学習者の言語習得に寄与できるのか，そしてそのような教材はどのようにデザインすればよいのか，ということであろう．英語科の授業では，教科書の他に様々な教材が使用されるが，教師は常に生徒の言語習得を念頭に日頃の教材研究を行い，教材の選択，改作，自主教材の作成などに取り組んでいくことが重要である．

## 参考文献

Cunningsworth, A. (1995). *Choosing your coursebook*. Oxford, England: Heinemann.

Ellis, R. (2003). *Task-based language learning and teaching*. Oxford, England: Oxford University Press.

Gunning, R. (1952). *The technique of clear writing*. New York, NY: McGraw Hill.

Kincaid, J. P., Fishburne, R. P., Jr., Rogers, R. L., & Chissom, B. S. (1975). *Derivation of new readability formulas (automated readability index, fog count and Flesch reading ease formula) for Navy enlisted personnel*. Memphis, TN: Naval Air Station.

Krashen, S. (1994). The input hypothesis and its rivals. In N. Ellis (Ed.), *Implicit and explicit learning of languages* (pp. 45-77). London, England: Academic Press.

長谷川修治・中條清美（2004）.「学習指導要領の改訂に伴う学校英語教科書語彙の時代的変化：1980年代から現在まで」*Language Education & Technology*, *41*, 141-155.

McCarthy, M. (1991). *Discourse analysis for language teachers*. Cambridge, England: Cambridge University Press.

McDonough, J., Shaw, C., & Masuhara, H. (2013). *Materials and methods in ELT: A teacher's guide* (3rd ed.). Oxford, England: Wiley-Blackwell.

McGrath, I. (2002). *Materials evaluation and design for language teaching*. Edinburgh, Scotland: Edinburgh University Press.

文部科学省（2009）.『高等学校学習指導要領』京都：東山書房.

文部科学省（2018a）.『小学校学習指導要領』東京：東洋館出版社.

文部科学省（2018b）.『中学校学習指導要領』京都：東山書房.

文部科学省（2018c）.『中学校学習指導要領解説 外国語編』東京：開隆堂出版.

内外教育編集部（編）（2015）.『内外教育 データで読む教育2014-2015 調査・統計解説集』東京：時事通信社.

大川光基（2016）.「高等学校英語検定教科書が扱う文化題材の考察：異文化理解の観点から」*The Language Teacher*, *40*(1), pp. 3-8.

太田洋・金谷憲・小菅敦子・日臺滋之（2003）.『英語力はどのように伸びてゆくか：中学生の英語習得過程を追う』東京：大修館書店.

Richards, J. C. (2001). *Curriculum development in language teaching*. Cambridge, England: Cambridge University Press.

Richards, J. C. (2006). Materials development and research: Making the connection. *RELC Journal*, *37*, 5-26.

Robinson, P. (2001). Task complexity, cognitive resources, and syllabus design: A triadic framework for examining task influences on SLA. In P. Robinson (Ed.), *Cognition and second language instruction* (pp. 287-318). Cambridge, England:

Cambridge University Press.

Shimada, K. (2012). Discourse markers in EFL textbooks and spoken corpora: Materials design and authenticity. *Language Education & Technology, 49*, 215-244.

Skehan, P., & Foster, P. (2001). Cognition and tasks. In P. Robinson (Ed.), *Cognition and second language instruction* (pp. 183-205). Cambridge, England: Cambridge University Press.

Tomlinson, B. (2003). Developing principled frameworks for materials development. In B. Tomlinson (Ed.), *Developing materials for language teaching* (pp. 107-129). London, England: Continuum.

Tomlinson, B. (2016). Achieving a match between SLA theory and materials development. In B. Tomlinson (Ed.), *SLA research and materials development for language learning* (pp. 3-22). New York, NY: Routledge.

Tono, Y. (2002). *The role of learner corpora in SLA research and foreign language teaching: The multiple comparison approach* (Unpublished doctoral dissertation). Lancaster University, Lancaster.

Tono, Y. (2011). TaLC in action: Recent innovations in corpus-based English language teaching in Japan. In A. Frankenberg-Garcia, L. Flowerdew, & G. Aston (Eds.), *New trends in corpora and language learning* (pp. 3-25). London, England: Continuum.

吉田研作 (2016).「『使える英語』を遠ざけている教育界の, そして日本人の意識とは」*Sophia online*. Retrieved from http://www.yomiuri.co.jp/adv/sophia/sophian/sophi_08.html

引用した教科書
開拓社 (2012). *On Air English Communication I*. 東京：開拓社.
東京書籍 (2016). *New Horizon English Course 2*. 東京：東京書籍.

(嶋田和成)

# 第6章　教科書の活用と教材研究の視点

## 1. 教科書と教材研究

　教科書とは「主たる教材」であり，教師は教科書「を」ではなく教科書「で」教えることが重要であるとよく言われる．教科書「で」教えるとは教師自らが，担当する生徒たちの学習段階やニーズに対応した，より適切で有用な教育内容を主体的に選択し，カリキュラムを編成及び構成することであるが，効果的な授業をつくるためには，どのような教材研究をすればよいのか．本章では教科書を活用するために，英語教科書・教材で指摘される課題，特に「書くこと」に関する課題について概観した上で，ライティング活動をどのように改作すればよいのか，アダプテーションの方法について提案する．さらに，教材研究の際に考慮したい留意点を，政治的正しさ（political correctness: PC）や文化帝国主義などの配慮事項の観点から述べていく．なお，本稿で提示される内容は，教科書調査官としての立場からではなく，すべて筆者個人の研究者としての見解であることを予め申し添えたい．

## 2. 英語教科書・教材で指摘される課題

　1999年版高等学校学習指導要領から科目構成を変更した2009年版では，4技能の総合的な育成を図るコミュニケーション科目や，話したり書いたりする言語活動を中心に，論理的に表現する能力の育成を図る表現科目，身近な話題について会話する能力を養う「英語会話」を創設した（文部科学省, 2010）．2019年度現在，高等学校で使用される英語教科書は，「コミュニケーション英語基礎」2種類，「コミュニケーション英語Ⅰ」31種類，「コミュニケーション英語Ⅱ」33種類，「コミュニケーション英語Ⅲ」38種類，「英語表現Ⅰ」27種

類，「英語表現 II」24 種類，「英語会話」5 種類の計 160 種類にも及び（文部科学省，2018a），中学校では 6 社が英語教科書を発行している．

　2018 年 3 月告示の高等学校新学習指導要領において，外国語科ではコミュニケーションにおける見方・考え方を働かせることが重要であり，5 つの領域（聞くこと，読むこと，話すこと［やり取り・発表］，書くこと）を統合的に結び付けた言語活動を通して，情報や考えなどを理解したり表現したり伝え合ったりするコミュニケーションの資質・能力を育成することが目標となっている．そのため，共通科目が「英語コミュニケーション I・II・III」及び「論理・表現 I・II・III」に変更され，新学習指導要領は 2022 年度から年次進行での全面実施，検定教科書も使用開始となる（文部科学省，2018b）．

　先行研究を概観してみると，日本の教科書研究について和田稔は『日本における英語教育の研究：学習指導要領の理論と実践』(1997) で「学問の対象としての教科書研究が遅れているのが現状である」(pp. 52-53) と指摘しており，深澤清治は「教材を見る視点」(2009) で「英語教育活動の中で，教科書をはじめとする教材の存在と重要性は誰もが認めながら，教材に関する論議は乏しい」(p. 80) と述べているが，現在，英語教科書の課題としてどのような点が挙げられているだろうか．

　文部科学省は，2016 年外国語ワーキンググループにおけるとりまとめ（案）の中で「教材の在り方」として，以下のような指摘をしている．

> 中・高等学校においては，教科書・教材の課題として，生徒が興味関心を持てる内容が不十分であることや，その構成上，結果的に文法事項の定着を図る活動に分量の多くがとられており，題材や言語材料を活用しながら，説明・発表・討論等を通じて思考力・判断力・表現力などを育成するような言語活動の展開が十分に意識されていないと思われるものも見られる．例えば，高等学校の「英語表現 I・II」では，生徒が実際のコミュニケーションの場面を考えながら話し合ったり書いたりするなどの授業展開ができるような構成となるよう改善が期待されるものも見られる．
>
> （文部科学省，2016a）

　一方，「英語表現 II」教科書全 17 種類におけるタスクの特徴を分析した長谷川淳一の「「英語表現 II」の教科書の特徴」（以下，長谷川 (2015)）によると，下記のような結果が示された．

（1）「英語表現 II」の目標にある「論理の展開や表現の方法を工夫しながら伝える能力を伸ばす」という点を考慮し，自分の意見や考えを論理

的にパラグラフにまとめるためのタスクが多く見られた．
(2) 全体として，4技能の中でライティングの割合が一番多い．次に，教科書にばらつきはあるものの，スピーキングとリスニングが続き，最後がリーディングの順になっている．
(3) 与えられたテーマについて自由に書く「自由型」や自分の考えや意見を読み手や聞き手に十分理解してもらうための文章構成法を説明している「パラグラフ」，モデルとなるパラグラフを提示した「パッセージ」は，「英語表現Ⅰ」では掲載されていないものもあったが，「英語表現Ⅱ」では，すべての教科書で掲載されていた．

　長谷川（2015）では各々の教科書におけるタスクを「4技能対応型」，「和文英訳」，「制限型」，「誘導型」，「自由型」など11の項目に分類している．項目ごとにその有無を○，△，×で示しているため，各タスクがどのような割合で教科書に設定されているかは明らかになっていないが，「「英語表現Ⅱ」教科書において，「英語表現Ⅰ」教科書と同様に，4技能の「総合的な育成」及び「統合的な活用」が重視されていることがわかった」(p. 248) と述べている．

## 3．「書くこと」に関する課題

　前述したように，長谷川（2015）では「英語表現Ⅱ」の教科書において，4技能の中でライティングの割合が一番多いことが示されたが，その一方で，文部科学省が全国から無作為抽出した高校3年生を対象に実施した4技能を測る英語力調査では，「書くこと」のスコアは全体的に低く，得点が0点（無回答）という公立学校の生徒が2014年度では30.4%，2015年度では18.1%，2017年度では15.1%いるという大きな課題が明らかになった（文部科学省，2015, 2016b, 2018c）．

　2008年版中学校学習指導要領及び2009年版高等学校学習指導要領における「書くこと（ライティング）」の指導内容は，文字や符号の識別をはじめ，文法・文構造など形式を扱う指導，さらに，文章の構成や内容，書く目的や過程を重視し，読み手を意識することなど，広範囲に及んでおり，この点は2017年版中学校，2018年版高等学校の新学習指導要領でも同様である．しかしながら，前述の同調査（文部科学省，2016b）のうち，公立高校3年生の生徒の「技能統合型：聞いたり読んだりして書くこと」に対する意識を分析した結果，「第2学年での英語の授業では，聞いたり読んだりしたことについて，その内容を英語で書いてまとめたり自分の考えを英語で書いたりしていたと思いますか」

の問いに対して，①そう思う：13.6％；②どちらかといえば，そう思う：28.9％；③どちらかといえば，そう思わない：29.1％；④そう思わない：22.8％となり，このような書く活動を行ったという生徒は42.5％（選択肢①②合計）と，半数にも満たなかった．調査結果の全体的な特徴として，聞いたり読んだりしたことをもとにして英語で話し合ったり書いたりする活動はあまり経験しておらず，特にCEFR A1レベルにおいて，この傾向が顕著であった．

さらに，同調査で教員の「授業における言語活動の指導」に対する意識を分析したところ，「聞いたり読んだりしたことに基づき，情報や考えなどについて，書く活動」を①よくしている：13.7％；②どちらかといえば，している：33.0％；③あまりしていない：36.7％；④ほとんどしていない：15.9％という結果となり，このような書く活動を行っている教員は46.7％（選択肢①②合計）で，2014年度の39.7％より7ポイント増加したものの，「聞いたり読んだりしたことに基づき，情報や考えなどについて，書く活動」を行っていない教員が依然として多いことが明らかとなった．

緑川日出子は「ライティング」（1994）の論考で，従来のライティング指導ではA. Raimes（1983）が提示したライティングにかかわる構成要素の中でも「内容」，「書き手のプロセス」，「書く対象」，「目的」といった意味創造を扱う部分の指導が不十分であることを指摘し，コミュニケーションを重視したライティング指導では意味創造過程の指導が不可欠であると提言した．従来，「書くこと」は4技能の中でも軽視されてきた傾向がみられるが，2019年度からは中学3年生を対象とした「全国学力・学習状況調査（全国学力テスト）」で英語4技能調査が導入される背景からも，「書くこと」の重要性はますます高まり，どのように書く活動を授業に取り入れていくのかが，課題の1つになるだろう．

筆者は旧課程の高等学校ライティング教科書における「書くこと」の課題を，形式の観点から分析してきた．次節では，それらの分析結果を踏まえ，英語教科書におけるライティング活動のアダプテーション（adaptation: 改善，改作）の可能性について述べていく．

## 4. 英語教科書におけるライティング活動のアダプテーション

### 4.1. ライティング課題の位置づけ

筆者は自身の論文 "Analyzing writing tasks in Japanese high school English textbooks: English I, II, and writing" (2011a) や "Analyzing tasks in Japanese high school writing textbooks" (2011b), *A comparative analysis of writing tasks in Japanese high school English textbooks* (2012)（以下，Kobayakawa (2012)），さらに，「高等学校ライティング教科書における「書くこと」の課題比較分析」(2011) において，教科書のライティング課題（活動・作業・タスク・練習問題）を制限作文 (controlled writing)，誘導作文 (guided writing)，和文英訳 (translation)，自由英作文 (free composition) の4つのタイプに大別し，どのような課題が教科書内で多用されているのか，それらの課題は学習指導要領が求めるライティング能力を育成するのに適切な課題か，という観点で分析を行った．「制限作文」，「誘導作文」の用語の定義については，研究者間で統一が取れていないとの指摘もある（小室俊明（編）『英語ライティング論』，2001 参照）が，D. Byrne 著 *Teaching writing skills* (1979) や M. Finocchiaro and C. Brumfit の *The functional-notional approach: From theory to practice* (1983) では，コントロールの矛先が主に形式に向けられているものを「制限作文」，内容に向けられているものを「誘導作文」と呼んでいる．筆者もその定義に従い，形式の制限を意図した場合を「制限作文」，内容の制限に主眼を置いた場合を「誘導作文」と呼び，この2つを区別して分析した．

　その結果，旧課程の高等学校ライティング教科書全23種類について，主に次のような特徴が判明した．

(1) 各ライティング教科書では制限作文や和文英訳の課題が多く設定されていたが，全体的な特徴として，誘導作文 (7.77%) と自由英作文 (13.97%) の課題の占める割合は少なかった．

(2) 読み手を想定して書く活動や，自由英作文を書き直す活動を設定している教科書は少なかった．

(3) ライティング教科書では自由英作文の課題として，自分の考えなどを整理して書く活動や，文章の構成や展開に留意しながら書く活動が設定されていた．

　(1) について，ライティング教科書23冊の全体的な特徴としては，和文英訳 (23冊全体では 34.54%) よりも制限作文 (37.92%) の課題の占める割合が多かったが，各教科書の課題設定の特徴を見てみると，制限作文を重視している教科書 (5冊) よりも和文英訳を重視している教科書 (9冊) のほうが多かった．

　図1は，ライティング教科書及びライティング課題（制限作文，誘導作文，和文英訳，自由英作文）のカテゴリ間の差または類似性を調べ，似通った課題設定の特徴を示す教科書を探すため，コレスポンデンス分析を行い，関係性を視覚化したものである．コレスポンデンス分析とは，頻度表における行・列の

関係を組み替え，行や列に含まれる情報を少数の成分（コレスポンデンス分析では次元と呼ぶ）にまとめることで，行・列を整理する解析法である．分析によって，データが視覚的に散布図上に布置されるため，関係を直感的に解釈することが可能になる．図の中で類似性・関係性の強い要素同士は近くに，逆に弱い要素同士は遠くに位置される．つまり，近くに位置する教科書同士は課題の分布が似ており，離れて位置する教科書は異なる性質を持っていることを示す．次元1軸（横軸）の右側に和文英訳（translation）が比較的多い教科書，左側に制限作文（controlled writing）が比較的多い教科書が位置している．また，次元2軸（縦軸）の上にむかって誘導作文（guided writing）が比較的多い教科書，下にむかって自由英作文（free composition）が比較的多い教科書が位置している．

図1において，例えば Unicorn は制限作文や自由英作文から遠くに位置しており，この教科書と制限作文や自由英作文の関係が弱い（課題が少ない）ことが見て取れる．また，Unicorn は次元1軸の右側，次元2軸の上のほうに位置しているため，和文英訳と誘導作文が比較的多く設定されていることがわかる．また，教科書同士の距離が離れているほど，異なる特徴を持つ教科書であることが示されている（例：Powwow と Magic Hat, Genius と Element）．なお，原点付近のカテゴリは，はっきりした特徴を持っていないことを表す．

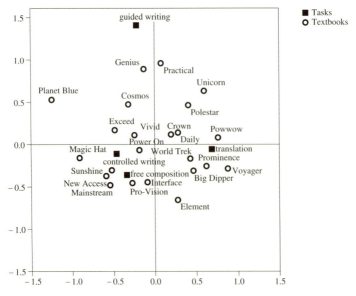

図1．教科書とライティング課題の関係（Kobayakawa, 2012 を基に作成）

## 4.2. アダプテーションの方法

かつて大学入試問題における英作文問題では和文英訳形式の出題が圧倒的に多かったこともあり（中野達也「分量編」，2009 参照），ライティング教科書では和文英訳の課題が多く設定されたと考えられる．また筆者自身の研究からは制限作文が和文英訳と並んでライティング指導で最も広く行われている指導法であるという結果が得られた．生徒が書く作文の言語形式の正確さを高めるための指導の順序としては，(a) 制限作文→誘導作文→自由英作文，(b) 和文英訳→自由英作文が想定される（縫部義憲「自由英作文」，1985 参照）．しかしながら，教科書において誘導作文の課題が少なかったことから，実際には制限作文及び和文英訳と自由英作文の間に隔たりがあるのではないか，という疑問が残る．

一方最近の大学入試問題では自由英作文の出題が急速に増加しており，さらに，いわゆる 4 技能入試の一環として利用が見込まれる各種外部試験のライティング課題も自由英作文形式なので，その観点からも制限作文や和文英訳から自由英作文へと橋渡しができる指導が非常に重要となってくる．

G. Dykstra & C. Paulston の "Guided composition" (1967) では，誘導作文と自由英作文の指導の効果を比較し，誘導作文の指導を受けた被験者は書く意欲が増進して，積極的な学習態度が育成されたため，誘導作文の有効性が示された．したがって，制限作文や和文英訳から自由英作文の橋渡しとして，教科書内に誘導作文の課題を取り入れ，活用する可能性がうかがえる．以下の課題が誘導作文の例である．

【誘導作文の例】

> **Glossary Box** を参考にして，質問に英語で答えましょう．携帯電話を持っていない人は，持っていると仮定して答えましょう．
> また，携帯電話とは自分にとって何なのか，考えてみましょう．
>
> 1. In what way do you use your cell phone the most?
>    （どのように携帯電話を使用することが最も多いですか？）
> 2. What function on your cell phone do you find the most convenient?
>    （携帯電話で最も便利な機能は何だと思いますか？）
> 3. How would you feel if you left your cell phone at home and had to spend the whole day without it?
>    （もしも携帯電話を家に置き忘れて，その日は携帯電話なしで過ごさなければならないとしたら，どう思いますか？）
> 4. Do you think you can live without your cell phone?
>    （あなたは携帯電話なしで生活することができると思いますか？）

5. When do you think you should not use your cell phone?
   (どのような時は，携帯電話を使ってはいけないと思いますか？)

【解答例】

1. I mostly use my cell phone to exchange e-mails.
2. The most convenient function is the dictionaries in it.
3. I would feel uneasy for the whole day.
4. I don't think I can live without it.
5. I should not use it in public places.

(Kobayakawa, 2012 より抜粋)

　誘導作文では1つのテーマに沿った英問英答を1つずつ積み重ねることによって単文レベルでの英文が複数作られ，それをつなぎ合わせることで自由英作文が完成する．その際の注意点としては，1つの質問に対して単語レベル（例えば，上記の1番だと「e-mail」のみ）での答えでは，つなぎ合わせたとしても英作文は完成させられないため，文レベルで答えたり書いたりすることが重要になる．
　4.1節で言及した (2) については，2009年版高等学校学習指導要領の「英語表現Ⅰ」で「読み手に応じて書く」とあるように，読み手に応じて書き方を変えたり，自分の伝えたいことが相手に伝わるように書いたりする必要がある．また，「英語表現Ⅰ・Ⅱ」で「書いた内容を読み返す，書いた内容を読み返して推敲する」，さらに2018年版高等学校学習指導要領の「論理表現Ⅰ・Ⅱ・Ⅲ」で「書くこと」の内容として「発想から推敲まで段階的な手順を踏みながら，(読み手を説得することができるよう … 複数の) 段落を書く活動」とあるように，書いた文章については，書いた内容を再度読み返し，内容を構成することが重要な活動となっている．学習指導要領が求めるライティング能力を育成するためには，教科書のアダプテーションとして，教科書内の自由英作文の課題に読み手を想定して書く活動や書き直す活動を取り入れていくことが必要である．
　(3) の自由英作文については，すべてのライティング教科書において，プレライティング課題を踏まえて書く活動が設定されていたので，プレライティング課題の種類や出現状況を分析したところ，和文英訳やアウトライン作成，誘導作文の課題が多用されていることがわかった．
　和文英訳はライティング指導の最終目的ではなく，自由英作文への橋渡しと

なる補助的な活動であるが，長谷川（2015）は「英語表現 II」教科書内の和文英訳について，「従来型の一文ごとの和文英訳に比べてコンテクストを意識した和文英訳が主流であった」(p. 246) と述べている．単文レベルの英文を書く練習の後には，内容的につながりのある文章を書く課題が必要になる．下記の例のような課題では，文脈の中で和文英訳できるような工夫がみられ，正確さに焦点を置いた形式重視にとどまるのではなく，コミュニケーション重視の枠組みを付け加えることが可能であるとわかる．

【和文英訳の例】
Let's Write オリンピックの魅力

| ❶オリンピックをテレビで見ながら，私は多くの選手に感動した．❷涙を頬に流しながら，自分の結果に興奮している選手がいた．❸肩を抱きながら，チームメートと喜びを分かち合っている選手もいた．❹金メダルを首から下げて，笑っている選手もいた． | 「オリンピック」<br>the Olympic Games<br>「肩を抱く」<br>hug *one*'s shoulders |
|---|---|

(*New Access to English Writing*（塩澤他，2013）p. 83 より抜粋)

また，*New Access to English Writing* (p. 156) では日記を書く手順として，以下の4つのステップを例文とともに示し，日記を書くときのポイントを解説した後，アウトライン作成をして日記を書く課題が設定されている．

① 日常の出来事を起こった順にメモ的に書き留める．
② メモをもとの文にして，日常の出来事を書いてまとめる．
③ 日付，曜日，天候などを入れて整えて書きたいことを加える．
④ 書くことをしぼって，行動だけでなく感想や意見も加える．

次のページのようなアウトライン作成では，思いついたアイデアをアウトラインの形にすると，パラグラフの構成がはっきりするため，生徒はプレライティングの段階でパラグラフの内容や構成を十分に検討することができる．

本節では旧課程のライティング教科書における課題分析を踏まえ，アダプテーションの一例として，自由英作文を書く前の活動となる誘導作文の有効性や和文英訳の利点，アウトライン作成について言及した．旧課程から現行の課程へ移行したことにより，教科書内の課題の種類や出現状況が学習指導要領に照らして妥当かつ適切に変化したのか検証していく必要があるが，Matthews は "Choosing the best available textbook" (1985) で，どの教科書が教師や

【アウトライン作成の例】

1. 昨日の次の時刻にあなたがしたことをメモ的に書きなさい．
    8:00 a.m.
    10:00
    12:00
    3:00 p.m.
    6:00
    8:00

2. あなたの昨日の日記を英語で書きなさい．

(*New Access to English Writing* (塩澤他，2013) p. 157 より抜粋)

クラスの状況に最も合っているのかを発見するためには，個々の指導状況と同じ傾向の複数の教科書の分析が必要であると述べている．実際に，複数の教科書を比較したり分析したりすることによって，教科書の特徴を理解し，その中から授業や指導へのヒントを得ることができると考えられる．

## 5. 教材・題材を扱う際の配慮事項

「英語表現 II」教科書 13 冊を分析した長谷川 (2015) によると，全教科書の各課にほぼ共通に取り上げられている主な題材は，「友達関係や趣味などを含めた高校生の学校生活，健康の保持増進，食育，携帯電話などのマナー，日本や外国の紹介，偉人などの紹介，人口増加・少子高齢化などの社会問題および環境問題など多様」(p. 247) である．

このような教材として用いる題材の選択に当たっては，2018 年 3 月告示の高等学校新学習指導要領においても教材への配慮事項として，「多様な考え方に対する理解を深めさせ，公正な判断力を養い豊かな心情を育てるのに役立つこと」，「我が国の文化や，英語の背景にある文化に対する関心を高め，理解を深めようとする態度を養うのに役立つこと」，「社会がグローバル化する中で，広い視野から国際理解を深め，国際社会と向き合うことが求められている我が国の一員としての自覚を高めるとともに，国際協調の精神を養うのに役立つこと」「人間，社会，自然などについての考えを深めるのに役立つこと」(文部科学省，2018b) という 4 つの観点が記載されており，適切な題材の選定に留意する必要がある．

近年では日本の英語教科書を対象に，社会文化的な観点から分析や研究が行われてきている．例えば，教科書について英語教育史に基づいて論考した江利川春雄の著『日本人は英語をどう学んできたか：英語教育の社会文化史』(2008) や，言語とイデオロギーの観点から分析した川又正之「中学校英語教科書と英語帝国主義のイデオロギー」(2005)，「高等学校「オーラル・コミュニケーションⅠ」の教科書と英語帝国主義のイデオロギー」(2006)，「中学校英語教科書の比較と分析——『英語帝国主義論』の観点から」(2013)（以下，川又 (2013) 参照），ジェンダーの観点から男性の描かれ方について中学校英語教科書を分析した島田洋子「新しい中学校英語教科書の描く男性像」(2006) の論考など，教科書が与える社会文化的な影響が指摘されている．

教科書及び教材においては，生徒たちが発信したいと思える題材を扱う工夫が必要であるとともに，多様な題材を扱う際には特に，文化や人種，ジェンダー等の面で偏りがなく公平であることが重要である．例えば，英文やタスクを通してステレオタイプや偏見を生んだり，政治的正しさ (PC) に反したりすることがないよう，扱う教材の内容だけでなく，授業での扱い方にも注意が必要であると考えられる．ステレオタイプとは「他の社会・文化のメンバーについて，ある社会・文化のメンバーによって広範に受け入れられている固定的・画一的な観念ないしはイメージ」，偏見とは「相手がある社会・文化に所属しているという理由だけでその集団の嫌な性質を持っていると一般化され，嫌悪・敵意ある態度の対象とされてしまうといった不当なカテゴリー化であり，ステレオタイプに支えられている概念」を意味する（岡部朗一「個人と異文化コミュニケーション」，1996, pp. 116-117）．また，PC とは「日常の言語表現は社会的支配層に固有の視点に基づいているため『少数者』への差別意識や偏見を内在させているとして，そのような言語表現を非差別的なものに修正しようという政治的運動の呼称」（住吉雅美，「PC」，2006, p. 709）である．例として（American Indian の代わりに）Native American，（chairman の代わりに）chairperson/chair，（「人間，人類」の意味の man/mankind の代わりに）human beings/humanity/the human race，（handicapped person の代わりに）disabled person や person with a disability，（mental handicap の代わりに）mental/learning disability などがあり（井上永幸・赤野一郎（編）『ウィズダム英和辞典（第3版）』，2017；マイケル・スワン『オックスフォード実例現代英語用法辞典（第4版）』，2018），社会的少数派の文化や環境，ジェンダー，人権などに配慮して扱うことが重要である．例えば，英和辞典を使って辞書指導する際，「disabled」という単語を引いて，ただ単に日本語訳を調べるだけでなく，差別的意味合いの強い handicapped は現在では不適切な語とされるという点に注意を向け，学

習者に気づかせたい．

　また，『中学校学習指導要領解説 外国語編』（文部科学省，2008, p. 51）においては，「題材を取り上げるに当たっての配慮事項としては，英語を使用している人々だけでなく，他の言語を使用する人々に関しても理解を深めるとともに，日本人に対しても理解を深めることをねらいとするような題材などから適切に選択して取り上げることが必要である」と記述されている．川又（2013）は「「英語帝国主義」とは，英語を何の疑いもなく人類の『普遍語』としてとらえ，英語の非母語話者に，意識的にあるいは無意識的に，英語の使用および英語文化への同化を強制するイデオロギーである」(p. 161) と定義しており，石井敏の「文化帝国主義」(2003) では「近年急速に問題視されてきた英語帝国主義や英語支配も，文化帝国主義の一端として理解される」(p. 388) と述べられているが，生徒たちが英語学習を通して，英語という言語や英語圏の文化が他より優れているという感情を決して持たないように育てたい．松本青也が『新版日米文化の特質：価値観の変容をめぐって』(2014) において，「人種的偏見に対して毅然とした態度で異議を唱え，同時に非英語圏のどんな人種の人たちとも偏見なく対等な立場で協調する態度があってこそ，日本人は地球市民として名誉ある地位を占めることができる」(p. 164) と提言しているように，それぞれの母語や文化の多様な在り方を認め合い，異なる価値観を理解して，言語や文化に優劣をつけない，対等で公平な態度をコミュニケーション活動の展開で育成していくことが重要である．

## 6．今後の課題

　2017/2018 年に新学習指導要領が告示され，小学校では 2020 年度，中学校では 2021 年度から全面実施，高等学校では 2022 年度から年次進行で実施される．高等学校の科目構成については，聞くこと，読むこと，話すこと［やり取り・発表］，書くことを総合的に扱う科目群として「英語コミュニケーション I・II・III」が設定され，「英語コミュニケーション I」が共通必履修科目となる．また，発表や討論・議論，交渉の場面を想定し，スピーチやプレゼンテーション，ディベート，ディスカッション等，外国語による発信能力を高める科目群として「論理・表現 I・II・III」が設定される．学習指導要領の趣旨は一般的に教科書で具現化されるが，生徒たちの学習スタイルや意欲・関心が多様であるとともに，取り組む価値があると思わせる工夫が必要であるため，今後さらに多様な教材を活用していくことが期待される．

## 参考文献

Byrne, D. (1979). *Teaching writing skills.* London: Longman.
Dykstra, G., & Paulston, C. (1967). Guided composition. *English Language Teaching, 21,* 136-141.
江利川春雄 (2008). 『日本人は英語をどう学んできたか：英語教育の社会文化史』東京：研究社.
Finocchiaro, M., & Brumfit, C. (1983). *The functional-notional approach: From theory to practice.* New York: Oxford University Press.
深澤清治 (2009).「教材を見る視点」三浦省吾・深澤清治（編）『新しい学びを拓く英語科授業の理論と実践』(pp. 80-91). 京都：ミネルヴァ書房.
長谷川淳一 (2015).「「英語表現II」の教科書の特徴」『教材学研究』26, 245-252. 日本教材学会.
井上永幸・赤野一郎（編）(2017).『ウィズダム英和辞典（第3版）』東京：三省堂.
石井敏 (2003).「文化帝国主義」小池生夫（編）.『応用言語学事典』(p. 388). 東京：弘文堂.
川又正之 (2005).「中学校英語教科書と英語帝国主義のイデオロギー」『外国語教育論集』27, 39-47. 筑波大学外国語センター.
川又正之 (2006).「高等学校「オーラル・コミュニケーションI」の教科書と英語帝国主義のイデオロギー」『外国語教育論集』28, 107-120. 筑波大学外国語センター.
川又正之 (2013).「中学校英語教科書の比較と分析──『英語帝国主義論』の観点から」『敬和学園大学研究紀要』22, 157-172. 敬和学園大学人文学部.
Kobayakawa, M. (2011a). Analyzing writing tasks in Japanese high school English textbooks: English I, II, and writing. *JALT Journal, 33*(1), 27-48.
Kobayakawa, M. (2011b). Analyzing tasks in Japanese high school writing textbooks. *ARELE, 22,* 137-152.
Kobayakawa, M. (2012). *A comparative analysis of writing tasks in Japanese high school English textbooks.* Unpublished doctoral dissertation, University of Tsukuba, Ibaraki, Japan.
小早川真由美 (2011).「高等学校ライティング教科書における「書くこと」の課題比較分析」*STEP Bulletin, 23,* 152-163.
小室俊明（編）(2001).『英語ライティング論』東京：河源社.
松本青也 (2014).『新版日米文化の特質：価値観の変容をめぐって』東京：研究社.
Matthews, A. (1985). Choosing the best available textbook. In A. Matthews, M. Spratt, & L. Dangerfield, *At the chalkface: Practical techniques in language teaching* (pp. 202-206). London: Edward Arnold.
緑川日出子 (1994).「ライティング」JACET SLA 研究会（編）.『第二言語習得研究に基づく最新の英語教育』(pp. 287-299). 東京：大修館書店.

文部科学省（2008）.『中学校学習指導要領解説　外国語編』東京：開隆堂.
文部科学省（2010）.『高等学校学習指導要領解説　外国語編・英語編』東京：開隆堂.
文部科学省（2015）.『平成 26 年度英語教育改善のための英語力調査事業報告』(http://www.mext.go.jp/a_menu/kokusai/gaikokugo/1358258.htm)
文部科学省（2016a）.『教育課程部会外国語ワーキンググループ（第 9 回配布資料）資料 3 外国語 WG におけるとりまとめ（案）』(http://www.mext.go.jp/b_menu/shingi/chukyo/chukyo3/058/siryo/attach/1373120.htm)
文部科学省（2016b）.『平成 27 年度英語教育改善のための英語力調査事業報告』(http://www.mext.go.jp/a_menu/kokusai/gaikokugo/1377767.htm)
文部科学省（2018a）.『高等学校用教科書目録（平成 31 年度使用）』東京：文部科学省.
文部科学省（2018b）.『高等学校学習指導要領』(http://www.mext.go.jp/component/a_menu/education/micro_detail/_icsFiles/afieldfile/2018/04/24/1384661_6_1.pdf)
文部科学省（2018c）.『平成 29 年度英語教育改善のための英語力調査事業報告』(http://www.mext.go.jp/a_menu/kokusai/gaikokugo/1403470.htm)
文部省（1999）.『高等学校学習指導要領解説　外国語編・英語編』東京：開隆堂.
中野達也（2009）.「分量編」金谷憲（編）.『教科書だけで大学入試は突破できる』(pp. 99-168). 東京：大修館書店.
縫部義憲（1985）.「自由英作文」沖原勝昭（編）.『英語のライティング』(pp. 170-198). 東京：大修館書店.
岡部朗一（1996）.「個人と異文化コミュニケーション」石井敏・岡部朗一・久米昭元.『異文化コミュニケーション（改訂版）』(pp. 101-120). 東京：有斐閣.
Raimes, A. (1983). *Techniques in teaching writing*. New York: Oxford University Press.
島田洋子（2006）.「新しい中学校英語教科書の描く男性像」『人間文化研究』16, 19-30. 京都学園大学人間文化学会.
塩澤利雄・古川稀久・湯澤伸夫・山本敏子・駒場利男・Lamont, D.（2013）. *New access to English writing*. 東京：開拓社.
住吉雅美（2006）.「PC」大庭健・井上達夫・加藤尚武・川本隆史・神崎繁・塩野谷祐一他（編）『現代倫理学事典』(pp. 709-710). 東京：弘文堂.
スワン，マイケル，吉田正治（訳）(2018).『オックスフォード実例現代英語用法辞典（第 4 版）』東京：研究社.
和田稔（1997）.『日本における英語教育の研究：学習指導要領の理論と実践』. 東京：桐原書店.

（小早川真由美）

## 第7章　英語教科書と語用論の指導

### 1.　語用論と英語教育

　日本の英語教育において，実践的コミュニケーション能力の育成が提唱されて以来，リーディングやリスニングなどの4技能や文法能力の育成については様々な試みがなされてきた．しかし，英語の文法や発音，4技能を習得するだけでは，円滑なコミュニケーションを行うことはできない．相手との上下関係や親しさ，状況に応じて表現を使い分ける能力も必要である．2018年改訂の高等学校学習指導要領第2章第8節第1款にも「情報や考えなどを的確に理解したり適切に表現したり伝え合ったりするコミュニケーションを図る資質・能力の育成」が，また，2017年改訂の中学校学習指導要領第2章第9節においても「コミュニケーションを行う目的や場面，状況などに応じて，情報を整理しながら考えなどを形成し，これらを論理的に表現する能力の育成」が提唱されている．この「情報や考えなどを的確に理解し，適切に表現し，伝える」「目的や場面，状況などに応じて考えなどを論理的に表現する」ために必要なのが語用論的能力である．しかし，英語教育現場では，他の能力に比べ，語用論的能力の育成については今まで軽視されてきたように思われる．
　本章では，日本の英語教育においてこの語用論的能力育成のための指導が現在どのようになされているのか，そして今後どのようになされるべきなのかについて主に英語教科書に焦点を置いて述べる．

### 2.　発話行為とポライトネス

#### 2.1.　ポライトネス

　語用論の主要概念である発話行為（speech acts）には，「依頼」，「提案」，「断

り」,「不同意」,「感謝」,「謝罪」などがある．発話行為においては，相手や自分が傷つかないように様々な配慮が行われ，この配慮は，ポライトネス (politeness) と呼ばれる．ただし，語用論におけるポライトネスは，日本語での礼儀正しさや丁寧さとは異なり，「相手との円滑なコミュニケーションを図り，円満な関係を築くための言語ストラテジー」として捉えられている．

　ポライトネスの研究ではこれまで様々なアプローチがなされてきたが，現在この分野で最も大きな影響力をもっているのは，その著 *Politeness: Some universals in language use* (1987) において，フェイス (face・面子) を主要概念としたポライトネス理論を提唱した P. Brown と S. C. Levinson による理論[1]である．Brown と Levinson の理論によれば，人には2種類の基本的欲求，すなわち，ポジティブ・フェイス (positive face) とネガティブ・フェイス (negative face) があるとされる．ポジティブ・フェイスは，人と人とのかかわり合いにおいて，自分の行動を相手から好ましく思われたい，親しくなりたいという欲求であり，ネガティブ・フェイスは，他人に立ち入られたくない，邪魔されたくないという欲求である．発話行為では，この聞き手や話し手のフェイスを脅かす行為をフェイス侵害行為 (face-threatening act: FTA) と呼ぶ．FTA の大きさは，「話し手と聞き手の力関係」「話し手と聞き手の社会的距離」「負担の度合い」で決まり，相手のフェイスを脅かす度合いが高くなればなるほど，より丁寧な表現が必要とされる．このフェイスを脅かさないように配慮し，円滑なコミュニケーションを確立・維持していくための言語行動がポライトネスである．ポライトネスには，親しくなりたいという相手のポジティブ・フェイスに配慮したポジティブ・ポライトネスと，邪魔されたくないというネガティブ・フェイスに配慮したネガティブ・ポライトネスがある．ポジティブ・ポライトネスでは，仲間であることを示す表現を用いる，冗談を言うなどの方略がとられる．また，ネガティブ・ポライトネスでは，謝罪をする，敬意を表す呼称を用いるなどの方略が用いられている．

　ただし，どのような行為がフェイスを脅かすのかについては，国や文化，性などによって違いがある．日本人，イギリス人，ギリシア人の「依頼」におけるポライトネスを比較した西澤美香の「依頼におけるポライトネス——日本人，イギリス人，ギリシア人を比較して——」(2014) によれば，日本人は，イギリ

---

[1] P. Brown と S. C. Levinson のポライトネス理論は，普遍性が高く，どの言語にも当てはまるとされる．しかし，日本語のような独自の敬語体系を持つ言語には，欧米の言語を基準とした Brown と Levinson のポライトネス理論は当てはまらないのではないかという批判もなされている．

ス人やギリシア人と比べると，相手のネガティブ・フェイスを脅かすことに対してより敏感であるとされる．例えば，お金を借りる場合には，謝罪してから間接的依頼をするといった方略をよく使う．あるいは依頼しない，つまり何も言わないことがポライトであると考える傾向にある．

ここでは，発話行為とそのポライトネス・ストラテジーの実例として，日本の英語教科書や英語の試験にもよく見られる「依頼」を取り上げてみよう．

## 2.2. 依頼のポライトネス・ストラテジー

「依頼」は，相手に負担をかける発話行為であり，様々なストラテジーが必要とされる．イスラエルのヘブライ大学で異文化間語用論などを研究した S. Blum-Kulka らは，「異文化間発話行為実現プロジェクト (The Cross-Cultural Speech Act Realization Project; CCSARP)」という大規模プロジェクトによって，8言語の母語話者と非母語話者の「依頼」と「謝罪」の発話行為の方略を比較し，その後の研究に応用されることになるストラテジー分類方法を確立した．この Blum-Kulka らによると，「依頼」の発話は，

(1) 注意喚起部 (Alerters)；呼びかけなど
(2) 主要行為部 (Head acts)；実際の依頼の核となる部分
(3) 補助部 (Supportive moves)；主要行為部の前後に置かれる表現

に分けられる．例えば，*Mary, I have to go to the hospital as soon as possible. Could you lend me your car?* は，次のように分けられる．

 a. *Mary* （注意喚起部；呼びかけ）
 b. *Could you lend me your car?* （主要行為部）
 c. *I have to go to the hospital as soon as possible.* （補助部）

この中で，「依頼」の発話行為の中心となる「主要行為部」は表現の直接性の度合いに応じて次のように分類される．

 I. 直接的表現
  1. 命令法による発語内効力の示唆
   *Move your car, please.*
  2. 行為遂行文
   *I am asking you to move your car.*
  3. 緩衝的行為遂行文
   *I would like to ask you to move your car.*

4. 義務の陳述
   *Madam, you'll have to move your car.*
5. 願望の陳述
   *I really wish you'd move your car.*

II. 慣習的間接表現
6. 提案
   *How about moving your car?*
7. 準備条件の質問
   *Could you move your car, please?*

III. 非慣習的間接表現
8. 強いほのめかし (strong hints)
   *You've left the room in a right mess.*
9. 弱いほのめかし (mild hints)
   *I'm going to use this room tomorrow.*
   （部屋を掃除させる意図で）

また，主要行為部の前後におかれる補助部には，

1. 前置きをする
   **Will you do me a favor?** *Could you lend me your car?*
2. 理由を述べる
   *Excuse me,* **I have to go to the hospital as soon as possible.**
   *I wonder if you could lend me your car?*

などがある．このように「依頼」の発話行為は，「主要行為部」だけではなく様々なストラテジーを組み合わせながら行われる．(詳しくは，S. Blum-Kulka & E. Olshtain の "Requests and apologies: A cross-cultural study of speech act realization patterns (CCSARP)" (1984)，及び S. Blum-Kulka, J. House, & G. Kasper 著の *Cross-cultural pragmatics: Requests and apologies* (1989) を参照されたい．)

## 3. 教室での語用論指導と英語教科書

### 3.1. 英語教科書に見られる語用論指導の現状

英語教育現場では，発話行為やポライトネス・ストラテジーは，どのように指導されているのであろうか．

英語教科書における語用論の取り扱いについては，1990年代以降盛んに研究がなされてきた．しかし，これまでの研究成果からは，欧米の教科書においても，あるいは，日本の教科書においても，語用論の扱いは量質ともにいまだ十分であるとはいえないとされる．

　実際に筆者の調べたところでも，仮に教科書で発話行為が扱われている場合にも，その発話行為に関する説明や表現のバリエーションはあまり見られない．例えば，ある中学校検定教科書のシリーズでは，1，2，3の各学年ともに同じような電話での依頼の場面が出てくるが，学年が上がるごとに，*Can you 〜?*，*Will you 〜, please?*，*Could you 〜?* と表現こそ変化するものの，そのフォーマリティについての説明はない．しかも，その他の教科書でも，丁寧さの度合いに応じて，*Can you 〜? Could you 〜?* のように，主要行為部の変化は見られても，2.2節で述べたような多様なストラテジーの組み合わせやその説明はほとんど見られない．さらに，コンテクストに応じた適切な表現の指導や発話行為への応答，アウトプットの練習も欠如している．コミュニケーション重視の英語教育ということを目指すのであれば，この点の充実が望まれると同時に教師の授業中の指導も必要であろう．

　また，英語の試験は，波及効果という意味で，教室での授業や英語教科書に影響を及ぼしている．「依頼」，「提案」，「招待」などの発話行為は，大学入試センター試験，実用英語技能検定，Test of English for International Communication (TOEIC) にもよく出題され，[2] 比較的多くの高等学校の *Oral Communication 1* (OC1) の教科書でも扱っている．[3] しかし，「申し出」，「断り」，「不平」などの発話行為は，大学入試センター試験などにも出題されているにもかかわらず，わずかな OC1 の教科書でしか取り扱われていない．しかも，採択率の高い教科書が，必ずしもより重要な，より多くの発話行為を扱っているというわけでもなく，使用される教科書間でも語用論的指導にかなりの差があることに留意しておくべきであろう．

　さらに，語用論の不十分な取り扱いは英語教科書だけにとどまらない．円滑なコミュニケーションのために語用論を学ぶことの重要性については，生徒はもちろん，教師ですら気付いていないことが多い．大切なことは，まず教師自身が，単に相手に通じさせるための英語ではなく，コミュニケーションを円滑

---

[2] 深澤英美 (2013) は大学入試センター試験，実用英語技能検定，Test of English for International Communication (TOEIC) に出題された過去3年間（2010年度から2012年度）のリスニング問題の中でどのような発話行為が出題されているのかを分析している．

[3] 清水崇文ら (2007) は，17冊の高等学校英語教科書 Oral Communication 1 (OC1) に見られる発話行為について分析を行った．

に進めるための英語を教える重要性に気付くことである．そのうえで，自ら，学会や研究会，あるいは研修会に参加して語用論的知識を培う必要がある．また，自然な会話の録音，映画やドラマ，コーパス，そして，談話完成タスク (Discourse Completion Task: DCT)[4] など，それぞれの目的に応じた方法でできる限りオーセンティックな言語データを蓄え，既存の教材に手を加えてよりよいものへと改良しつつ，授業で活用していく必要があろう．

### 3.2. 教室における語用論指導の流れ

教室での語用論指導では，明示的指導，気づきと理解，アウトプット，そしてインタラクションが大切である（語用論指導についてさらに興味のある方は，石原紀子・アンドリュー・D・コーエン『多文化理解の語学教育—語用論的指導への招待—』を参考にされたい）．この指導の流れについては，日本人学習者に発話行為やポライトネスを指導することを意図して作成された 2 冊の大学用英語教科書 *Heart to Heart* (Yoshida, Kamiya, Kondo, & Tokiwa, 2000) と *Keep Talking* (Murata, Otani, Murata, & Shigemitsu, 2016) を参考にすることができる．

*Heart to Heart* は，様々な英語の発話行為を扱った数少ない英語教科書の 1 つである．この本の中で「依頼」のストラテジーを扱った *Can I ask you a favor?* の章を見てみると，次のような流れになっている．

1. まず，教授に何かを依頼するということを想定した 2 つの短い英語の対話を学習者に聞かせ，この教授にとってどちらの依頼表現のほうが心地よいかということを考えさせる
2. 教授に推薦書を書いてもらうという想定での対話を提示して，学習者に依頼の部分の英文を書かせ，それをもとにクラスメートとロールプレイをさせる
3. 3 つのタイプの依頼表現（*Very Polite*：「とっても丁寧」型，*Polite*：「まあまあ丁寧」型，*Casual Request*：「気軽にお願い」型）を明示的に教える．この 3 つのタイプの依頼表現の例文を聞かせ，主要部分を聞き取らせる．そして，教授に推薦書を依頼する場合，この 3 つの中でどの表現が適切であるかを考えさせる
4. 教授に推薦書を依頼する場合，(A) アメリカ人大学生が英語で依頼する，(B) 日本人大学生が英語で依頼する，(C) 日本人大学生が日本語

---

[4] DCT は，発話行為の分野では，データを集めるのに広く使われている方法である．この方法では，対話の状況や場面が調査紙に印刷され，被験者はその状況や場面に合っていると考える応答を記入するように求められる．

で依頼するとき，上記3の3つの依頼表現のなかでどのタイプを使用するかについてのアンケート結果のグラフを比較させ（例えば，(A) と (C) の場合は，*Very Polite* を一番よく使用しているが，(B) の場合は *Casual Request* をもっともよく使用している），日米の相違や類似点について考えさせる
5. 3の3つのタイプの依頼表現の短い会話例をそれぞれ提示し，ロールプレイをさせる
6. アメリカ人に「ノートを借りる」あるいは「（食事のとき）塩をとってもらう」という設定での対話例を提示し，空欄になっている部分に適切な表現を用いて英文を書かせ，ロールプレイで練習をさせる

ここでは，気づきと理解，明示的指導，アウトプット，インタラクションが適宜，繰り返し盛り込まれ，教室での語用論指導における1つの手掛かりとすることができよう．

*Keep Talking* も，ポライトネスに焦点を置いて様々な発話行為を扱ったテキストである．Request を扱った Unit 11 のはじめのページにおいて，「同じ相手であっても，テーブルの塩を取ってもらう場合と車を貸してもらう場合では，相手の負担の度合いが異なる．依頼内容が相手に負担をかける場合には，そうでない場合よりもより丁寧な表現が必要であり，その依頼の理由を述べることも大切である」(p. 42) のように依頼の発話行為についてわかりやすい説明がなされている．また，丁寧度の高い順に依頼表現が提示され，友達との食事の場面において「*Could you possibly pass me the salt?* の依頼表現ははたして適切だろうか」(p. 43) といった問いを投げかけることで気づきを促している．Unit の最後では，依頼の短い会話例とともに，依頼と応答部分の入れ替え用にいくつかのパターンの語句が準備されたペアワークが提示されている．この会話例にも前述の主要行為部と補助部が含まれ，応答にも承諾と拒絶の両方のパターンが盛り込まれている．また，リスニングや並べ替え問題もあり，より高等学校の教科書に近い構成となっているため日本人英語学習者には使いやすいのではないかと思われる．

### 3.3. 教科書をアレンジした語用論指導

語用論的指導があまり扱われていない英語教科書を用いている日本の英語授業の中で語用論的指導を行うためには，教師自身が既存の教材に様々な工夫を施して利用する必要がある．

本節では，「断り (refusal)」の発話行為を例に，日本の高校の英語検定教科

書，日本の大学などでも用いられている ESL（第2言語としての英語：English as a second language）の教科書，発話行為の指導に多くの示唆を与えてくれる前述の Keep Talking と Heart to Heart の4つのテキストを比較しながら，既存の教科書を用いた語用論の指導について考えてみたい．

「断り」は，相手からの依頼や誘い，申し出に対し，相手が望んでいないことを言う発話行為であり，親しくなりたいという相手のフェイスを脅かす可能性が高い．相手のきまり悪さを和らげるために，I can't. といった直接的な「断り」から，I'd rather ...（代案の提示）のような間接的な「断り」，さらに，補助的なものまで含めると多様なストラテジーが用いられる．しかも，「断り」は前もって準備しておくことができず，複雑で高度なコミュニケーション能力が必要とされる．

まず，日本の高校の英語検定教科書の中でも採択率の高い Hello there! English Conversation (pp. 32-35) の中で「断り」がどのように取り上げられているのか見てみよう．この Lesson 4 のダイアローグには，スケートボードへの誘いとそれを断るという場面が含まれている．Would you like to join us? という誘いに対し，No way! と直接的な「断り」がなされ，It looks dangerous. と「断り」のストラテジーの1つであるその理由が付け加えられている．さらに，I can teach you. Come on! と再び誘われると，今度は，Maybe next time. という間接的な「断り」とともに，I'm going to the mall with Ted. と理由が述べられる．欄外には，「誘う・誘いを断る」という文の下に前述の Would you like to join us? No way! Come on! Maybe next time. という言語形式が，また，次ページの Tool Box でも，「誘い」と Yes/No の両方の場合の返答のロールプレイが提示され，Sorry, I already saw that. といった「断り」の理由の言いかえの表現も準備されている．さらに，コラムでは「やや丁寧に表現したいときは Would you like to join us?，くだけて表現したいときは，Do you want to join us? を使う」といった「誘い」のポライトネス・ストラテジーについての解説も添えられている．高等学校の English Conversation の教科書の中では，この教科書は他のものよりかなり丁寧に「誘い」や「断り」の発話行為を扱っているといえる．ただし，「断り」のポライトネス・ストラテジーについてはより詳しい説明，相手との距離や上下関係の違いにおけるバリエーションなどが必要であろう．

ついで，ESL (English as a second language) 教材の Touchstone シリーズを見てみよう．Touchstone シリーズは，他の ESL 教材と比べても，コミュニケーション・ストラテジーの指導にかなり力を入れている．Touchstone Student's Book 2 (pp. 80-81) と Touchstone Student's Book 3 (pp. 102-103) では，

## 第 7 章　英語教科書と語用論の指導

丁寧な「依頼」が扱われており，特に後者には，「依頼」の様々なストラテジーが盛り込まれている．ただし，応答—特に「断り」の場合—の表現のバリエーションは多くない．また，勧められた食べ物や飲み物を丁寧に断るという場面設定での Touchstone Student's Book 3 (pp. 48-49) においても，*I'm OK for now. But thanks.; No, thanks. I'm fine really; No, thanks. Maybe later.* などのいくつかのフレーズやそれらを用いた練習は提示されている．しかし，「断り」のポライトネス・ストラテジーについての明示的説明や，フォーマリティやレジスター[5]におけるバリエーションは十分とは言えない．

前述の Keep Talking ではどうだろうか．このテキストでは，Unit 13 (pp. 50-53) で「うまく断る」がメインテーマとして扱われている．感じの悪い断り方をしている対話例を提示して気づきを促すと同時に，*I'd like to, but ...* というように上手に断る場合の種々の表現やわかりやすい説明が示されており，さらに，多彩なタスクを行うことで，上手な断り方が身に付くように工夫がなされている．

Heart to Heart (pp. 30-37) では，3.2 節で見たのと同じ流れで，まず，同じ場面に対し，2 種類の「断り」のストラテジー，*I'm sorry ...*（残念）と *Thank you ...*（感謝）を比較させ，どちらが相手に気持ちのよい断り方かを考えさせている．また，「断り」には，5 つのタイプ，(1) Positive opinion：「本当は賛成」型 (e.g., *That sounds wonderful, but ...*)，(2) Thanking：「感謝」型 (e.g., *Thank you, but ...*)，(3) Apology：「謝罪」型 (e.g., *I'm sorry, but ...*)，(4) Alternative：「次回を期待」型 (e.g., *Maybe some other time.*)，(5) Direct refusal：「はっきり断る」型 (e.g., *I can't go.*) があること，「断り」とともにその理由を付け加える必要があることを明示的に教え，対話やロールプレイなどの種々のタスクによって「断り」のストラテジーが身に付けられるように組み立てられている．

限られた授業時間の中では，Heart to Heart におけるような丁寧な指導を行うのは難しいかもしれない．また，Touchstone シリーズのような ESL 教材も会話例が長すぎる，あるいは単語が多すぎるなど，日本の中学校，高等学校の授業では必ずしも扱いやすいとはいえない．しかし，例えば，前述の *Hello there! English Conversation* の「断り」の場面に少し手を加えて，丁寧度の異なるコンテクストや言語形式，ストラテジーなどを比較させながら明示的に教え，最後にロールプレイで練習させれば生徒に語用論的気づきをもたらすことができるのではないだろうか．

---

[5] 特定の目的や特定の社会的な場面で使用される言語の変種の1つ．

あるいは，使用している教科書に主な語用論的内容が見られないのであれば，「提案」や「謝罪」など重要な発話行為とそのポライトネス・ストラテジーをピックアップし，*Heart to Heart* のような大学用のテキストを参考に内容を組み立て，1年間に1時間だけでも授業時間を割いて教えてはいかがだろうか．前述の *Keep Talking* は，内容的にも各 Unit の分量から見ても高等学校の1回の英語授業で応用できるのではないかと思われる．

さらに，中学校現場においても，もし使用している教科書シリーズの中で「依頼」や「勧誘」などの発話行為が各学年で提示されているのであれば，学年が上がるごとに，カジュアルな場面からよりフォーマルな場面を設定していき，場面や相手に応じて丁寧度を上げたいくつかの表現と応答を学べるように工夫をこらすこともできるのではないかと思われる．

しかし，以上のような指導を実現するには教師自身の語用論に対する関心と知識が必要である．日頃から，例えば，高橋朋子著『「相手と場面で使い分ける」英語表現ハンドブック』(2017) のような語用論に関連した書籍から知識を身につけ，映画やドラマ，コーパス等によって様々な発話行為の言語データを集めておく．また，雑誌『英語教育』（大修館書店）などにも情報提供されている語用論関連の研究会や学会にも参加することによって自ら研鑽を積んでいく必要があることは言うまでもない．

## 4. まとめ

本章では，日本の英語教育における語用論指導について英語の教科書に焦点を当てて述べてきた．語用論的知識は，言語文化的な規範が関係するために，一般的な文法や語彙の知識に比べて習得が難しい．そのため，コミュニケーションにおいて非常に重要な役割を果たしているにもかかわらず，欧米や日本の英語授業の中で十分に教えられているとは言い難い．日本の英語検定教科書間でも語用論の指導にはかなりの差が見られ，十分な内容とは程遠いものが多い．利用できる教科書も乏しい中，多くを教えることはできないかもしれないが，大切なことはまず英語教師自身が文法や語彙の知識だけで英語を適切に用いることができるわけではないという事実を認識することである．その上で，語用論では，必ずしもネイティブスピーカーの規範だけが絶対的なものではなく，各文化，国ごとに相違があるという点にも留意しつつ，前述のとおり教師自らが様々な手立てを駆使して少しでも語用論的知識を蓄え，既存の教科書に多彩な工夫を盛り込みながら生徒に教えていくことが必要であろう．

## 参考文献

Blum-Kulka, S., & Olshtain, E. (1984). Requests and apologies: A cross-cultural study of speech act realization patterns (CCSARP). *Applied Linguistics, 5(3)*, 196-214.

Blum-Kulka, S., House, J., & Kasper, G. (1989). *Cross-cultural pragmatics: Requests and apologies*. Norwood, NJ: Ablex Publishing.

Brown, P., & Levinson, S. C. (1987). *Politeness: Some universals in language use*. Cambridge: Cambridge University Press.

深澤英美 (2013).「英語の試験における語用論的能力を問う問題の出題傾向調査とその指導——発話行為の指導——」『第25回「英検」研究助成報告』245-256.

Ishihara, N., & Cohen, A. D. (2010). *Teaching and learning pragmatics: Where language and culture meet*. Harlow, UK: Pearson Education.

石原紀子・アンドリュー・D・コーエン (2015).『多文化理解の語学教育——語用論的指導への招待——』東京：研究社.

近藤佐智子 (2009).「中間言語語用論と英語教育」『上智大学短期大学部紀要』第29号, 73-89.

McCarthy, M., McCarten, J., & Sandiford, H. (2005-2006). *Touchstone Student's Book* (Vols. 1-4). New York: Cambridge University Press.

水島梨紗 (2016).「高等学校英語教科書における語用論的解説についての論考：「英語表現I」の事例をもとに」『札幌学院大学人文学会紀要』第99号, 41-59.

文部科学省 (2017).『中学校学習指導要領解説 外国語編』東京：開隆堂出版.

文部科学省 (2018).『高等学校学習指導要領解説：外国語編 英語編』東京：開隆堂出版.

Murata, K., Otani, M., Murata, Y., & Shigemitsu, Y. (2016). *Keep Talking: Strategies for Interpersonal Communication*. Tokyo: Kirihara Shoten. (Original work published 2009, Tokyo: Macmillan Language House)

村田泰美 (2006).「高校のオーラル・テキストに見られるポジティブ・ポライトネス・ストラテジー」堀素子・津田早苗・大塚容子・村田泰美・重光由加・大谷麻美・村田和代 (著),『ポライトネスと英語教育：言語使用における対人関係の機能』145-159. 東京：ひつじ書房.

西澤美香 (2014).「依頼におけるポライトネス——日本人, イギリス人, ギリシア人を比較して——」『関西大学 英米文學英語學論集』第3号, 138-166.

Nguyen, H. T., & Ishitobi, N. (2012). Ordering fast food: Service encounters in real —life interaction and in textbook dialogs. *JALT Journal, 34(2)*, 151-186.

酒井志延・伊藤雄二・臼井芳子・白倉美里・島崎美登里・Brett Duchon (2013).『Hello there! English Conversation.』東京：東京書籍.

Shimizu, T., Fukasawa, E., & Yonekura, S. (2007). Introductions and practices of speech acts in Oral Communication 1 textbooks: From a viewpoint of interlanguage pragmatics. *Sophia Linguistica, 55*, 143-163.

清水崇文 (2009).『中間言語語用論概論――第二言語学習者の語用論的能力の使用・習得・教育――』東京:スリーエーネットワーク.

高橋朋子 (2017).『「相手と場面で使い分ける」英語表現ハンドブック』東京:アルク.

Yoshida, K., Kamiya, M., Kondo, S., & Tokiwa, R. (2000). *Heart to Heart: Overcoming barriers in cross-cultural communication.* Tokyo: Macmillan Language House.

(荒金房子)

# 第8章　評価と測定

## 1. 生徒および教師の評価

　学習指導を任される教師が，指導教材に様々な創意工夫を盛り込み，熱意に溢れる授業を展開することは，生徒への適切な評価やフィードバックを保証することでより学習活動に勢いを与え，生徒に新たな動機と意欲をもたらす．また教師がその指導方法や教育内容について，定期的に自己・相互の評価を継続して行うことも，改善点を明確なものにする上で不可欠となる．本章では，生徒や教師の評価を行う場合に踏まえるべき点について概観する．

### 1.1. 集団基準準拠・目標基準準拠

　集団基準準拠テスト（norm-referenced test）とは，集団内での生徒の序列を明らかにするテストであり，入学試験がその一例である．目標基準準拠テスト（criterion-referenced test）とは，生徒が教師の意図する到達目標（1.6節を参照）を達成できているかを判定するテストであり，教師が作成する定期試験や実技課題に代表される．

### 1.2. 主観テスト・客観テスト・標準化テスト

　主観テスト（subjective test）とは，面接や課題作文に代表される，評価者の主観が介入することで結果に影響を及ぼすテストである．これに対し客観テスト（objective test）は多肢選択式のように，正答と誤答の線引きが明確であり，評価者の主観に依存しないテストである．主観テストの採点にあたっては，評価者間で評価尺度を統一し，ばらつきが起こらないように十分に注意して測定の誤差を小さくしなければならない．そうでないと，結果に対する信頼性（1.5節を参照）が得られない．また標準化テスト（standardized test）とは，信頼性

および妥当性（1.5 節を参照）を高めるために，より多くの受験者を対象として実施され，問題項目の精選がなされるテストであり，様々な外部基準テスト（第 2 節を参照）がその代表例である．

### 1.3. 分析的評価・総合的評価

分析的評価（analytic evaluation）とは，例えば英語で話す能力を評価する際に，流暢さ，声の大きさ，抑揚，アクセント，話題の適切さ，文法の正確さといった，複数の下位項目を設定した上で採点する方法である．これをひとまとめにし，1 つの尺度のみを用いるのが総合的評価（holistic evaluation）であるが，この評価法は採点者の主観的な印象や好みに左右されがちである．それに比べて分析的評価は採点に相応の時間を必要とするが，どの評価項目が強く，あるいは弱いかを生徒に周知でき，さらなる学習動機を喚起できる利点がある．その一方でこの評価法は，いくつかの評価項目についてそれぞれ評価しても，全体像が見えない場合があるとの弱点も望月昭彦らは『英語 4 技能評価の理論と実践―CAN-DO・観点別評価から技能統合的活動の評価まで』(2015)（以下，望月 (2015)）で指摘している．生徒の習熟度・評価目的・採点時間などの諸条件を勘案し，教師がどちらの評価を行うかを決定するのが望ましい．

### 1.4. 古典的テスト理論・項目応答理論

古典的テスト理論（Classical Test Theory）とは，テストにより得られる「素点（raw score）」あるいは「正答数に基づく得点（number-right score）」を基準として，正答率，平均値（mean），標準偏差（standard deviation, SD: 得点のばらつきの度合いを示す），標準得点（標準偏差の大小にかかわらず，テスト得点を同じ尺度で扱うための換算．一例として平均値を 50，標準偏差を 10 と変換したものを偏差値と呼ぶ），項目困難度（受験者総数の内，何人が正答したか），項目弁別力（上・中・下位の各グループにおける正答率の差に注目し，上位の正解者数が下位のそれより多い程，項目弁別力が高いとみなす），実質選択肢数（多肢選択式の問題において，個々の選択肢についての分布の状況から，正答以外の錯乱肢（distractor）がどの程度有効に機能しているかを検討する．4 つの選択肢のうち，ある錯乱肢を選んだ受験者がいなかった場合，その項目は実質三者択一式となるといった分析）についてデータ処理・分析を行うものである．

項目応答理論（Item Response Theory）とは，テスト受験者の能力と正答数との関係に注目し「能力の低い受験者の正答数は少なくなり，能力の高い受験

者の正答数は多くなる」「テスト項目が易しければ（受験者の能力を問わず）正答者は多くなり，テスト項目が難しければ正答者は少なくなる」という原理を基礎として，「受験者の能力，テスト項目の困難度，正答確率などの間の関係を示す曲線（項目特性曲線：Item Characteristic Curve）を設定する理論」である（詳細は大友賢二『項目応答理論入門』(1996)，以下大友 (1996) を参照されたい）．曲線を求める際に「ロジスティック関数（logistic function）」と呼ばれる対数を用いるが，使用するパラメータの数により，「1 パラメータ（項目困難度）・ロジスティック・モデル：Rasch model とも呼ばれる」「2 パラメータ（項目困難度・項目弁別力）・ロジスティック・モデル」「3 パラメータ（項目困難度・項目弁別力・当て推量）・ロジスティック・モデル」といった種類があり，「米国の ETS（Educational Testing Service: TOEFL・TOEIC を主催する団体，第 2 節参照）では，3 パラメータ・ロジスティック・モデルによるテスト分析を行っている」という（大友，1996, p. 71）．

古典的テスト理論では，受験者の持つ能力やテスト項目の難易度によりその結果が大きく左右されるという難点があるが，項目応答理論のモデルを用いることで，（各データがモデルに合致しているという条件を満たす限りにおいて）能力や難易度に依存しない，不変の尺度を設定できる利点がある．例えば 2 種類の A・B というテストを想定する場合，項目応答理論を応用することで，テスト A で得たデータを基準として，B で得られるであろう得点を推定することが可能となる．

### 1.5. 信頼性・妥当性

テストの信頼性（reliability）とはテスト得点の安定性が保証されているかどうかにかかわっている．言い換えれば，試験を実施するたびに得点にばらつきがあれば，その試験の信頼性は低くなるということである．その検討の方法は，以下の 4 つがある．

(1) 再テスト法：同一のテストを一定の間隔を置いて複数回実施し，相関係数を検討する．
(2) 平行テスト法：2 つの同質なテストを同時に実施し，相関係数を検討する．
(3) 折半法：(2) に類似した方法であり，1 つのテスト内の全項目を折半（通例では奇数・偶数の順毎に項目を二分）した上で実施し，分けられた項目同士の相関係数（心理統計学で著名なスピアマン・ブラウンの公式に基づき算出したもの）を検討する．

(4) 内部一貫法：(3) に類似した方法である．テスト内の項目を二分する際の恣意性を排除するために，起こり得るすべての折半例について (3) に基づき相関係数を求め，その平均値（クロンバック $\alpha$ 係数）を検討する．

諸係数の算出や検討方法の詳細については割愛するが，Excel や SPSS を始めとする統計ツール（教師を対象とした，データ分析法に関する書籍も複数存在する）を用いることで，テストにより得られるデータを短時間で処理・分析することが可能である．

テストの妥当性（validity）とは，あるテストが測定されるべきものを測定しているかにかかわる．妥当性は，以下の5つの種類に分類される（望月 (2015) を参考）．

(1) 表面妥当性（face validity）：測定されるべきものを測定する様式に見えるか．
(2) 内容妥当性（content validity）：測定されるべきものを含んだテストであるか．
(3) 構成概念妥当性（construct validity）：測定されるべき能力の下位能力を含むか．例えばコミュニケーション能力を測る場合に，概念を正しく規定した上で，コミュニケーション能力の下位能力となる要素（論理構成，正確さ，流暢さ等）を含んでいるか．
(4) 併存的妥当性（concurrent validity）：各種の外部基準テスト（第2節参照）との相関があるか．
(5) 予測妥当性（predictive validity）：受験者の運用力をどの程度予測できるか（(4) と (5) を合わせて基準関連妥当性（criterion-related validity）と呼ぶ．

## 1.6. 相対評価・絶対評価・到達度（観点別）評価

相対評価とは，テスト等により得られる個人の点数が，学習集団全体の中でどの位置に属するかによって定められる評価である．集団が正規分布（normal distribution）に基づく場合，5段階評定において5と1が各7%，4と2が各24%，3が38%の割合で与えられる考え方である．この評価方法は，生徒を容易に区分できる利便がある一方で，例えば能力差のある集団を相互に比較する場合，どのレベルの集団に属するかによって評価の価値自体が変動してしまうことや，境界に当たる生徒をどちらに区分するかが曖昧になる恐れがある．

絶対評価とは，他の生徒との比較によらず，個々の生徒が定められる「到達目標」に対して，どの程度目標を達成出来たかを評価するものである．絶対評

価の一種として「観点別評価」を行う際に「到達度評価」ということばを用いるが，これは先述の「目標基準準拠」と同じ概念を示しており，そこで設定される到達目標のことを「評価規準」と呼ぶ．評価規準を達成する上で，到達度を判断する際の個々の指標が「評価基準」であり，例えば英語のスピーチ評価（3 段階）を行う場合に，

> 評価規準：「英語のスピーチ（1 分間）ができる」
> 評価基準：
>   A： 原稿を用いずスピーチができる
>   B： 原稿を用いてスピーチができる
>   C： 原稿を用いてもスピーチができない

といった規準・基準を設定することが到達度評価の原則である．到達目標および達成に至る基準が明確であり，生徒にとって何が出来て，何が出来ないのかを自己確認しやすく，学習意欲を高められるといった利点の一方で，適切な規準・基準の設定が容易ではなく，評価に相応の時間を必要とし，また教師の主観に左右される余地も残されることが難点といえよう．

### 1.7. ルーブリック（評価指標）

ルーブリック（rublic）とは，絶対評価に基づき，目標への到達度を測定する場合に用いられる「評価指標」を指す．主に初・中等教育の理数系科目で導入が開始されて以降，高等教育機関での質的向上を目的に，ルーブリック評価を採用し，より評価項目や評価指標を明確にする動きが見られる．一般的には縦軸に評価項目を，横軸に評価指標を列挙した一覧表が，ルーブリックの基本形である．

例えば，英語のスピーチ評価（4 段階）を行う場合に

> 評価項目：「話し手は聞き手とアイコンタクトを取っているか」
> 評価指標：
>   S： アイコンタクトが終始維持されており，原稿をほとんど参照しない
>   A： アイコンタクトが概ね維持されているが，原稿を参照することもある
>   B： アイコンタクトよりも，原稿を参照する割合が多い
>   C： アイコンタクトがなされず，終始原稿を参照している

といった，明確な評価指標を細かく設定することで，採点者の主観を極力排除

し，客観性を高めた評価が可能になる．特に筆記テストでは評価のしにくい項目（実技試験など，パフォーマンスに基づく，通常点数化がしにくいとされる項目）に関して，より客観性・信頼性・妥当性を備えた評価を目指すものであるが，項目の設定と指標の記述形式について入念な検討および継続的な見直し・改訂を行うことが不可欠となる．

### 1.8. ポートフォリオ

ポートフォリオ（portfolio）とは，生徒によって蓄積される「学習成果の集合体」を示す用語である．元々は1980年代のアメリカにおいて，音楽・美術といった，作品の完成を目的とする諸科目においてポートフォリオの導入が始まり，それが様々な分野に応用されるに至った．英語教育においては，例えば「書くこと」を評価する場合に，最終的に書かれた作品のみに評価の焦点を当てるのではなく，作品の下地となったアイデア，参考資料，下書き等，様々な素材をポートフォリオとして蓄積させることがその一例である．課題を達成する上で，生徒の経験する「プロセス」をより重視する評価法として，また生徒の自己評価を補強する存在として，ポートフォリオが活用されている．

ポートフォリオが英語学習の効果に好影響をもたらすことは，峯石緑『大学英語教育における教授手段としてのポートフォリオに関する研究』（2002）や村上裕美『学びのデザインノート　MH式ポートフォリオ大学英語学習者用』（2012）など，複数の優れた研究で証明されており，ポートフォリオによって生徒の学びのプロセスを可視化することは評価の際につまずきや改善点を明確にする一助となり，教師と生徒の双方にとって有益な情報をもたらす手段となることが期待できる．

生徒が自身を振り返る自己評価（self evaluation）は，主観や思い込みによらず客観的に自己の学習状況を見つめることで，メタ認知能力を向上させる．また複数の生徒が相互に取り組みを検証する相互評価（peer evaluation）を成功させる上で，ポートフォリオや学習履歴の果たす役割は大きい．単なるテスト得点の推移といった視点に留まらず，より具体的な達成度について比較・検討することは，その前提として生徒相互に良好な信頼関係や協調の意識が共有されることが必要であるが，妥当な相互評価の導入によって学習がより活性化し，また連帯感を強める相乗効果が期待できる．

### 1.9. CEFR・CEFR-J

「ヨーロッパ言語共通参照枠」（Common European Framework of Reference for Languages），略してCEFR（日本語では「セファール」という）とは，

欧州評議会（Council of Europe）によって開発され，2001年に公開された外国語（英語のみならず，他の諸言語を含む）の熟達度を示す国際標準規格である．CEFR は熟達度を下位から A1・A2・B1・B2・C1・C2 の6区分に分類しており，それぞれの区分につき「Can-Do リスト」を用いて，その言語を用いてどんなことができるかを明確に示している．Can-Do リストは能力記述文／ディスクリプタ（descriptor）によって構成されており，その区分にある学習者が対象の言語を用いて何が行えるかを示している．例えば各区分のリストを示すと以下のようになる (http://www.mlh.co.jp/cefr/ を参照・一部抜粋)．

| | |
|---|---|
| A1 | ・具体的な欲求を満たすための日常表現やごく基本的なフレーズを理解し，使うことができる．<br>・相手がゆっくりかつはっきりと話し，助け舟を出してくれるような場合は，簡単なやり取りができる． |
| A2 | ・ごく基本的な，直接的に関係する領域（例えば，個人や家族の情報，買い物，近所，仕事）に関する，よく使われる表現が理解できる．<br>・ごく身近な範囲において，単純かつ日常的な話題に関する情報を交換できる． |
| B1 | ・職場，学校，レジャーの場において日常的に遭遇する身近な話題について，明快で標準的な情報であれば主旨を理解できる．<br>・馴染みがあるか，個人的に興味のある話題について，単純な脈略のある文章を作ることができる． |
| B2 | ・自分の専門分野に関する深い議論を含む，話題が抽象的であっても具体的であっても，複雑な文章の主旨を理解できる．<br>・広範なテーマについて，明快かつ詳細な文章を作成でき，さまざまな選択肢について，メリットとデメリットを挙げながら話題に関する考えを説明できる． |
| C1 | ・多岐にわたる，高度な内容のかなり長い文章を理解でき，含意を把握できる．<br>・表現を探すことにそれほど苦労することなく，流暢かつ自然に自己表現ができる．複雑なテーマについて，明確かつよく構成された，詳細な文章を作ることができる． |
| C2 | ・聞いたり読んだりしたほぼ全てのものを，容易に理解できる．<br>・自然かつ流暢，また正確に自己表現ができ，非常に入り組んだ状況においても，意味の微妙な違いを区別して表現できる． |

CEFRでは上記のとおり，熟達度レベルをA（basic），B（independent），C（proficient）に3区分した上で，各2つの段階を設定している．通例日本では当該言語を自立的に使用できるレベルを基準として，B1は中級，B2は中上級（ないし準上級）とみなされる．能力の記述は「理解（listening, reading）」と「産出（spoken production, spoken interaction, writing）」の5技能により示される．

CEFR-Jは，日本人学習者を念頭に置き，CEFRに準拠した新たな標準規格である．投野由紀夫東京外国語大学教授を代表とする研究グループによりデータ収集と規格の策定がなされ，2012年に初版が公開された．日本人学習者のレベルを考慮すると，CEFRの上記6レベルによる区分では大半がA1・A2に含まれるであろうこと，またA1レベルをさらに細分化すること，A1以前のレベルが必要となることが指摘された．検討の結果，新たにPre-A1が設定され，A1に3つ，A2・B1・B2に各2つの下位区分を追加設定し，全12レベルによる参照枠が構成された．

2020年から順次施行される次期学習指導要領においても，CEFRおよびCEFR-Jの参照枠に基づく改訂作業が行われている．小学校での学習開始時をPre-A1と設定し，中学校でA2，高等学校終了時にB2に到達することを目安として，5領域（聞く・読む・話す（やり取り）・話す（発表）・書く）毎の指標形式の目標が設定され，公開された．教育現場で指導にあたる教師はこれらの目標を下地としてCan-Doリストを作成し，さらに年間指導計画や各授業案へとその細目を反映させつつ指導を行うこととなる．一例としてCEFR-Jに準拠したリストが，「中教審教育課程部会外国語ワーキンググループ・資料4（2015年12月の会議における配付資料）」として公開されている．以下その一部を抜粋・紹介する．

| | レベル | Pre-A1 | B1.1 | C1 |
|---|---|---|---|---|
| 話すこと | やり取り | 基礎的な語句を使って，「助けて！」や「〜が欲しい」などの自分の要求を伝えることができる．また，必要があれば，欲しいものを指さししながら自分の意思を伝えることが出来る． | 身近なトピック（学校・趣味・将来の希望）について，簡単な英語を幅広く使って意見を表明し，情報を交換することができる．個人的に関心のある具体的なトピックについて，簡単な英語を多様 | 言葉をことさら探さずに流暢に自然に自己表現ができる．社会上，仕事上の目的に合った言葉遣いが，意のままに効果的にできる．自分の考えや意見を正確に表現でき，自分の発言を他の話し手の発言 |

第 8 章　評価と測定

| | | | | |
|---|---|---|---|---|
| | | 一般的な定型の日常の挨拶や季節の挨拶をしたり，そうした挨拶に応答したりすることができる． | に用いて，社交的な会話を続けることができる． | にうまくあわせることができる． |
| | 発表 | 簡単な語や基礎的な句を用いて，自分についてのごく限られた情報（名前，年齢など）を伝えることができる．前もって話すことを用意した上で，基礎的な語句，定型表現を用いて，人前で実物などを見せながらその物を説明することができる． | 使える語句や表現を繋いで，自分の経験や夢，希望を順序だて，話しを広げながら，ある程度詳しく語ることができる．自分の考えを事前に準備して，メモの助けがあれば，聞き手を混乱させないように，馴染みのあるトピックや自分に関心のある事柄について語ることができる． | 複雑なトピックを，派生的問題にも立ち入って，詳しく論ずることができ，一定の観点を展開しながら，適切な結論でまとめ上げることができる． |
| 書くこと | 書くこと | アルファベットの大文字・小文字，単語のつづりをブロック体で書くことができる．単語のつづりを 1 文字ずつ発音されれば，聞いてそのとおり書くことができる．また書いてあるものを写すことができる． | 自分に直接関わりのある環境（学校，職場，地域など）での出来事を，身近な状況で使われる語彙・文法を用いて，ある程度まとまりのあるかたちで，描写することができる．身近な状況で使われる語彙・文法を用いれば，筋道を立てて，作業の手順などを示す説明文を書くことができる． | いくつかの視点を示して，明瞭な構成で，かなり詳細に自己表現ができる．自分が重要だと思う点を強調しながら，手紙やエッセイ，レポートで複雑な主題について書くことができる．読者を念頭に置いて適切な文体を選択できる． |

　日本の英語教育現場で CEFR および CEFR-J の果たす役割は小さくないが，改めてその意義を確認する必要があろう．ヨーロッパ諸国間における人材の移動に関連し，外国語技能の達成度を同一の基準で測ろうとしたのが CEFR であるとすれば，あたかもそれが唯一・万能な絶対的基準として扱われる風潮に

は矛盾がある．CEFR が「参照枠」であり，応用の際には，学習環境，動機，習熟度，学習法といった様々な変数に応じた項目の選択・見直しを行うべきものである点を改めて心に留めておきたいものである．

## 2. 外部基準テスト

生徒が資格を用いて英語能力を証明する，英語圏での留学・研究を希望する，また教師が習熟度別クラスを編成する際にプレイスメント・テストとして用いる場合等，種々の目的に応じて，外部機関により作成されたテストが用いられることも少なくない．以下，特に日本人の英語学習者にとって受験の機会が多いと思われる各試験について概説する（なお，各テストの概要については，後述の公式ページを参考されたい）．

### 2.1. 実用英語技能検定（英検）

実用英語技能検定（英検）は，公益財団法人日本英語検定協会により実施される検定試験であり，1963 年に 1 級，2 級，3 級の 3 つの級で開始された．それ以降，様々な級が追加され，2019 年現在では 1 級，準 1 級，2 級，準 2 級，3 級，4 級，5 級の区分がある．2016 年度実績として約 339 万人の受験者がいる（以下各試験の受験者数について，旺文社リスニングアプリ・英語の友ホームページを参考にした．https://eigonotomo.com/hikaku/daigakunyuushi）．試験はマークシート形式（1・準 1・2 級では記述形式を含む）による 1 次試験（筆記）と，合格者に対して行われる 2 次試験（面接）により構成される．一部の級および会場のみ（定員制）ではあるが，コンピュータを使用した「英検 CBT」と呼ばれるオンライン受験形式も設定されている．公式ページによると，今後はマークシートと記述の両形式の採用が拡大される見込みとなっており，準 2・3 級への導入に向けて調整中との記載が見られる．また，2 次の面接試験に関しては，従来どおり 4・5 級は 1 次試験のみで合否を判定するが，2016 年度から 1 次試験受験者（合否を問わない）を対象としてコンピュータ端末を利用した録音形式のスピーキングテストが任意実施されている．

試験結果の出力について，従来は設問毎の点数や合否判定のみであったが，2015 年度より「英検 CSE (Common Scale for English) スコア」が併記されるようになった．準 2・3・4・5 級はリーディング，リスニング，スピーキングの 3 技能で，1・準 1・2 級ではライティングを加えた 4 技能でのスコアが表記される．

各級の目安（習得目標）は以下のとおりである（公式ページより抜粋）．

> **1級・準1級**： リーダー（品格）の英語
> 大学上級程度・知識に加え，発信力と対応力による「世界で活躍できる人材の英語力」の証明（1級）
> 大学中級程度・実践的な出題による「実際に使える英語力」の証明（準1級）
> **2級・準2級**： 使える英語で世界へ
> 高校卒業程度・海外留学，国内での入試優遇・単位認定など，コミュニケーション力を評価．ビジネスシーンでも英語力をアピール（2級）
> 高校中級程度・センター試験等の入試対策．文部科学省による，高校卒業段階の達成目標（準2級）
> **3級・4級・5級**： 使える英語の登竜門
> 中学卒業程度・英語で考えを伝える．海外の文化など少し視野が広がる（3級）
> 中学中級程度・より実用的な内容や出題で，基礎力を伸ばす（4級）
> 中学初級程度・身近な話題による，英語の基礎固め（5級）

英検の提供する「英検 IBA（旧・英語能力判定テスト）」は，団体受験のためにのみ設定され，級レベルの判定が可能なテストである．主に習熟度別クラスを編成する際のプレイスメント・テストとして，また学習前後の伸長を判定する際にも活用が可能である．

### 2.2. TOEFL・IELTS

TOEFL (Test of English as a Foreign Language) は，米国の ETS (Educational Testing Service) が主催する，主に非英語圏の学習者を対象とする試験である．英語圏の高等教育機関に入学を希望する場合，英語能力を証明するものとして，必要となるスコアを求められる．1964年に PBT（筆記試験）として開始されて以降，CBT と呼ばれるコンピュータを用いた試験形式の導入を経て，2006年度以降は「TOEFL iBT」という，インターネットを用いて問題が配信される形式が導入され，現在に至っている．一部の会場では，引き続き PBT による試験も継続されている．

2019年度時点において主流となっている TOEFL iBT のスコアは Reading, Listening, Speaking, Writing の4セクション（各スコア：0～30）および総合スコア（0～120）により示される．

各セクションにおいて設定されるレベルは，次のとおりである．

　Reading・Listening： 高（22～30）中（15～21）低（0～14）・コンピュー

タによる自動採点

Speaking：優（26〜30）良（18〜25）限定的（10〜17）弱（0〜9）・ETS認定者による手動採点

Writing：優（24〜30）良（17〜23）限定的（1〜16）・自動・手動の併用採点

PBT，CBT，iBT の各テスト形式の相関について，ETS はスコア換算表を作成している．各テストの満点を各 677，300，120 とし，日本人英語教師に求められるスコア（2.4 節にて後述）の目安として 550，213，79〜80 が示される．

類似の検定試験として **IELTS**（International English Language Testing System，日本語ではアイエルツ）は，ブリティッシュ・カウンシル，IDP（IELTS オーストラリア），ケンブリッジ大学英語検定機構が共同運営し，日本英語検定協会も日本国内における実施運営にかかわる試験である．留学や研修の際に英語力を証明し，イギリス，オーストラリア，カナダなどへの移住申請に必須となる．日本英語検定協会ホームページによると，アメリカでも TOEFL と同じく入学審査の際に採用する教育機関が 3,000 を超える．テストはアカデミック（留学用）とジェネラルトレーニング（留学以外の研修や移住申請用）の 2 種があり，結果は 1.0 から 9.0 のバンドスコアで示される．通常，総合評価（Overall Band Score）6.0〜6.5 が大学入学基準の目安となる．2016 年度実績として約 3.7 万人の受験者がいる．

## 2.3. TOEIC

英語を学ぶ日本人にとって馴染み深くなりつつある TOEIC（Test of English for International Communication）は，TOEFL と同じく米国の ETS（Educational Testing Service）が主催する，主に非英語圏の学習者を対象とする試験である．TOEFL が英語圏の高等教育機関に入学を希望する者を対象とするのに対して，TOEIC ではより実際の生活場面や職場におけるコミュニケーション能力を測定することを目的とする．1977 年に開発が開始され，79 年の第 1 回試験を経て，2019 年度時点では年 10 回 80 都市で実施されている．2016 年度実績として約 250 万人の受験者がいる．

試験は Listening（45 分）・Reading（75 分）各 100 問の合計 200 問から構成される．公式ページでは，「よりオーセンティック（実際的）な出題形式を採用」することを目的として，2016 年 5 月実施の試験以降，一部内容の問題数に増減のあることが告知されている．

変更後の形式は以下の7パートにより構成される．

　Listening：①写真描写問題（問題数6）②応答問題（25）③会話問題（39）④説明文問題（30）
　Reading：⑤短文穴埋め問題（30）⑥長文穴埋め問題（16）⑦1つの文書（29）・複数の文書（25）

新たに採用される内容として，3名での会話による設問，gonna 等の省略形や，Could you? 等，文の一部分を含む会話，テキストメッセージやオンラインメッセージ（チャット）に基づく設問が加わることが公表されている．
　TOEIC のスコアは総点（満点990）をはじめとして，リスニング・リーディングセクション毎のスコア（満点495），パーセンタイルランク（ある受験者の得点を基準として，その点数に満たない受験者が何％いるかを示すもの），レベル別評価，項目別正答率が示される．従来のレベルは総点に基づき上位 A（860点以上）から下位 E（215点以下）の5つの区分であったが，2019年現在ではスコア区分毎により詳細に長所と弱点を指摘する形式となっており，以下はその一例である（公式ページより一部を抜粋し，表記を改めた）．様々な局面において，スコアのみが重視されがちな風潮を極力排除し，何が出来て，また出来ないのかをより具体的に提示する新たな試みと思われる．

---

**リスニングスコア**

495〜375：短い会話において，応答が間接的だったり，または簡単に予測できないようなものであっても，幅広い語彙（あまり使われない語彙，あるいは様々なトピックで用いられる語彙）を使用した話の主旨，目的，基本的な文脈が推測できる．（長所）

解答する際に，あまり使用されない文法や語彙が出てくるときにのみ，弱点が認められる．（弱点）

**リーディングスコア**

495〜425：文章の主旨や目的が推測できる．詳細が推測できる．意味を読み取ることができる．言い換えがあっても，事実に基づく情報が理解できる．文章全体にわたる情報を関連付けることができる．関連する2つの文章のつながりを理解できる．（長所）

解答する際に，多くの考えや複雑な考えが，少ない単語もしくは複雑な方法で表現されている場合，または難解な語彙が出てくる場合にのみ，弱点が見られる．（弱点）

TOEICを補完するものとして，TOEIC S&W と TOEIC Bridge がある．TOEIC S&W は「国際的な職場環境において，効果的に英語でコミュニケーションをするために必要な，話す（Speaking），書く（Writing）能力を直接測定するテスト」である．TOEIC とは別料金となり，試験会場のパソコンに問題が配信され，パソコン上で音声を吹き込んだり，文章を入力して解答する．試験時間および問題数は Speaking（20 分 11 問・Speaking のみの受験も可能）・Writing（60 分 8 問），結果は 0～200 点・10 点刻みのスコアおよび Proficiency Level Descriptors（能力レベル別評価）として，Speaking（8 段階・さらに「Pronunciation（発音）」「Intonation（イントネーション）と Stress（アクセント）」が各 3 段階），Writing（9 段階）で表示される．TOEIC Bridge は「TOEIC の特長を備えつつ初・中級レベルの英語能力測定に照準を合わせて設計されたテスト」であり，リスニング（25 分 50 問），リーディング（35 分 50 問），計 60 分 100 問からなる．結果はリスニング・リーディング各 10～90 点，トータル 20～180 点（2 点刻み）に加えて，5 分野 3 段階のサブ・スコアが表示される．

## 2.4. 得点の解釈・日本人英語教師に求められる能力

　平成 15 年に策定された『「英語が使える日本人」の育成のための行動計画』において，国民全体に求められる英語力が明示され，中学校卒業段階では「挨拶や応対，身近な暮らしにかかわる話題などについて平易なコミュニケーションができる」として，具体的には実用英語技能検定（英検）3 級程度，また，高等学校卒業段階では，「日常的な話題について通常のコミュニケーションができる」として，英検準 2 級～2 級程度という目標が明文化された．同時に，日本人英語教師に対して備えておくべき英語力の目標値として，英検準 1 級，TOEFL 550 点（当時実施された PBT による．現在の iBT による換算で 79～80 点に相当），TOEIC 730 点程度）が示された．これを受けて『「英語が使える日本人」の育成のための行動計画（概要と現状）』内の報告において，その取得状況として公立中学校 3 年生の英検 3 級以上取得者（および同程度）32.4%，公立高等学校 3 年生の英検準 2 級以上（および同程度）30.3%（いずれも平成 19 年度調べ），公立中学校教師の英検準 1 級取得者 24.2%，公立高等学校教員 48.9%（いずれも平成 21 年度調べ）が公表された．

　英検・TOEIC 各公式ページによると，

> 英検準1級：リーダー（品格）の英語・実際に使える英語力・社会生活で求められる英語（社会性の高い分野，内容，話題）を十分理解し，また使用することができる
> TOEIC 730点：会議の案内等の社内文書・通達を，読んで理解できる・自分の仕事に関連した日常業務のやりかたについての説明を理解できる（TOEIC スコアとできることの目安・700～795を参考）

となっており，その是非はともかく「日本人全体の英語力の底上げにはまず教員のレベルアップから始めよ」という積極的な心意気を感じ取ることができる．
　その一方で，こうした具体的な数値目標が設定されると，それが独り歩きし，生徒のみならず教師まで翻弄されかねない，本末転倒な状況が垣間見える．「TOEIC スコアが昇給や昇進に影響する」といった趨勢が，様々な混乱や焦燥に拍車を掛ける．種々のテストが何を意図し，測定するものであるかという本質について熟慮されないままに，点数アップのみが命題として強調される風潮に対して，教師は努めて冷静に反応し，生徒に適切な方向付けを行うべきである．「日本人の TOEFL スコア（当時実施されていた PBT）が諸外国のそれよりも低い」という批判に関して，英語教育学者の鳥飼玖美子は受験者数，母語との言語的距離，セクション別の得点差，世代別の比較といった多面的な分析を行い，「足を引っ張っているのは高校生と大学生．弱点は，文法と読解力の欠如，つまり，基礎力に欠け，読む力がない．（中略）大きく指導方針が転換し，限られた授業時間内に聞くこと，話すことの指導に重点が置かれたのであるから，結果として『読む力』が相対的に弱くなったことは理解できるとしても，それを補うだけの『リスニング力』が高まっているわけではない」（鳥飼玖美子『TOEFL テスト TOEIC テストと日本人の英語力―資格主義から実力主義へ』(2002), pp. 106-107)と述べ，実践的コミュニケーション能力を重視した学習の弊害を指摘している．このことは「単語・文法・訳読学習に相応の時間を費やす日本人は英語を読んだり書いたりするのはまずまずであると肯定的な自己評価を下す」→「その反面，聞いたり話したりするのが苦手という意識が強い」→「故に会話やコミュニケーション活動を小学校など早期の段階から始め，より重視すべき」といった，短絡的な方向付けに対して一石を投じた．
　またテスト得点を測定・解釈する際に，標準誤差 (standard error of measurement [SEM]) についても考慮する必要がある．TOEFL を運営する ETS (Educational Testing Service) は TOEFL iBT (2.2節を参照) において Reading, Listening, Speaking, Writing のセクション順に 3.35, 3.20, 1.62, 2.76

の標準誤差が存在し，総合スコア（0〜120）で5.64の誤差が認められると公表している．また，TOEICのリスニング・リーディングについて調査分析した小泉利恵によれば，両セクションに約25点の誤差が存在しうることを指摘し，総合点を解釈する場合，98点の範囲において上下する可能性があると述べている．さらに関心のある方は，「TOEICスコアの算出方法と解釈方法」と検索をかけるとPDF資料を読むことができる．

　日本人英語教師と生徒を取り巻く環境は，古くは1970年代の平泉・渡部論争（会話と文法のどちらをより重視すべきかについて，両者の主張が分かれ数々の反響を呼んだ．この種の話題は現在でも時折見受けられる）に始まり，学習指導要領がコミュニケーション活動を重視する方向へと改訂され，AETの導入，小学校での英語教育の義務化，大学入試センター試験へのリスニングテスト導入，資格偏重主義への警鐘といった，様々な局面における議論を繰り返しつつ推移している．テストや評価にまつわる諸問題に関しても一様であろう．なお，平泉・渡部論争については，『英語教育大論争』（文春文庫）として文庫本で読むことが出来る（本書第2章「日本における英語教育史」p. 37参照）．

　2020年度を最後に従来型の大学入試センター試験が廃止されることに伴い，特に英語の外部基準テストを大学入学者選抜に活用する動きが一層活発化している．一例として早稲田大学は「英語4技能テスト利用型入学試験」を設け，英検1級・準1級，TOEFL iBT60点以上の取得者への優遇措置を実施している．筑波大学では2018年度の推薦入試より各種の外部検定試験を導入し，CEFRでB1（医学関連学部ではC1）以上のレベルにある受験者を優遇すること，今後は全学科の一般入試にも運用を拡充していくことを公表している（英語4技能試験情報サイト http://4skills.jp/ を参照）．2019年度の時点で文部科学省によって外部試験として認定されているのは，英検，TEAP，GTEC（いずれもCBTを含む），TOEIC，TOEFL iBT，IELTS，ケンブリッジ英検である．

　各種テストのスコアや資格の保持は明確な指標であり，学習動機や目標の一部となりうるが，教師に求められる望ましい資質が単一的ではなく，多様なものを意味することは言うまでもない．指導にあたり良質な教材を選定すること，生徒の意欲を高める効果的な指導案を作成・実践すること，生徒を適切に観察・評価し，その要求に応えること，同僚と問題意識を共有し，改善に努めること，AETとの協働学習を積極的に牽引し，有益な助言を加えることといった，幅広い関心と鋭敏さが教師には求められる．単にスコアや資格の取得といった安直な物差しに留まらず，より多面的な資質を備え，常に向上させようと努めることが，教師の目指すべき指針である．

## 3. 教師の評価

特に大学および短期大学を始めとする高等教育機関においては，FD（Faculty Development）と称される，教育内容および授業の改革に向けての組織的な取り組みが重視されつつある．その一環として，教師が自らの授業を省みることで「自己評価」を行うことも重要な位置付けとされる．大学などの高等教育機関では，通例，学期終了時に受講学生を対象とした授業評価アンケートが実施されており，そこでは主な項目として，自己学習時間や予・復習の有無といった学生自身の取り組みを自己評価させるものと，授業内容や担当教師について評価するものが用いられる．こうした授業アンケートに加えて，教師自身が以下の項目例に沿って自己評価を行えば改善すべき点をより明確にできる．

- 指導内容・授業案・進度は適切であったか
- 生徒の習熟度・理解度の把握は適切であったか
- 教師の声量・発話速度は適切であったか
- 補足資料内容・提示方法は適切であったか

このような自己評価は主観や思い込みに左右され得るので，より客観性の高い評価を実施する上で，他の教師に授業参観を依頼し，感想や助言を求めることが望ましい．また授業を参観する立場に回り，学生の目線に立って授業を振り返ることで，改善点や参考にすべき点を発見できることも少なくない．

## 4. まとめ

近年「アクティブ・ラーニング」の意義が強調され，それに伴い教師に求められる役割が刻々と変化している．授業で知識を伝達し，テストで生徒の記憶・再生能力を測るといった従来の立場から，学習環境を整え，生徒の活動を支援・推進しつつ，ポートフォリオやルーブリックを用いて多面的に生徒を把握する存在への変化は，すでに中学校・高等学校で改革が先行している．2020年度には大学入試センター試験に代わり「思考力・判断力・表現力」を中心に評価する「大学入学共通テスト」が導入されることになるが，それに加えて，英語の授業科目化の繰り上げ（従来の小学5年生から新たに3年生を開始とするもの）を含む新学習指導要領が全面的に実施される．多様化する評価方法に関して，教師自身の見識と能力の向上が一層問われることになる．

## 参考文献

Alderson, C., Clapham, C., & Wall, D. (1995). *Language test construction and evaluation.* Cambridge: Cambridge University Press. ［渡部良典（編訳）(2010).『言語テストの作成と評価——あたらしい外国語教育のために』春風社.］

Bachman, L. F. (1990). *Fundamental considerations in language testing.* Oxford: Oxford University Press. ［池田央・大友賢二（監修）(1997).『言語テスト法の基礎』C.S.L. 学習評価研究所.］

Bachman, L. F., & Palmer, A. S. (1996). *Language testing in practice.* Oxford: Oxford University Press. ［大友賢二・ランドルフ・スラッシャー（監訳）(2000).『実践 言語テスト作成法』大修館書店.］

Brown, J. D. (1996). *Testing in language programs.* Prentice Hall. ［和田稔（訳）(1999).『言語テストの基礎知識』大修館書店.］

Council of Europe (2001). *Common European framework of reference for languages: Learning, teaching, assessment.* Cambridge: Cambridge University Press. ［吉島茂・大橋理枝（他訳編）(2004).『外国語教育 II 外国語の学習・教授・評価のためのヨーロッパ共通参照枠』朝日出版社.］

Educational Testing Service (ETS) (2011). *TOEFL iBT Research Insight: Reliability and Comparability of TOEFL iBT Scores.* Series I, Volume 3. (https://www.ets.org/s/toefl/pdf/toefl_ibt_research_s1v3.pdf) 2018 年 8 月 1 日閲覧

石川祥一・西田正・斉田智里（編）(2011).『英語教育学体系第 13 巻 テスティングと評価——4 技能の測定から大学入試まで』東京：大修館書店.

清川英男 (1990).『英語教育研究入門』東京：大修館書店.

小泉利恵 (2018).『英語 4 技能テストの選び方と使い方』東京：アルク.

小泉利恵 (2010).「TOEIC スコアの算出方法と解釈方法」長崎県立大学国際情報学部国際交流学科英語 FD 会合における資料 (http://www7b.biglobe.ne.jp/~koizumi/TOEIC_Nagasaki_FD.pdf) 2018 年 8 月 1 日閲覧

松沢伸二（著），米山朝二・佐野正之（監修）(2002).『英語教師のための新しい評価法』東京：大修館書店.

峯石緑 (2002).『大学英語教育における教授手段としてのポートフォリオに関する研究』広島：渓水社.

望月昭彦・深澤真・印南洋・小泉利恵（編著）(2015).『英語 4 技能評価の理論と実践——CAN-DO・観点別評価から技能統合的活動の評価まで』東京：大修館書店.

望月昭彦（編著）(2010).『改訂版 新学習指導要領にもとづく英語科教育法』東京：大修館書店.

文部科学省 (2009).『「英語が使える日本人」育成のための英語教員研修ガイドブック』東京：開隆館出版販売.

文部科学省国立教育政策研究所教育課程研究センター（NIER）(2011).『評価規準の作成，評価方法等の工夫改善のための参考資料：中学校外国語』東京：教育出版.

文部科学省国立教育政策研究所教育課程研究センター（NIER）(2012).『評価規準の作

成，評価方法等の工夫改善のための参考資料：高等学校外国語』東京：教育出版．
村上裕美（2012）．『学びのデザインノート　MH式ポートフォリオ大学英語生徒用』京都：ナカニシヤ出版．
中村洋一・大友賢二（監修）（2002）．『テストで言語能力は測れるか――言語テストデータ分析入門』東京：桐原書店．
日本言語テスト学会運営委員会（監修）（2006）．『日本言語テスト学会　言語テスティング用語集・テスティングの実施規範』日本言語テスト学会事務局．
大友賢二（1996）．『項目応答理論入門』東京：大修館書店．
靜哲人・竹内理・吉沢清美（共編著）（2002）．『外国語教育リサーチとテスティングの基礎概念』吹田：関西大学出版部．
投野由紀夫（編）（2013）．『英語到達度指標 CEFR-J ガイドブック』東京：大修館書店．
鳥飼玖美子（2002）．『TOEFL テスト TOEIC テストと日本人の英語力――資格主義から実力主義へ』東京：講談社．
若林俊輔・根岸雅史（1993）．『無責任なテストが「落ちこぼれ」を作る――正しい問題作成への英語授業学的アプローチ』東京：大修館書店．
山田嘉徳・森朋子・毛利美穂・岩﨑千晶・田中俊也（2015）．「学びに活用するルーブリックの評価に関する方法論の検討」『関西大学高等教育研究』6, 21-30.

関連ウェブサイト（公式）
実用英語技能検定（英検）：http://www.eiken.or.jp/eiken/
TOEFL：https://www.ets.org/jp/toefl
IELTS（日本英語検定協会による）：http://www.eiken.or.jp/ielts/index.html
TOEIC：http://www.toeic.or.jp/
CEFR：http://www.coe.int/t/dg4/linguistic/cadre1_en.asp
CEFR-J：http://www.cefr-j.org/index.html

　　公式ページに加えて，各テスト機関や出版社が日本人学習者向けに CEFR に関する情報を提供している．本章では http://www.mlh.co.jp/cefr/ を参照した．CEFR と各種試験との相関については https://eigonotomo.com/hikaku/daigakunyuushi を参考にした．同ページには大学入試センター試験の廃止に伴う「英語外部検定利用入試」（読み書きに加えて聞くこと・話すことを含む4技能に対応した民間資格・検定試験を大学入試に利用するもの）に関する情報も多数掲載されている．
　　次期学習指導要領における CEFR および CEFR-J の活用例として，文部科学省発表の「①現行学習指導要領の成果と課題を踏まえた外国語活動，外国語科の目標の在り方」を参照した．(http://www.mext.go.jp/b_menu/shingi/chukyo/chukyo3/053/siryo/_icsFiles/afieldfile/2016/08/22/1376199_2_2_5.pdf) また同指導要領における Can-Do リストの位置付けに関しては「中教審教育課程部会外国語ワーキンググループ・資料4」を参照した．(http://www.mext.go.jp/b_menu/shingi/chukyo/chukyo3/058/siryo/_icsFiles/afieldfile/2016/01/08/1365351_2.pdf)

（中川　武）

# 第9章　ICT の活用

## 1. 英語教育と ICT

　英語教育では，古くからテクノロジーを活用した教育実践がなされている．カセットテープレコーダーや CD プレーヤーを使って生徒たちにネイティブスピーカーの音声を聞かせることもテクノロジー活用の一例といえるだろう．その一方で，近年のコンピュータをはじめとした IT（Information Technology）または ICT（Information and Communication Technology）の進歩は目覚ましいものがあり，電子黒板や iPad 等のタブレット端末の一般教室への導入も進み，それらを活用した英語教育が求められていることも事実である．IT と ICT はほぼ同義として使われことが多いが，主にコミュニケーションの道具としての活用を強調するときに ICT を用いるようである．本章では，英語教育において，教育機器を生徒同士，教師と生徒などが相互に情報のやり取りを行う際に利用するものと想定しているため，ICT という用語を使用する．

　2017 年 3 月に告示された中学校学習指導要領では，生徒の主体的・対話的な学びを実現するために ICT を活用して学習活動の充実を図ることが求められている．特に，教育課程の実施と学習評価では，主体的・対話的で深い学びの実現に向けた授業改善の方法として「各学校において，コンピュータや情報通信ネットワークなどの情報手段を活用するために必要な環境を整え，これらを適切に活用した学習活動の充実を図る．また，各種の統計資料や新聞，視聴覚教材や教育機器などの教材・教具の適切な活用を図ること」とある．教師は機器の操作等に習熟することはもちろんのこと，それぞれの教材・教具の特性を理解し，指導の効果を高める方法について絶えず研究することが求められており，英語教育においてもこれらを踏まえて教科指導を行っていく必要がある．

そこで本章では，次節でテクノロジーを活用した英語教育の歴史的変遷を概観し，現代に続く ICT を活用した英語教育への流れを説明する．第 3 節では，学習指導要領における ICT 活用の取り扱いについて概観したのち，それを踏まえ，デジタル教科書や電子黒板，さらには日々の教材研究に役立つ ICT 活用例を紹介する．第 4 節では，まとめとして，英語教育における ICT との今後のかかわり方について考える．

## 2. ICT を活用した英語教育の歴史的背景

野澤和典編著『ICT を活用した外国語教育』（2008）によると，テクノロジーを活用した英語教育の試みは 1960～1970 年代に文部省主導で進められた視聴覚教育が最初とされ，特に LL（Language Laboratory）は語学教育専用の特別教室として全国の中学・高校に設置された．LL 教室は 1980 年代中頃までは盛んに使用されていたが，時代が経つにつれてその使用頻度が減っていった．その後，コンピュータ技術の発展と相まって，1990 年代には CALL（Computer Assisted Language Learning）が出現する．CALL とは，文字どおり，コンピュータを活用した言語学習であり，学習者がコンピュータの支援や誘導によって学習を進めていく形態のことである．当初の CALL システムは，それぞれの PC が独立して存在し，学習教材は CD-ROM やフロッピーディスク，または PC 本体に保存されたものを読み取って学習するというスタンドアロン型であったが，その後，LAN（Local Area Network）によってサーバーと接続するネットワーク型へと変化していく．これにより，教師たちは各学習者の成績や学習状況を LMS（Learning Management System：学習管理機能）を通じて管理することが可能になり，その情報をもとに適切なフィードバックが行えるようになった．さらに，インターネット技術の発展により，e ラーニングに代表されるように，最新かつ大量の情報を教材として活用することも可能になった．また，携帯電話やスマートフォン等のモバイルテクノロジーを活用したモバイル学習（m ラーニング）も提案されており，教室の中だけでなく「いつでも・どこでも」学習できる環境が整いつつある．

これまでの ICT 活用例の多くは，CALL 教室や e ラーニングなど，特別な環境での学習が中心だったが，現在は一般教室での ICT 活用による指導方法の開発も進みつつある．第 1 節でもふれたように，電子黒板やタブレット端末は一般教室での積極的な ICT 活用に資する環境を提供している．文部科学省による「学びのイノベーション事業」はこのような時代背景をもとに 2011 年度から始まったものであるが，ICT の特徴を活かして，一斉授業による学

びだけでなく，学習者1人1人の能力や特性に応じた個別学習や学習者同士が教えあい学びあうような協働学習を推進することを目的としたものである．また，ICT の活用は，学習者それぞれの習熟度や誤答傾向に応じたドリル学習を可能にしたり，発音・朗読などの活動の様子を記録・再生して自己評価に基づく練習を行うことで技能の習得や向上が見込めたりするなど，一斉授業における各学習者への個別対応を可能にし，自律的学習を促す有効な手段となり得る．

## 3. ICT の有効活用

### 3.1. 学習指導要領（外国語）における ICT 活用

平成 20 年度版の中学校学習指導要領では，ICT の活用について「生徒の実態や教材の内容などに応じて，コンピュータや情報通信ネットワーク，教育機器などを有効活用」することとなっている．解説によると，その使用目的は生徒の興味・関心を高め，自ら学習しようとする態度の育成，生徒の学習進度に合わせてソフトウェアを使うこと，情報通信ネットワークを使って教材に関する資料や情報を入手したり電子メールによって情報を英語で発信することなどを想定している．

2017 年 3 月告示の中学校学習指導要領でも，ICT の活用は「生徒が身に付けるべき資質・能力や生徒の実態，教材の内容などに応じて，視聴覚教材やコンピュータ，情報通信ネットワーク，教育機器などを有効活用し，生徒の興味，関心をより高め，指導の効率化や言語活動の更なる充実を図るようにする」こととなっており，取り扱う内容等の変更はほとんど見られない．しかし，その活用には十分な配慮が必要であり，「安易に教育機器に頼り過ぎたり，技術的な手法に凝り過ぎたりすることには十分注意が必要である」との警告が追加されている．つまり，ICT 活用の目的が，単に教師側の効率のためということではなく，その使用が学習者である生徒たちにとって効果的であることが大切である．

### 3.2. デジタル教科書と電子黒板

デジタル教科書を常用できる環境の実現を目指して設立された一般社団法人デジタル教科書教材協議会によると，デジタル教科書とは「デジタル機器や情報端末向けの教材のうち，既存の教科書の内容と，それを閲覧するためのソフトウェアに加え，編集移動，追加，削除などの基本機能を備えるもの」であり，教師用と生徒用とに分類することができる．電子黒板などに投影して生徒たち

に見せて指導するものが教師用であり，生徒たちがタブレット等の個々の情報端末で学習するために使うものが生徒用である．「学びのイノベーション事業」以前のデジタル教科書は教師用のものが中心であったが，現在は生徒用の開発も進みつつある．教師用では，紙の教科書の内容を提示するだけでなく，電子黒板の機能を活用して文字を伏せて表示したり，該当箇所をタッチして音声を流したり，フラッシュカードやピクチャーカードを提示できるなどの機能を有している．一方，生徒用では，教科書の文字の拡大・縮小，音声による読み上げなど，個々の生徒の特性に応じてカスタマイズできるようになっている．

　このように，技術的にも内容的にも充実しつつあるデジタル教科書だが，いくつかの問題点も考えられる．まず，生徒各自で情報端末を用意する必要があるという金銭的負担の問題，同時に映像教材などを視聴する場合は，それを可能にするネットワーク回線の整備が必要であるという施設面の問題，さらには十分な使用環境が整ったとしても，生徒たちが授業とは直接関係のないコンテンツを閲覧してしまうなどのモラルの問題などである．これらの問題は容易に解決できるものではないだろうが，まずは，多くの学校で整備されつつある電子黒板と教師用デジタル教科書を授業に活用し，そのメリットを活かすことが現実的かつ大切であろう．

### 3.3. ICT 活用の事例

　近年，授業時に板書の代わりにプレゼンテーション用ソフトで作成したスライドを電子黒板やプロジェクターを用いてスクリーンに投影して使用する例が多く見られるようになってきた．その一番の利点は，板書のために使用する時間を節約できるということがあげられるだろう．教師が板書し生徒たちがそれを書き写す時間をその他の言語活動（発音練習やペア学習など）に割くことができるため，少ない授業時間を有効に活用できる．また，教師にとっては，同じ学年・科目を複数クラス担当する場合に再利用が可能であるということも考えられる．

　一方で，大量の情報を一瞬で教室内の生徒たちに提示できるがゆえに起こる問題点もある．板書であれば生徒たちがノートを書くスピードに合わせて提示すべき情報量を調整するのは比較的容易であるが，プレゼンテーション用ソフトを用いる場合は相応の配慮が必要となってくる．そこで，教師が授業を展開する上で ICT をどのように活用できるかを，授業準備，授業時，そして授業後という3つの段階に分け，一般教室での活用を想定して話を進めていくことにする．

### 3.3.1. 授業準備

　前でも触れたように，プレゼンテーション用ソフトで作成したスライドを授業で用いることも ICT 活用と言えるだろう．教師用デジタル教科書はその内容を充実させてきているが，紙の教科書を使用する際にも補助プリントなどを活用して生徒の理解を促進させてきたのと同様，各教員が補助教材などを作成する機会は少なくないと思われる．その際，教師用デジタル教科書やスライドを一方通行の情報提示に用いているのであれば非常にもったいない．そこで，授業をより双方向的（インタラクティブ）にするためのスライド作成の方法とその際に役立つソフトウェアをいくつか紹介しながら解説していく．

　スライドを作成する際に気を付けるべきことはいくつかあるが，最も重要なのは 1 枚のスライドに盛り込む情報量である．一般教室では，大きなスクリーンにプロジェクターで PC の画面を投影してスライドを見せることになるが，小さな文字で大量の情報を盛り込むのは，見づらいということだけでなく，学習者である生徒たちの理解を妨げることに直結する．プレゼンテーションの基本的作法でも言われているように，1 枚のスライドには 5 〜 6 行程度が理想的とされている．また，プロジェクターで投影する場合，生徒たちがノートに書き写す際の負担軽減にもつながるので，アニメーション機能を利用して，少しずつ情報を見せていくとよいだろう．アニメーション機能を効果的に活用すると，例えば，フラッシュカードの代わりとして利用したり，空欄補充問題の解答欄を伏せた状態で表示し，生徒たちに答えさせながら正答を見せていくといった活動も可能となる．

　次に，音声である．プレゼンテーション用ソフトでは，メニューバーにある「挿入」をクリックすると，「ビデオ」や「オーディオ」などの選択肢が表れ，スライド内に音声ファイルを組み込むことができる．組み込んだ音声やビデオは再生ボタン（▷）を押すことで簡単に視聴できる．教科書の音声であれば，教師用指導書の付録 CD の音声をパソコンのハードディスクに保存しておけばよいのだが，英文テキストのみで音声がない教材も多数存在する．また，独自で作成したプリント教材に音声を加えたい要望もあるだろう．今までであれば，ALT に英文を読んでもらい，それをカセットテープや CD などに録音していただろうが，時間的な制約もあり，あまり現実的な方法ではないだろう．そのようなときに便利なのが音声合成の技術である．音声合成の技術は TTS（Text to Speech）と呼ばれており，文書作成ソフトで書かれたテキスト文書を音声に変換する技術のことである．例えば，Google 翻訳にもこの機能が備わっており，テキスト入力画面にあるスピーカーアイコン（🔊）をクリックすると音声合成技術で生成された音声が流れる．HOYA の GlobalvoiceEnglish3

はこの技術を利用した英語教材作成用の
ソフトウェアであるが，アメリカ英語と
イギリス英語を男性・女性それぞれの合
成音声で読み上げることができ，会話文
をより現実味を帯びた形で作成すること
が可能である．また，合成音声の保存機
能はもちろんのこと，読み上げスピード
やピッチ調整なども簡単にでき，生徒た
ちの英語力に合わせて，ゆっくり，そし
てはっきりと発音させるなどの調整も可

図1　GlobalvoiceEnglish3 の編集画面

能である．Web 上に試用版が公開されており，一部ではあるがその機能を無料で試すことができる．

　その他，外部接続が可能な LAN が整備されている教室では，スライド内に Web サイトへのリンクを貼り付けておけば，授業時に最新の Web ページを見せることができる．理想的には，生徒各自の持つタブレット端末などで同じページを閲覧できればよいのだろうが，それだけのアクセスに耐えうる LAN 環境を持つ学校は多くはないだろうし，教師用 PC だけでの Web サイトへのアクセスや閲覧にとどめたほうが現実的であると思われる．もし，教室内にLAN がない場合には，事前にそのページにアクセスしてデータを PC に保存しておけば，実際にインターネットにつないでいるようなイメージでの授業も可能である．

### 3.3.2. 授業時

　第 2 節でも触れたように，2011 年度から始まった「学びのイノベーション事業」は，ICT の活用によって，一斉授業による学びだけでなく学習者 1 人 1 人の能力や特性に応じた個別学習や学習者同士が教えあい学びあうような協働学習を推進することを目的としている．そこで，ここでは，教師が主導で行う一斉授業での活用に加え，個別学習や協働学習での活用も見ていくことにする．

　まず，一斉授業の場面である．電子黒板やプロジェクターに接続した PC は基本的には持ち運びはできず，教卓上に置いて使用することが基本となるが，教師が机間指導を行って生徒たちの活動状況をモニターすることも授業運営には大事な作業である．そのようなとき，Bluetooth 機能を備えた無線マウス，スピーカー，そして携帯型音楽プレーヤーなどの活用が有効である．Bluetooth とは，デジタル機器の近距離でのデータ通信に使う無線通信の技術であ

り，近年では，スピーカーやイヤホン，携帯電話など様々なデジタル機器に対応している．インターネット接続に使用する無線 LAN とは異なり，1 対 1 の機器同士の通信である．使用する際には，接続元（Bluetooth 機能を搭載した PC やスピーカーなど）とペアリング（機器の認識作業）が必要となるが，一度認識されれば 2 回目以降はその作業は必要ない．通信可能な距離は 10m 程度までであり，一般教室内であれば，ほどの場所からも通信可能である．例えば，スライドのページ送りや戻しには Bluetooth マウスの使用が有効である．矢印やマーカーペンなどの機能が使用しにくいという欠点はあるが，教師は教室内のどの場所からでもスライドのページを変えることができるので，机間指導しながら授業を進められるという利点がある．最近では，同様の機能を備えたレーザーポインターも多数出ており，画面上の重要なポイントを指示しながら授業を進めたいという場合にはこちらを使用するのも一考である．また，音声指導時には，ノート PC やタブレットに内蔵されているスピーカーでは音量が小さすぎて教室での使用には適さないため，Bluetooth 接続が可能な外付けスピーカーの活用が効果的である．先述の Bluetooth マウスと併用することで，PC の近くにいなくても音声ファイルを再生することが可能になる．さらに，携帯型音楽プレーヤーの多くに Bluetooth 機能が備わっているため，ノート PC を使わない授業のときも，教科書の音声データを保存しておくことで，教室内の至るところから音声を再生することが可能になり，机間指導時における生徒たちの活動状況の把握に有効である．

　次に，個別学習と協働学習の場面である．まず，個別学習についてであるが，各学習者が個人用のタブレット端末を所有している場合，一斉授業で学習した内容に関する練習問題を解いたり，確認テストを受けたりするという活用法が考えられる．これらの活動は紙の教科書やプリント教材でも実施可能であるが，デジタル教材の場合は即時に正答を確認できる，個人のペースで取り組めるなどのメリットがある．さらに，日本語訳なども確認できるため，従来は一斉授業で行っていた全訳などの確認作業の時間を節約でき，余った時間をペアワークやグループワークなどの活動に振り分けられるといったメリットも得られる．なお，個人用のタブレット端末がない環境では，従来通りのプリント教材で対応し，正答をスライドで表示して時間の節約を図るといった工夫をするとよいだろう．

　このようなドリル的活用に加え，個別学習を協働学習につなげる活用例も考えられる．タブレット端末で各自が調べ学習を行い，そこで学んだことや調べてわかったことなどを教え合い，学び合うというものである．例えば，英語で自分たちの住む地域の環境や歴史を紹介するという課題を想定した場合，イン

ターネットで情報を収集し，ペアやグループでそれらの情報を共有する．その後，議論を経て取捨選択された情報を皆で協力して英語に直していく．その際，Web 上の辞書サイトや翻訳サイトなどの活用も考えられるだろう．そして，最終的には，皆で作った紹介文を一斉授業でプレゼンテーションするといった発展的な活動につなげることも可能だろう．ICT のその他の具体的な活用事例や指導案については，一般財団法人英語教育協議会（ELEC）が提供する「えいごネット」内の事例・指導案を扱うページに参考となるリンクがまとめられており，日々の授業計画をする上で大変有益である．

### 3.3.3. 授業後

授業を終えた後に教師が行うべきことは，学習者である生徒たちの学習成果の測定と評価であろう．特に，授業で教え学んだ内容がどれだけ身についているかを知ることは，学習者だけでなく教師にとっても授業改善への重要な手がかりとなる．しかし，試験問題の作成や採点，その結果を分析するのは手間のかかる作業である．ここでは，問題作成や採点，成績の分析・評価に役立つソフトウェアの紹介とその活用法について説明していく．

まず，授業時に学習した内容に関する試験問題の作成には，本文のテキストデータが必要になる．各社の検定教科書の教師用指導書には，教科書全文のテキストデータや定期試験のサンプル，さらに，そのデータを活用したテスト問題作成ソフトなども含まれており，教師がテキストを手入力するような手間は省かれつつある．一方で，例えば，長文読解用の副読本や市販の単語帳など，教科書とは別に授業で利用している教材には，そのようなデータが提供されていない場合も多々ある．このようなときに役に立つのが文字認識（optical character recognition; OCR）ソフトである．使用方法は，スキャナを利用して教材を画像データとして保存した後，文字認識のためのソフトウェア上でそのファイルを開き，該当箇所を指定してテキストデータ化させるという比較的簡単なものである．ソフトによって多少の違いはあるが，一般的に，印刷文字のアルファベットの認識精度は高く，日本語と混在した場合は精度が下がってくるようである．最近は，家庭用の小型プリンタ複合機（プリンタとスキャナが一体型になったもの）にこのソフトが同梱されている場合が多い．

次に，リスニングテスト作成に役立つソフトウェアの紹介である．文字データ同様，教授用の音声 CD などが提供されている場合がほとんどであり，それを活用するのが一般的だと思われる．しかし，不要な部分を削除したり，繰り返し同じ箇所を聞かせたりしたい場合などは，その都度 CD プレーヤーを操作するのは手間がかかったり，操作ミスによって音声が正しく流れないなど

の可能性も考えられる．そこで，事前にリスニングテスト用の音声CDを自作しておくのが有効であるが，その際に役立つのが音声編集ソフトである．ここで，具体的なソフトウェアを見る前に，音声ファイルの保存形式について確認しておきたい．音声ファイルの保存形式にはwav形式やmp3(またはmp4)形式などが存在するが，両者の1番の違いはデータの圧縮率の違いである．wav形式は，音声CDの音源をほぼそのままの品質で保存するためデータ量は大きくなるが，mp3形式の場合，人間の可聴域を超える周波数のデータを削除して保存するため，多少の音質の劣化はあるものの，データ量は小さくて済むという利点がある．近年発売されているCDプレーヤーは両者の音声ファイルに対応しているものがほとんどであり，その差をあまり気にする必要はなくなってきているが，音声編集ソフトではwav形式のファイルでないと編集できない場合もあり，mp3形式の音源はwavファイルに変換してから音声を編集するという作業が必要になる．ファイル変換用のソフトウェアもフリーフェア(無償，もしくは寄付などのソフトで，そのほぼ全機能を使用できる)を扱うサイトで提供されている．音声編集ソフトには，プロの音楽家が使用する高価なソフトも多数存在するが，そのようなソフト並みの機能を有するフリーウェアもいくつか存在する．

ここでは，筆者も利用しているSoundEngine Free (株式会社コードリウム)を例に見ていきたい．画面上には，編集する音声データが波形となって表れており，編集したい箇所を塗りつぶし，繰り返す場合は「コピー & ペースト」，削除したいときは「切り取り」など，まさにワープロ感覚での編集作業が可能となっている．その他にも，音声間

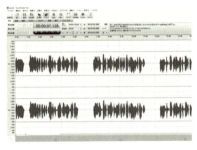

図2　SoundEngine Free の編集画面

の無音時間の増減，再生速度や音量の変更なども行える．マウスのみでほとんどの作業が完結できるということで，パソコンにあまり詳しくない教師でも利用しやすいソフトである．同様のソフトでAudacity (Audacityプロジェクト)というソフトもあり，実際に使用してみて，より使いやすい方を選択するとよいだろう．

テストが作成できたら，その後は採点業務を省力化するソフトウェアの活用法について見ていきたい．テストの形式には，大きく分けて記述式と選択式の2つが考えられるが，特に記述式の採点は手間のかかるものである．しかし，学習者が英単語の正しい綴りを覚えているかどうかを確認するためには，記述

式テストでないと確認しにくいというのも事実である．一方で，選択式の問題をわざわざ記述式にする必要はなく，マークシートの活用ということが考えられるが，専用機を利用するマークシートの場合，専用紙1枚あたりの単価が高く，利用を躊躇してしまうだろう．

そこで，マークシート読取専用機と専用紙を使用する代わりに，Area61が提供するシェアウェア（ダウンロード後，一定期間は無料で使用できるが，継続使用の際にはライセンスの購入（有料）が必要）とドキュメントスキャナを活用したシステムを紹介したい．このソフトは，文書作成ソフトで設計した自作の解答用紙をスキャナで読み込んで採点するものである．作成した解答用紙は，マークエディタというソフトで読み込み，マーク欄の位置情報を保存した基準ファイルを作成する．その後，マークリーダというソフトを用いて，読み取った画像と基準ファイルを指定してから一括処理させると，それぞれの解答用紙の記入箇所が数値として出力されるというものである．出力されたデータを表示するウィンドウには配点や正答を入力する場所があり，結果の保存を行うと合計点が自動的に計算される仕組みになっている．

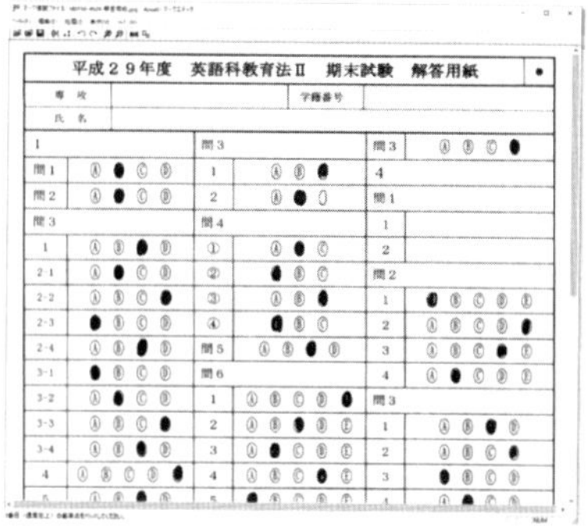

このシステムの最大の利点は，安価にマークシートを利用したテストが実施で

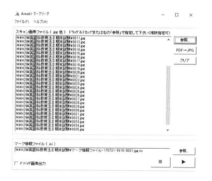

図3　マークエディタと自作マークシートの例

図4　マークリーダ処理画面

きるという点である．このシステムでは，専用紙は使わずにコピー用紙（A4が基本）を使用するので，低コストで解答用紙を作ることができる．さらに，デザインやレイアウトにも自由度があるため，専用紙ではなかなか実現しにくい記述式問題と併用の解答用紙を作成することも可能である．一連の処理を行う前に，生徒たちの解答用紙を画像ファイルとして読み込んでおく必要があるが，フラットベッド式（コピー機のようなもの）のスキャナでは手間がかかるので，ScanSnap（株式会社PFU）等のドキュメントスキャナや自動紙送り（Auto Document Feed; ADF）機能のついたプリンタ複合機を使用するのが効

果的である．短所としては，天候によってはスキャナで読み取る際に紙詰まりが起きやすかったり，生徒のマークの塗り方によっては誤認識が起きたりする可能性もあるが，筆者がこれまで使用してきた経験から判断すると，実用性では特に問題のないレベルであるといえる．

## 4. ICT とのこれからの関わり方

　本章では，テクノロジーを活用した英語教育の歴史的な流れを概観し，英語授業での ICT 活用法を授業の流れを踏まえて説明してきた．コンピュータを始めとする ICT 技術の進歩はめざましく，以前はできなかったことがここ数年でできるようになったというような事例も少なくない．しかし，英語教育の目的はあくまでも学習者の英語力の向上にあり，2017 年告示の中学校学習指導要領解説にもあるように，むやみに ICT に頼るというのは本末転倒である．そこで，まとめとして，英語教育における ICT の位置づけと今後のかかわり方について述べることとする．

　これまでの英語教育における ICT 活用の事例の多くは，知識が豊富で積極的な一部の英語教師が中心となって進めてきたものであり，その他の多くの英語教師はむしろその使用を避ける傾向にあった．また，CALL 教室や安定した LAN 環境が備えられた教室など，理想的な環境を想定した活用事例が多く，一般教室での ICT 活用事例はあまり報告されてこなかった．その理由はいくつか考えられるが，1 番の問題は PC などの機械そのものの動作の不具合が多く，その対応で授業の大半がつぶれてしまい，本来行うべき英語の授業ができなかったということだろう．確かに，一昔前の PC では，突然 OS が起動しなくなったり，使用中にいきなりソフトウェアがフリーズするなど予測不能な不具合が頻発しており，あまり知識のない教師が活用するのは困難であったことは事実である．しかし，現在は，動作も安定し，かつ複雑な作業をしなくてもプロジェクターや他の機器との接続も容易になってきており，積極的に活用していきたいものである．

　その一方で，常に進化している ICT の最先端に乗り遅れないようにしていかなければならないというような強迫観念に駆られる必要はない．これまでも，例えば，カセットプレーヤーのすべての機能を使いこなしていた教師がどれだけいただろうか．おそらく，再生，巻き戻し，早送りだけでほとんどの作業は済んでいただろう．ICT も同様であり，機器が持つ一部の機能を利用しているに過ぎず，今後，より高性能なものが出現しても，基本操作や活用法はあまり変化しないと思われる．また，これまでの教育や学習で用いられてきた

黒板やノートが無くなるということもないだろう．つまり，ICTはあくまでも英語教師や生徒の補助的な役割ということになるだろうし，むしろそうしていかなければいけないと思う．ICT と従来の教育・学習手段それぞれのメリットやデメリットを適切に理解した上で ICT を活用し，より生徒たちにわかりやすく興味・関心が高まる授業が提供できるように努力していくことが，今後の教師と ICT との関わり方に求められているものではないだろうか．

本文で取り上げたソフトウェアの詳しい情報やダウンロード方法は以下のサイトにある．GlobalvoiceEnglish3 以外は無償でダウンロードできるが，Area61 マークリーダは継続使用する場合，ライセンスの購入が必要である．

HOYA VoiceText（Globalvoice シリーズ）
http://voicetext.jp/
（http://voicetext.jp/products/globalvoice）
SoundEngine Free
http://soundengine.jp/
Audacity
https://osdn.jp/projects/audacity/
Area61 マークリーダ
http://www.area61.com/markreader/

## 参考文献

唐澤博・米田謙三 (2014).『英語デジタル教材作成・活用ガイド』東京：大修館書店．
北尾謙司 (1993).『コンピュータ利用の外国語教育——CAI の動向と実践』東京：英潮社．
文部科学省 (2014).『学びのイノベーション事業実証研究報告書』文部科学省生涯学習政策局情報教育課．
野澤和典 (1993).「CAI／CAL／CALL／CALLL とは何か」北尾謙司監修『コンピュータ利用の外国語教育——CAI の動向と実践』(pp. 2-10)．東京：英潮社．
野澤和典 (2008).「ICT への道（歴史）」吉田晴世・松田憲・上村隆一・野澤和典（編著）『ICT を活用した外国語教育』東京：東京電機大学出版．
総務省 (2014).『教育分野における ICT 利活用推進のための情報通信技術面に関するガイドライン（手引書）2014』総務省情報流通行政局情報通信利用促進課．

参考 Web ページ
一般社団法人デジタル教科書教材協議会：http://ditt.jp/

英語教育ポータルサイト『えいごネット』：http://www.eigo-net.jp/
文部科学省「学びのイノベーション」：http://jouhouka.mext.go.jp/school/innovation/

(奥山慶洋)

# 第 10 章　発音の指導と評価

## 1. 英語の音を理解する：音素認識力

　教室で「エイゴ（英語）」という単語にはいくつの音があるかと質問すると，たいてい3つという答えが返ってくる．生徒は日本語のカナ1字を1音ととらえやすいが，英語の音を正しく理解するためには，まず「音素（phoneme）」の単位で音を認識する必要がある．

　音素とは音声言語の意味の違いを生じる音の最小単位を指す．音素は，/p/ や /b/ のようにスラッシュ（/　/）で囲んで表記する．例えば，pig の /p/ と big の /b/ ように，音素が対立すると語の意味が区別される．いわゆる母音（vowel：発音に際して呼気が舌，歯，唇などの発音器官に妨げられずに肺から口の外へ出る音）や子音（consonant：呼気の流れが発音器官で止められたり，邪魔されたりして出る音）は音素であり，個別に分割できることから特に「分節音素（segmental phoneme）」と呼ばれる．本章では，音素のみならず単語の発音も /　/ を用い音素表記を行うこととする．

　一方，イントネーションの型，強勢（stress）の強さや位置なども意味の違いを生じさせる要因である．例えば，同じ形の文でも，文末を下降調のイントネーションで発音すると「陳述」の意味に，上昇調で発音すると「疑問」の意味になったりする．あるいは，gréenhòuse は「温室」，gréen hóuse は「緑の家」というように，どの音節を強く発音するかによっても意味が変わる．このように文のイントネーションや語句の強勢で意味が変わるわけだが，これらの例では，個々の分節音素よりもさらに大きな単位（音節，語句や文）にかかわることから，音声学では「かぶせ音素」あるいは「超分節音素（supra-segmental phoneme）」と呼ばれる．また，特に発話の観点から韻律あるいはプロソディ（prosody）と呼ばれることもある．

音素についての繊細な感覚を育てることは，発音，音読，綴り（spelling）など様々な領域にプラスの効果をもたらすことが明らかになっている．音素に対する意識は，音素認識力（phonemic awareness）と呼ばれており，音素認識力を育てることは，英語の母語話者にとっても読み書き能力を向上させるための基本とされている．

音素を一部変えるだけで全く別の単語を意味することがイメージできるようになれば，音素への知覚が向上していることの表れと言える．例えば，「cat /kæt/ の語頭の音素を /p/ や /b/ に替えて発音せよ」と言われたとき，それぞれ瞬時に /pæt/, /bæt/ と発音できることは，音素認識力が育っている証拠になる．

音素という最小単位で音を判別し，音素の組み合わせによって単語の音が構成されることを理解し，対象の単語と他の単語との比較をすることで，音素への意識が段階的に磨かれていくのである．

アルファベットの発音については，「名称読み」と「音読み」がよく知られている．アルファベットの名称読みとは，ABC を /eɪ/, /biː/, /siː/ と読むことであり，音読みとは，/æ/, /b/, /k/ と読むことである．音読みはしばしば「アブクドゥ読み」と言われることもあるが，個々のアルファベットの音素の発音のことを指している．名称読み，音読みの両方を身に付けることは英語学習の基礎として重要である．

## 2. 発音指導の背景

### 2.1. 発音記号の歴史

発音を記述するのに，一般には発音記号（phonetic symbol / alphabet）ないし音声表記（phonetic notation）が用いられる．発音記号は，国際音声記号ないし国際音標文字（International Phonetic Alphabet, IPA）に基づいている．IPA は，あらゆる言語の音声を文字で表記することができるように，国際音声学会が定めた記号で，1 つの IPA と 1 つの音素は対応している．

イギリスの音声学者 Daniel Jones は IPA に基づき，英語の発音の記述や解説書である 1917 年の *English Pronunciation Dictionary* をはじめ，多くの音声学の研究成果を発表した．彼は，音素の概念を明確にしたり，基本母音を決定したり，イギリス英語の標準的発音として「容認発音」（Received Pronunciation, RP）を定めるなど，音声学，英語教育に多大な影響を与えた．

日本の英和辞典類ではこの Jones の発音表記方式を大正時代から長年採用してきたが，Jones 方式では，例えば it と eat, book と boot, lot と law の

母音はそれぞれ /i/, /iː/ と /u/, /uː/ と /ɔ/ (RP) と /ɔː/ のように同じ記号を用いて表記される．これには元々短母音と長母音の間には音質的な違いがあることが前提で，長さの違いだけを表示したものであるが，同じ記号が使われていたために，特に学習者は2つの母音は単に「音の長さだけが違う」と誤解することが多かった．

イギリスの音声学者 Alphred C. Gimson は 1962 年に *An Introduction to the Pronunciation of English* を著し，1977 年には Jones の辞典の改訂も行った．その最も大きな功績は，音の長さだけではなく，「音質」の違いも明示できる表記方法を開発したことである．これによれば，上に示した単語は，それぞれ /ɪt/, /iːt/, /bʊk/, /buːt/, /lɒt/ (RP の発音，「一般アメリカ英語」(General American, GA) は /lɑːt/), /lɔː/ のように別の記号で表記されるので音質の違いが明確になる．ここ20年近くの間に，日本でも Gimson 式を採用する英和辞典が増えている．Jones の発音辞典は，たびたびの改訂を経て *Cambridge English Pronunciation Dictionary* に引き継がれ現在に至っている．

一方，アメリカ英語については，アメリカの言語学者・音声学者の John S. Kenyon と Thomas A. Knott が IPA を基に 1944 年に出版した *A Pronouncing Dictionary of American English* で使われている Kenyon 式が版を重ね，アメリカ英語の発音の基本となってきた．さらに最近ではイギリスの音声学者 John C. Wells による *Longman Pronunciation Dictionary* (1990) の表記方法も用いられてきている．

どのような発音の記述方式を用いているかによって，特に母音の発音記号は辞典間で違いがあることも多い．教師としては自分や学習者が頻繁に使用する辞典の発音記号と「発音の解説」などには十分目を通しておく必要がある．教科書と辞典類の発音記号の対応などについても事前に確認をしておきたい．

また，本章では，アメリカ英語の発音を基本とし，主に Gimson 式を採用している『ジーニアス英和辞典（第5版）』(2014) の発音表記に従う．イギリス英語の発音は，ここでは詳しく扱わない．また，本章での説明は厳密な音声学的解説ではないことも予め明記しておく．

### 2.2. 発音と綴りの関係
#### 2.2.1. 規則性と不規則性

英語の発音と綴りの関係は規則性が見られるものとそうでないものがあるため，複雑で難しいとみなされることが多い．以下は子音と母音の発音と綴りの例をまとめたものである（表1, 2, 3参照）．

表1　子音の発音と綴りの例

| 音素 | 綴り | 音素 | 綴り |
| --- | --- | --- | --- |
| /b/ | babble, bow, pub, tube | /ʒ/ | measure, rouge, decision |
| /p/ | pear, appear, tip, hope | /ʃ/ | shoe, sure, function, machine, mesh |
| /d/ | dawn, peddle, build, made | /h/ | hotel, who, behind |
| /t/ | tie, latter, cite, coat | /tʃ/ | chair, lunch, question |
| /g/ | gross, blog, finger, stronger, vogue | /dʒ/ | gentle, just, gauge, imagine |
| /k/ | chorus, cake, kind, quick, square, think | /m/ | muscle, climb, team |
| /v/ | vague, even, love | /n/ | neutral, dinner, fine |
| /f/ | food, phrase, enough, graph, off | /ŋ/ | sing(er), strong, think |
| /ð/ | there, bathe, smooth | /l/ | lay, all, bottle, ideal |
| /θ/ | thorough, athlete, bath | /r/ | arrange, radio, brand |
| /z/ | zeal, news, season, gaze, praise | /w/ | walk, quite, sweet |
| /s/ | ceiling, scene, soup, precise, mass, fix | /w/ | when, which, why（＋米音 /hw/） |
| | | /j/ | cute, unique, yacht |

表2　強勢が置かれる母音（stressed vowel）の発音と綴りの例

| 音素 | 綴り | 音素 | 綴り |
| --- | --- | --- | --- |
| /iː/ | bee, key, seat | /uː/ | chew, cue, pool, through |
| /ɪ/ | physical, sit | /ʊ/ | pull, wool |
| /eɪ/ | great, say, tail, tale | /aɪ/ | pile, pint, sign, shy |
| /e/ | meadow, said, says, tell | /aʊ/ | allow, pound |
| /æ/ | cap, hat | /ɔɪ/ | point, toy |
| /æ/ (英音 /ɑː/) | bath, castle, half | /ɪər/ | ear, peer, |
| /ɑː/ | calm, father | /eər/ | care, pair |
| /ɑː/ (英音 /ɒ/) | collar, hot | /ʊər/ | poor, pure, tour |
| /ʌ/ | color, hut | /ɑːr/ (/ɑər/) | car, park |
| /ɔː/ | call, law, thought（＋米音 /ɑː/） | /ɔːr/ (/ɔər/) | door, pour |
| /ɔː/ (英音 /ɒ/) | cough, long（＋米音 /ɑː/） | /əːr/ (英音 /əː/) | bird, pearl, surface |
| /oʊ/ | coat, hope, only, snow, though | | |

第 10 章　発音の指導と評価

表 3　強勢が置かれない母音（unstressed vowel）の発音と綴りの例

| 音素 | 綴り | 音素 | 綴り |
| --- | --- | --- | --- |
| /ə/ | genius, about, into（子音の前で） | /ɪ/ | romantic, interesting |
| /ər/ (/ɚ/) 英音 (/ə/) | better, junior | /oʊ/ | hotel, tomorrow |
| /i/ | city, movie, recipe | /u/ | manual, into（母音の前や文末で） |

　書記言語において意味の区別を生じる図形の最少単位を書記素（grapheme）と言う．言い換えれば，ある音素（例：/s/）を表記する文字や記号（例：sun や cent の s や c）を指す．/fʌn/——fun のように，音素—書記素対応で発音できるものは規則的な発音とされており，/ɪnʌf/——enough のように，例外的な要素を含むものは，通常，不規則な発音として分類される．発音と綴りの対応関係は，上のリストだけでは網羅しきれない部分があるので，その都度辞書等で確認することが望まれる．なお，Paul I. S. Nation の *Teaching ESL/EFL reading and writing*（2009）には単語の音と綴りに関する規則性についてさらに詳細なリストが掲載されているので，より厳密な規則性と不規則性を調べたい場合には，そちらを参照されたい．

　音から綴りの関係性（sound-letter correspondence），そして綴りから音の関係性（letter-sound correspondence）の 2 方向では，捉え方に多少のずれがあることも注意しておきたい点である．例えば，/iː/ の綴りは <e>, <ee>, <ea>, <ei>, <ie>, <i>, <ey> と複数あるため，どれが規則的でどれが規則的でないかを説明するためには，音と綴りの分布などを詳しく調べる必要がある．ここで挙げた例に関して述べるならば，<e>, <ee>, <ea> は /iː/ の音を文字にするときの一般的な綴りであり，<i>, <ie>, <ei>, <ey> などは分布の頻度がさほど多くないため，やや不規則なものになる．これは「音→綴り（sound-letter）」の関係である（音と綴りの対応に関する分布については，先行研究を基に成田圭市『英語の綴りと発音「混沌」へのアプローチ』(2009) でリスト化されているので，詳細はそちらを参照されたい）．

　一方で，「綴り→音（letter-sound）」の関係の場合，<ie> の音は /iː/ という説明に尽きる．規則性については先ほどと同様に使用頻度を基に考える必要があるが，基本的には「音→綴り」の関係性のほうがより多くのパターンを想定しなくてはならないため，習得するのに時間がかかると言える．このような関係性については教師として心得ておきたい．生徒の習熟度に応じて授業中の雑談の種にもできよう．

conscious, foreign, yacht など，特に発音と綴りの関係が不規則な語の綴りは，子供だけでなく大人の英語母語話者も綴りを間違えやすい．このような語については，実際の発音にかかわらず綴りのままに発音しながら綴りを覚える方法も推奨されている．Turkan Ocal & Linnea C. Ehri による "Spelling pronunciations help college students remember how to spell difficult words" (2017) の研究では，大学生にも「つづり字発音」(spelling pronunciation) が綴りの学習に有効であったと報告されている．

母語話者にとっても音と綴りを結びつける能力は学習によって身に付けるものであることが垣間見える．ではなぜ発音と綴りの関係に不規則性が存在するのだろうか．これには歴史的な背景が深く関係している．母音の発音変化の最大の原因は，15世紀のはじめから17世紀にかけて生じた大母音推移 (great vowel shift) という現象である．詳細は省くが，様々な歴史を経て英語という言語が確立するまでの間に，数多くの例外がそれぞれの理由で複雑に追加されていったと考えておくと良いであろう（興味関心のある方は，安井稔・久保田正人著『知っておきたい英語の歴史』(2014)，堀田隆一著『英語の「なぜ？」に答える はじめての英語史』(2016) 等を参照されたい）．

規則的なものと例外的なものを学ぶことは，英語の単語を正しく発音するために必要不可欠である．日本語では，1つの仮名に様々な読み方がある，ということはないため，発音と綴りの複雑な関係は，生徒にとって最初の難関とも言える．

### 2.2.2. 黙字について

黙字 (silent letter) とは，その名のとおり「発音されない文字」のことである．黙字に関する知識は，英語の音と綴りの関係を考えるときには避けては通れない側面である．例外的な音と綴りの関係として，黙字についても簡単にまとめておく．黙字には大きく分けて，(a) その単語では発音されないが，同じ形態素（言語の意味の最小単位）を含む別の語では発音される場合（そのような文字を「不活性文字 (inert letter)」という），(b) その文字は発音されないが，他の綴りの発音に影響する場合（「補助文字 (auxiliary letter)」），(c) 何も役割を持たない場合（「空文字 (empty letter)」）の3つがある．例えば sign (/saɪn/) では <g> は発音されないが, signature (/sígnətʃər/) では発音される．これは (a) の場合である．また，knife (/naɪf/) の語末の <e> は黙字であるが，直前の <i> を二重母音 /aɪ/ と発音するために必要で，これは (b) の例である．一方，語頭の <k> は全く発音に影響を与えていないので，(c) に分類できる．このように，1つの単語の中にも複数の黙字が含まれている場合

があり，すべてを暗記することは難しい．

　語頭の <k>（例：knee, know），語中の <gh>（例：might, right），語末の <b>（例：climb, comb）のようにある程度パターン化できる黙字もあるが，黙字については生徒のみならず，教師自身も日頃から意識的に確認するように心掛けたい．

### 2.3. 学習指導要領における発音指導

　平成20年版の小学校学習指導要領では，「アルファベットなどの文字や単語の取扱いについては，児童の学習負担に配慮しつつ，音声によるコミュニケーションを補助するものとして用いること」，「読むこと及び書くことについては，音声面を中心とした指導を補助する程度の扱いとするよう配慮し，聞くこと及び話すこととの関連をもたせた指導をする必要がある」とされている．一方，平成29年告示の新学習指導要領では，名称読みは小学校における指導対象として明確に位置付けられている．一方，音読みは，5，6年生において「音声で十分に慣れ親しんだ簡単な語句や基本的な表現の意味が分かるようにする」ために，「児童の学習の段階に応じて，語の中で用いられる場合の文字が示す音の読み方を指導すること」にとどめることとされており，発音と綴りの関係の体系的指導は，中学校での指導対象となっている．

　また，発音指導に関しては，小学校，中学校，高校を問わず，一貫して「現代の標準的な発音」が指導対象とされている．「標準的」については，平成29年版の小学校と中学校の学習指導要領解説によれば，以下のように説明されている．

> 英語は世界中で広く日常的なコミュニケーションの手段として使用され，その使われ方も様々であり，発音や用法などの多様性に富んだ言語である．その多様性に富んだ現代の英語の発音の中で，特定の地域やグループの人々の発音に偏ったり，口語的過ぎたりしない，いわゆる標準的な発音を指導するものとし，多様な人々とのコミュニケーションが可能となる発音を身に付けさせることを示している．

　さらに，現行の平成21年版でも，新しい平成30年度版でも，高等学校学習指導要領では，「様々な英語が国際的に広くコミュニケーションの手段として使われている実態にも配慮すること」とされており，高校段階では，母語話者の英語だけでなく，「世界の諸英語（World Englishes）」の実態にも目を向けることが期待されている．

## 2.4. 母語話者の発音
### 2.4.1. 発音の多様性

母語話者の英語と言えば，イギリス英語，アメリカ英語，オーストラリア英語などとよく言われるが，これらはあくまでも便宜的な分類に過ぎない．それぞれの母語話者が全員ある特定の英語を使用しているわけではないことはよく知られている．

特に発音については，実際には国内に多くの方言，ないし訛り (accent) が存在している．話しただけで出身がわかるとも言われており，特にイギリスでは発音の訛りについて母語話者自身の関心も高い．イギリスでは，イングランド，スコットランド，ウェールズ，アイルランドなどの地域的な差異が大きく，ロンドンのコックニー訛りなど，社会階層的な発音の違いも顕著である．国が異なる場合はもとより，同じ国内でも，方言によっては英語が通じにくいことも多い．また，イギリスほどではないが，アメリカ英語も北部と南部，西部と東部ではそれぞれの発音の特徴があるとされている．

bath はアメリカでは /bæth/，イギリスでは /bɑ:th/ と発音されること，take は英米ともに /teɪk/ が標準であるが，オーストラリアでは /taɪk/ と発音されることなど，特に母音に関しては，英語を母語とする人々の間でも多くの多様性が見られることは有名である．しかしながら，発音の多様性は母音に限ったことではない．例えば，アメリカでは hotel は /hoʊtél/ と /hóʊtəl/ のように強勢の位置が異なってもよい．suggest は，イギリスでは /sədʒést/ が標準であるが，アメリカでは /səgdʒést/ と /g/ を入れて発音されることも多い．同様に，かつては often を /ɑ́:ftn/ と /t/ を入れて発音すると教養がないなどと見なされることが多かったが，近年では英米を問わず，教養とは無関係に発音されることも増えてきている．

教師は自分の見知った発音だけでなく，発音はむしろ多様であることを理解し，折に触れて確認する姿勢が重要である．

### 2.4.2. 標準的発音

上で見たように母語話者の英語自体，実際には様々な発音があるが，生徒の混乱を避けるためにも，特に入門期には「標準的な発音」をモデルとして示す必要がある．「標準的 (standard)」という概念は，一般に，(a) 教養人・知識人によって広く用いられる，(b) 公共の放送メディアで正式に用いられる，と定義される．米英に限った場合，アメリカでは「一般アメリカ英語」(General American, GA)，イギリスでは「容認発音」(Received Pronunciation, RP) がそれに該当する．

GAは，アメリカ中西部の方言に由来しており，人口の約70%という最も多くの人が使用するものとされている．一方RPは，イングランド南部地域の教養人や王室の発音と関係深く，King's English, Queen's English, あるいは国営放送のBBC Englishなどとも呼ばれている．階級に敏感と言われるイギリスにおいては一種の権威や威信を伴っている．イギリスの社会言語学者Peter Trudgillは *Sociolinguistic Variation and Change*（2001）の中で，RPは国内のどの方言の話者にも最も通じやすい発音であるが，その純粋な使用者は人口の3パーセント程度に過ぎないと述べている．

　このようにGAとRPはその位置づけは異なっているが，いずれも放送メディアでニュースキャスターなどが一般に用いており，「標準的」の定義に合致する，教養ある，訛りの（少）ない英語の発音とみなされている．そのため，母語話者自身が訛りの矯正に用いることも多い．ただし，BBCは近年RP使用の制限を緩和したため，アナウンサーやレポーターが自分の出身地の訛りを混じえて話すこともある．さらに言えば，近年，ロンドンのテムズ河河口域を中心としたイングランド南部地域で最も多くの人が用いているとされる「河口域英語（Estuary English, EE）：RPにコックニー訛りが加わったような新しい英語」をRPに代わってイギリスの代表的発音と見なそうという動きもある．

### 2.5. 国際共通語としての英語の発音

　母語話者の英語に対して，近年注目されているのは，「国際共通語としての英語（English as a lingua franca, ELF）」である．ELFは，「母語が異なる英語の非母語話者（nonnative speaker）の間のコミュニケーション言語として用いられる英語」と定義されている．ELF研究の中心的な概念は，コミュニケーションにおける「通じやすさ（intelligibility）」である．音声，語彙，文法など様々な言語的側面について，どのような特徴がコミュニケーションを阻害する要因となるかという観点で研究が行われてきた．（"intelligibility" は，音声的には「明瞭度」と訳されることもあるが，語彙や文法についても用いられる概念なので，本稿では「通じやすさ」とする.）

　音声面については，ELF研究の先駆者であるJennifer Jenkinsが *The Phonology of English as an International Language*（2000）（以下Jenkins（2000）と記す）の中で，相互の理解を妨げる可能性が高い要素とそうでない要素の区別を提唱した．前者は「ELFの中核（lingua franca core, LFC）」，後者は「非中核（non-core）」と称される．主なLFCとしては，(a) /θ/, /ð/以外の子音，(b) 子音連結（consonant cluster）（例：bright, play, streetなどでは /r/ や /l/ のような音の脱落が問題），(c) 母音の長さによる区別（例：eat と it），

(d) (句，節，文の中でどの部分を最も強く発音するかにかかわる) 音調の核になる強勢 (nuclear stress) などが挙げられている．

一方，子音の中で <th> の /θ/, /ð/ や，いわゆる「暗い l (dark l)」(/ɫ/) (例：sell) などは非中核的とされている．世界的に見ると，/θ/, /ð/ を持つ言語はむしろ少なく，特に生徒にとって発音が困難な音とみなされており，それぞれ /f, t/ や /v, d/ などに代替可能（ただし，日本人学習者に多い /ʃ/ と /dʒ/ の代用は不可とされている）で，後者は明るい <l> (/l/) や /ʊ/ などに代替できるとされている．また非中核的要素はうまく発音できなくても「誤り」ではなく，単なる地域的な「差異 (difference)」と見なされる．

また，母音については，bird (/bə:rd/) の /ə:r/ の音は他の音で代替できないが，それ以外の母音は，個々の単語でバラバラではなく，発音に一貫性があれば，母語話者と同じでなくても大きな問題とはならないとのことである．さらには，camera (/kǽmərə/) のように，母音の弱化による曖昧母音（シュワー [schwa]) /ə/ の発音，語における強勢の位置，強勢拍リズム (stress-timed rhythm：強勢のある音節から次の強勢のある音節までの時間が（ほぼ）等しいことによって生まれる英語のリズム），さらには連結 (linking/liaison)，脱落 (elision)，同化 (assimilation) のような音変化，中でも同化，なども非中核的とされている．

大まかに言えば，まず重要なのは，強勢，リズム，音調などの超分節音素よりも分節音素のほうであり，分節音素については，母音より子音の発音に注意すべきという指摘である．

Jenkins (2000) の研究では，英語の非母語話者同士のコミュニケーションが課題であったが，都築雅子と中村幸子は "Intelligibility assessment of Japanese accents: A phonological study of science major students' speech" (2009) という論文において，母語話者に対する日本人学習者の発音の通じやすさについて同様の研究を行った．それによると，語強勢の重要性を除いて，ほぼ Jenkins と同様の結果が得られた．すなわち，超分節音素より分節音素が重要で，全体として母音より子音の誤りが大きな問題を生じた．特に，pen, tip, cap のような例では，語頭の /p/, /t/, /k/ の破裂音は，/pʰen/, /tʰɪp/, /kʰæp/ のように強く息を吐く気息音 (aspiration) を伴わないと /b/, /d/, /g/ に聞こえた．また，/r/ と /l/ を区別できず，両方とも日本語のラ行の子音である /ɾ/（パタパタと舌先が弾くように歯茎に触れる音 [弾音]）で発音したり，語末の子音，特に破裂音が脱落する場合（例：broad, date）などは，母語話者の理解を大きく妨げた．また，母音については，母音の長さの違いがより重要で，二重母音 (diphthong) や長母音に代わって短母音で発音したり，

二重母音が，1つの母音ではなく単母音2つで発音される場合なども通じにくくなる要因であった．

一方，強勢拍リズムの問題は，通じやすさに大きな影響を与えず，音の連結についても，むしろ1つ1つの単語をはっきりと発音した方が通じやすかったとの結論を得た．英語と日本語のリズムの違いや音の連結現象は，従来日本人学習者の発音上の困難点とされ，指導上の要点の1つであった．しかし，リスニング力に対する学習効果は別としても，少なくとも ELF における発音の通じやすさの観点からは，発音指導におけるそれらの位置づけについて再考する価値はあるだろう．

一方，Jenkins の研究結果と異なったのは，語や句の強勢の誤り（強勢なし，誤った強勢の配置）で，例えば symbolizes (/símbəlaɪzíz/) を誤って /sɪmbəláɪzíz/ と発音すると，implies, supplies などと聞き誤られることが多かったとのことである．聞き手の母語によって結果が異なる可能性はあるが，John M. Levis も *Intelligibility, oral communication, and the teaching of pronunciation* (2018) で言及しているように，語強勢の誤りは通じにくさを助長する一因であるとする研究は他にも多いので，改めて注意しておきたい．

## 3. 学習者の英語発音の特徴

学習者の母語と英語の音素（音韻）体系の違いが，発音の学習を難しくすることがある．以下は網羅的なリストではないが，日本語を母語とする英語学習者の発音の特徴を示したものである．

### 3.1. 呼吸・声量

第一に，日本人学習者は英語母語話者のような腹式呼吸に不慣れであり，一般に声が小さく，息も短く，ボソボソとした不明瞭な発音になることがよく指摘される．これを改善するには，まず一息で発音できる英語の語数を徐々に増やすような指導が必要である．そのためには2名で対面して行う発声練習が効果的である．相手に聞こえるよう，一息でできるだけ長く英語を発音し，段階的に間の距離を伸ばしていきながら声量を上げて行き，最終的には教室の端と端でもお互いの声が明瞭に届く程度にまで発声練習するとよい．

### 3.2. 子音の発音

先に示したように，ELF の観点からも基本的な子音の発音は非常に重要であるが，日本人学習者の場合，全体として子音の発音が弱い．とりわけ /p, t, k, s, ʃ, θ/ など声帯の振動を伴わない無声子音の発音が弱くなる傾向がある．

次に日本語にない /f/ と /v/, /θ/ と /ð/, /r/ と /l/ の音は一般に習得が難しいとされるが，そのために /b/ と /v/, /ʃ/ と /θ/, /z/ と /ð/ などの混同が生じ，例えば，vote (/voʊt/) を /boʊt/, think (/θɪŋk/) を /ʃɪŋk/, they (/ðeɪ/) を /zeɪ/ などと発音してしまう誤りが生じる．

一方，日本語にしかない音が発音に影響を与えることも多い．例えば，日本語では同じハ行でも，「ヒ (/çi/)」と「フ (/ɸu/)」は他の「ハ，ヘ，ホ (/ha, he, ho/)」とは異なる子音を含んでいる．そのため，he (/hi:/) をヒー (/çi:/), who (/hu:/) をフー (/ɸu:/), friend (/frend/) をフレンド (/ɸrendo/) などと発音してしまうことが多い．また，アメリカ英語の /hw/ の発音は特に難しく，which が「不一致」と，what が「ふわっと」と同じような発音にならないように，むしろ語頭の h を発音せず /wɪtʃ/, /wʌt/ とするほうが習得しやすい．

同様にサ行のうち，「シ」は /ʃi/ で他のサ行音 (/sa, su, se, so/) と子音が異なる．そのため，she (/ʃi:/) と sea (/si:/) の区別がなかなかできない学習者もいる．She sells seashells by the seashore. という文はナーサリー・ライムズ (Nursery Rhymes) (通称マザー・グース) の早口言葉の一節で，この発音練習によく用いられる．

あるいは，同じ音素でも日本語と英語で出現状況が異なる場合があるので注意を要する．現代の日本語では「ジ」と「ヂ」，「ズ」と「ヅ」の表記と発音が一致していないこともあり，学習者にとっては /ʒ/ と /dʒ/, /z/ と /dz/ の区別が難しい．そのため Japan (/dʒəpæn/) を /ʒəpæn/, zoo (/zu:/) を /dzu:/, dicision (/dɪsíʒən/) を /dɪsídʒən/, vegetable (/védʒtəbl/) を /véʒtəbl/, cars (/ka:rz/) を /ka:rdz/ (cards) などと誤って発音してしまうことも多い．また，英語は日本語とは異なり語頭に /dz/ の音が来ることはなく，/ʒ/ が語頭に来るのは，genre (/ʒɑ́:nrə/) のような一部の外来語に限られる．特にカタカナ語として定着している語の発音には注意したい．

1つの音素の違いが，発話の意味の理解を大きく妨げることもある．誤字脱字だらけの文章が読みにくいのと同じで，間違った発音だらけの会話は聞き取りにくく，内容も伝わりにくい．

### 3.3. 母音の発音

母音は英語母語話者間でも多様性があり，通じやすさへの影響度は比較的小さいと考えられるので，以下の2点に言及するにとどめる．まず，/æ/ はよく「ア」と「エ」の中間の音と説明されることが多いが，発音の際に後に /j/ が挿入されることがある．特に，can (/kæn/) を /kjæn/, cat (/kæt/) を

/kjæt/) のように，/kæ/ を日本語の「キャ (/kjæ/)」と同じように発音してしまう学習者は多い．時折 have や mat を /hjæv/, /mjæt/ のように発音している学習者をみかけることがあるが，/æ/ の発音を意識するあまり，後ろに /j/ の音が挿入されてしまう典型的な例である．

　さらには，二重母音の発音にも注意が必要である．例えば /aɪ/（I）は，日本語の /ai/（愛）とは全く異なる音であることに学習者の注意を喚起したい．日本語では，/a/ と /i/ の 2 つの音を同じ強さと長さで発音するが，英語の /aɪ/ は /a/＋/ɪ/ ではない．二重母音は 2 つの音素ではなく，1 つの音素であり，実際には /a/ に強勢を置いて強くそして長く発音し，/ɪ/ ははっきりと発音はせず，軽く添える程度の気持ちで発音するように指導するとよい．

### 3.4. 母音の挿入

　典型的な日本語訛り（Japanese accent）の英語発音の 1 つに，子音の後の不要な母音の挿入がある．これは，日本語と英語の音節構造の違いに起因する．日本語は基本的に「子音＋母音（Consonant＋Vowel, CV）」で構成される開音節の構造で，音節が「ン（/N/）」を除いて母音で終わるのに対し，英語の基本的な音節構造は「子音＋母音＋子音（CVC）」のように音節が子音で終わる閉音節構造であり，日本語とは大きく異なっている．さらに英語では，VCC や CCCVC のように子音だけが連続する子音連結（consonant cluster）も多い．そのため，例えば，apple を /æpl/ ではなく /ǽpulu/, spring を /sprɪ́ŋ/ ではなく /supurı́ngu/ と /u/ を入れて発音してしまうことが多い．これは発音だけでなく綴りの誤りとしても表れる日本人の典型的な特徴といえる．日常の授業では，この「母音」を入れる癖をなくすだけでも，日本語訛りの英語の修正に有用である．

　Jenkins は，子音連結の誤りとしては，短い曖昧母音（/ə/）が付加される場合（例：product (/pərá:dəkt/)）よりも一部の子音が脱落する場合（例：/pá:dəkt/）のほうが重大であるとしているが，いずれにしても子音連結は ELF の中核的要素とみなされていることには留意したい．

### 3.5. 強勢

　第一に，日本人学習者の場合，「強く」発音するように指導すると逆に母音が短くなってしまうことがある．強勢が置かれる音節は，強くだけでなく，むしろ「長く」発音することが重要で，音調的には自然にその部分のピッチが「高く」なることを意識させたい．ELF の観点からも「母音の長さ」の違いは意味の理解に影響を与える中核的な要素であるとされている．強く長く発音す

る音節と弱く短く発音する音節のメリハリをつけることによって，結果的に英語的なリズムが生じる．

　語強勢に関しては，例えば advice (/ədváɪs/), athlete (ǽθli:t), museun (/mjuzí:əm/), pattern (/pǽtərn/) のようなカタカナ語をはじめとして，何となく日本語式に発音していた単語の強勢の位置が実は間違っていた，という経験は誰にもあるのではないだろうか．身近な単語であっても，音素の発音だけでなく，強勢の位置も辞書等で必ず確認をして授業に臨みたい．

　先に述べたように，Jenkins (2000) は全体として超分節音素より分節音素の重要性を指摘しているが，例外的に音調の核 (nuclear stress) を ELF の中核として挙げている．その理由は，文や文章の中でどの単語（の音節）を最も強く発音するかは，何が重要な情報なのかを示す手段だからである．したがって誤った単語を強調して発音すると，話し手の意図が相手に伝わらないばかりか，場合によっては誤解を生じてしまうわけである．

　この点について，日本人学習者はまず適切な音調核の位置を意識しないで発音することが多い．その例の1つは，文頭の主語の代名詞を高く発音する誤りである．例えば I like dogs. のような文で I を一番高く発音してしまうのが典型である．必ずしも強く発音しなくても，高く発音した箇所にアクセントが置かれるので，そこに音調の核があるように聞こえてしまう．

　英語では，強勢は通例内容語 (content word: 名詞，動詞，形容詞，副詞) に置かれるが，特定の文脈がない場合には，最後の内容語に第一強勢が置かれるという原則がある．したがって上の文では dogs を最も強く長く発音するのが普通である．I を強く，あるいは高く発音すると，例えば「（誰かと問われれば）私が」とか「他人と比べて，他人は知らないが」というような特別な意味が伝わる可能性があることに注意が必要である．

　また，文脈上適切な位置に強勢を付与しないと，同様に円滑なコミュニケーションの妨げになることがある．以下の例は2004年度大学入試センター試験問題からの抜粋であるが，各下線部の最も強く発音すべき単語はどれかが問題である．それぞれ me と study に第一強勢を置いて発音するのが自然とされるが，文脈と強勢の置き方の原則を理解していないと，学習者にとって判別は難しいだろう．

　　John:　Hi, Zack. Where are you going?
　　Zack:　To the party, of course.
　　John:　What party?
　　Zack:　Your birthday party. Nick sent an e-mail message to everyone

about it.
　John:　To everyone? He didn't send me one. He just asked me to come to his house so we could study a bit.

　日本では，分節音素の指導に大きな比重を置き，音調の核となる強勢のような超分節音素の指導にはあまり時間をかけていないものと思われる．しかしながら，実際のコミュニケーションではこれらの情報が果たす役割も非常に大きいことを認識し，習熟度に応じて適宜指導に取り入れたい．

## 4. 教師が目指すべき発音

　教室における教師の重要な役割の1つは，学習の目標の提示である．また教師にとって，生徒のモデルとして自分自身がどのような発音を身に付けるかは重要な課題である．生徒の発音の指導や評価に際しても，明確な発音の基準を持ち，自らが適切に発音できなければならないことは当然である．その際に参照する発音の枠組みは，学ぶべき内容や目標が明確に確立されており，同時にリスニング力を養成する基盤ともなり，学習指導要領の「標準的な英語」の定義にも合致している必要がある．さらに言えば，生徒にとって学びやすく，教師にとっても指導しやすいことが期待される．

　学習指導要領では，特にどの国の英語という言及はないが，教科書の語彙，綴り，文法，付属の音声教材などの実態を考慮して上の定義に合う英語のモデルを1つ求めるならば，大枠としてはいわゆるアメリカ英語に落ち着くであろう．ただし，GA を教室における学習目標とするとしても，教師としては GA だけでなく，せめて RP についての知識を持ち，必要に応じて発音もできるようにしておきたい．

　英語を学ぶ多くの日本人がそうであるように，教師自身，実際のコミュニケーションでは完璧な GA や RP で発音しているとは限らないであろう．場合によっては訛りのある英語発音が混在することもあるかもしれない．しかしながら，教室では生徒が混乱することのないよう，やはり特定の標準的発音をモデルとして提示すべきである．

　さらには，生徒が教師を評価する項目の1つに，「発音のよい先生」がある．この場合，「よい」とは，母語話者に近い（native-like）という意味に等しいと考えられる．そのような実利的な面からも，教師にとって，母語話者の標準的な発音を身に付ける意義は否定できない．

　教師自身が母語話者の標準的な英語の「聴覚像」(6.3 節を参照）を把握し，発

音を正確に習得するためには，リスニングを通して日々鍛錬を積むことも必要である．BBC Learning English のサイトでは，イギリス英語の発音の解説からニュース，ドラマまで様々なコンテンツが準備されており，生徒だけでなく教師にも有用である．また，一般向けに放送されている BBC Radio もインターネット経由で無料で聴取できる．中でも BBC Radio 4 はニュースやトーク番組が中心で，リスニングと発音の練習に役に立つ．アメリカのニュース放送は ABC，CBS，NBC の3大ネットワークや CNN など，ウェブ上で視聴できるプログラムも多い．アメリカの国営放送である VOA は，BBC 同様，学習者向けの VOA Learning English をはじめ，ニュース以外のコンテンツも豊富である．

## 5. 生徒が目指すべき発音

第2言語あるいは外国語として言語を学ぶ場合，対象となる言語の母語話者と全く同じレベルの発音を習得することは一般に大変困難である．しかし，円滑なコミュニケーションのためには，国際的に許容されるレベルまでは発音の質を向上させなくてはならない．これは評価とも大きくかかわる部分であるが，発音指導を行う際，生徒にどのようなレベルまで発音を習得させるのかを考えておく必要がある（本書第15章「スピーキングの指導と評価」も参照されたい）．

### 5.1. 発音の指導に関する2つの考え方

では生徒が身に付けるべき発音とはどのようなものだろうか．これについては，大きく2つの考え方がある．1つは，GA であれ RP であれ，2.4.2節で述べた英語母語話者の標準的発音を目標とする立場である．これは言わば伝統的な発音指導でもある．もう1つは，2.5節で言及した国際共通語としての英語を念頭に，特に国際コミュニケーションにおいて「通じる」発音を目指す立場である（なお音声指導に関しては，第15章「スピーキングの指導と評価」pp. 258-261 も参照されたい）．

#### 5.1.1. 発音指導に必要な視点

上の2つの目標の違いに対応して，教師はどのような指導ができるだろうか．この問題を考える際には発音指導の局面を考慮する必要がある．まず，特定の英語の発音（例えば GA）をモデル，ないし絶対的規範とし，生徒がその発音にできるだけ近づけるよう指導するには，目標を発音指導に特化して授業や活動を組み立てるべきである．先行型（proactive）の指導とも言える．これ

に対して，話すことを中心とするコミュニケーション活動などにおいては，「通じやすさ」を基準として指導することができる．特に生徒の発音を聞いてそれに対応するような場合はそれに該当する．これは，言わば反応型 (reactive) の指導である．この両者は指導の目的も評価の仕方も自ずと異なるので，同列に論じることはできない．

　熟達度にもよるが，発音練習の際は自分たちが学習している特定の発音の位置づけや，それを学ぶ意義なども事前に指導しておきたい．少なくともモデルの発音以外は誤りとか変な発音という意識を生徒が持つことのないよう配慮したい．

　ALT の発音と授業で学んだ発音が同じでないと，生徒には違和感があるという話もよく耳にする．イギリス人に無理をして GA の発音をしてもらうより，むしろそういう場合は，英語の発音に生徒の関心を向け，発音について主体的に考えさせる好機ととらえてはどうだろうか．

### 5.1.2. コミュニケーションを中心とした発音指導

　次に，コミュニケーションが首尾よく行われることを指導の目標にする場合の発音指導について考えてみよう．自分が指導した発音以外は正しいと認めないとなると，現実にはいろいろな問題が生じてしまう．

　第一に，すでに指摘したように，たとえ GA や RP に限ったとしても，母語話者の英語の発音にはそれ自体に多様性があり，何が「正しい」発音かを定義するのは，実は大変難しい．

　また，話し手と聞き手の組み合わせは，必ずしも英語母語話者—非英語母語話者ではない．非英語母語話者同士の場合，お互いの母語の訛りが英語の発音にマイナスの影響を与えると，会話が成り立たなくなることも想定できる．訛りの存在がある程度避けられないものであるならば，重要なことは，どのような訛りがコミュニケーションを妨げるか，言い換えれば，通じやすさを妨げる要因は何かを把握し，発音指導に活かすことである．

　あるいは，学習者は教室で発音を学ぶだけでなく，自分の好きな音楽や，映画，ドラマなど，様々なメディアを通じて事前にモデル以外の発音に慣れていることもあるだろう．さらには海外からの帰国生や，教室に日本語を母語としない生徒がいることも想定できる．生徒によっては，すでに英語圏だけでなく他の地域の英語の発音が身に付いている可能性もある．

　また別の観点から見ると，もともと母語話者の英語を完全に模倣することはほとんど不可能である．分節音素であれ，超分節音素であれ，生徒にとって習得が難しい発音の側面が必ず存在する．難しくても徹底して身に付けるべき重

要な要素なのか，それほどでもないのか，言うなれば発音の「機能負担量 (functional load)」を決定する際に，「通じやすさ」という概念は参考になる．

他方，母語話者の発音が，どのような相手に対しても最も通じやすいモデルであるという意見もあるかもしれない．これに関しては，「国際語としての英語 (English as an international language, EIL)」という用語を提唱した Lary E. Smith & Khalilulla Rafiqzad による興味深い研究がある．彼らの "English for cross-cultural communication: The question of intelligibility" (1979) という論文で紹介された実験によると，教養ある日本人の英語の発音は他のアジア諸国の人々に 75% 程度理解されたが，アメリカ人の発音は 55% に過ぎなかったとのことである．この研究から考えられることは，少なくとも発音のすべての面にわたって母語話者のように発音すると，むしろ通じにくいことがあるということである．

以上のような状況を考慮すると，コミュニケーション中心の発音指導は，国際共通語 (ELF) の中核的な要素と非中核的な要素を考慮したものになってしかるべきであろう．評価も 0 か 100 かではなく，「通じやすさにどの程度貢献するか」という角度から段階的に行いたい．

一方で，発音指導の項目によって重みづけをすることは，限られた時間を有効に使うためにも必要である．発音するのが難しいが，コミュニケーション上は重要性が低いとみなせる要素の指導にあまり多くの時間を費やす必要はないであろう．ELF の中核を決定するには，さらなる実証的研究の必要性はあろうが，身に付けるべき発音の側面に優先順位をつけることで，学習の効率化が図られ，生徒と教師双方の負担を軽減することができる．

もっと言えば，発音指導の目的の 1 つは，生徒が自信を持ってコミュニケーションできるような発音の習得を援助することである．曖昧な，あるいはいい加減な発音でも通じさえすればよいということでは決してない．しかし，発音は生徒が挫折感を最も強く感じる課題の 1 つであり，必要度の低い発音の詳細にあまりにこだわって，生徒の「コミュニケーションしよう」という意欲を削ぐようでは元も子もない．指導のために GA のような一貫したモデルと目標を提示し，自らもそれを修得しようと努めることと，実際の指導に際して GA しか認めないという態度を取ることとは全く別である．

どのように発音すればよいかという指導技術の習得は当然であるが，加えて英語発音の多様性，許容性についても十分認識し，英語の発音として何が必要か，という視点を指導に活かせることが重要である．先に述べたように，辞典類に掲載された標準的な発音も一通りでないことも多いので，発音の変化や多様性については常に辞典を参照したり，ウェブ上の発音例を聞くなどして確認

しておきたい．特に生徒がよく利用している辞典類には十分目を通しておくべきである．

## 6. 発音指導の実践
### 6.1. フォニックスとホール・ワード

　2.2 節で述べたように，英語の音と綴り，あるいは音素と書記素の関係を把握することは英語学習の要の 1 つである．その関係を生徒にとってより習得しやすい形式に変化させたものがフォニックス（Phonics）である．フォニックスは，個々の音と綴りに注目させながら，実際の単語でどのように発音されるかを示し，音と綴りの間に一定の原則的関係があることを理解させ，続いてその原則に従って発音できるようにする指導法である．最終的な目標は読み書きがスムーズにできるようになることであり，フォニックスの活動の多くは，"A is for apple, a a apple." のように歌に乗せて学習するものが多い．基本的な活動としては，アルファベットを見ながらアルファベットの名称読み（A の場合は /eɪ/）と音読み（a の場合は /æ/）を同じフレーズの中で繰り返し発音し，音と綴りの関係を頭に刷り込んでいく指導法である．様々なパターンが使われているため，フォニックスには決まった型のようなものは存在しない．とはいえ，フォニックスによる指導と明記されているワークブック等の教材や指導の実践例なども数多くウェブ上で公開されているので，実際の授業でも活用できそうな実践例を予め調べておくとよい．ワークシート等も数多く公開されているので，「フォニックス」をキーワードに検索をすれば情報収集も比較的行いやすい．

　ただし，フォニックスを用いた読み書き指導は，英語母語話者の幼児や児童に対する指導法として確立されたものなので，外国語として英語を学ぶ生徒に適用する際には，以下の点に注意したい．まず，母語話者の場合は英語の発音は身に付いていることが前提であるが，生徒の場合は発音自体に不安があるので，音と綴りを同時に導入する際には一度に多くのフォニックスの規則を提示するのは避けたい．次に，いわゆる基本語の中にもフォニックスの規則が当てはまらない例外が相当数（一説には 20～30% 程度とも言われている）存在することに留意すべきである．

　さらには，小学校高学年，中学生，高校生など，学習者の年齢によってはフォニックスの幼児向けの教材に拒絶反応を示す者もいる．幼稚すぎない活動の必要性については，田中真紀子が『小学生に英語の読み書きをどう教えたらよいか』（以下，田中（2017）と記す）の中でも指摘しているとおり，取り入れ方

には工夫と慎重さが求められる．つまりは発達段階に応じた指導について検討することが重要である．上に例として挙げた歌も詩の朗読のように導入すれば，比較的年齢の高い学習者にも利用可能であろう．

一方，ホール・ワード（whole word）という，フォニックスとは全く異なる発想による指導方法がある．これは，ホール・ランゲージ（whole language）という子供の読みの指導の一環として，特に単語の習得について一般に用いられているものである．ホール・ランゲージの指導は，さまざまな活動の中で自然に学ぶという立場をとっており，読むことについては，文脈からの意味の理解を優先し，絵本や文学作品をたくさん読む中で段階的に学ぶことが重視されている．フォニックスのように単語を音素や文字に分解して，1つ1つの対応関係を示すのではなく，単語自体が指導の最小単位となる．読解が素早く流暢に行えるように，発音と綴りをひとまとめにして，単語を丸ごと暗記するような方法である．この場合，指導（学習）対象はサイト・ワード（sight word）という，(年齢相応に)「一目見ただけですぐに認識すべき重要な単語」である．基本的に，幼児や児童が（絵）本などで頻繁に目にする高頻出語（high frequency word）で，Dolch Word Lists[1] や Fry Word Lists[2] のような単語リストも開発され，ウェブ上で公開されている．

サイト・ワードには come, have, the, two, was のようなフォニックスの原則に当てはまらない基本語も多く含まれている．日本で伝統的によく用いられているフラッシュカード（flash card）も，言わば同じ発想の単語指導法と言える．ただし，個々の単語の発音と綴りをひたすら覚えるのは非効率的であり，応用力もつかないという可能性は否定できない．また，サイト・ワードのリストの単語には発音と綴りの関係性が規則化できるものも相当数含まれていることも確かである．

以上2つのアプローチには共に賛否両論あり，歴史的にも対立してきたが，田中（2017）によれば，最近ではフォニックスを導入した方がより早い段階で音と文字の対応関係を理解できることを示す実証研究もあることから，アメリカにおいては小学校におけるフォニックスの指導を推奨しているとのことである．

しかしながら，先に言及したように，本来フォニックスはすでに英語の音は

---

[1] E. M. Dolch の編成による就学前から小学校3年生程度までのレベル別の220語＋名詞95語のリスト (http://www.sightwords.com/sight-words/dolch/)

[2] E. B. Fry が1996年に公開した100語ごとの10段階，計1000語の高頻度語のリストで，中学校3年生程度までを対象としている．(http://www.sightwords.com/sight-words/fry/)

習得済みの母語話者の子供の文字指導に用いられるものである．さらに音と綴りの関係の原則にはもともと例外もかなり存在するので，特に未知語であれば一般原則を過剰に適用してしまう可能性も高い．発音指導の目的でフォニックスを利用する際にはこの2点に十分な配慮が必要である．また，発音と綴りの関係性についての理解が不十分な生徒では，結局のところ，ローマ字読みや日本語式発音など自己流の発音にとどまってしまうことも多い．

　フォニックスとホール・ワードにはそれぞれの強み，弱みがあるので，単純な二者択一ではなく，相互補完的に用いるのが適切である．例えば，単語を文脈から切り離して指導できる場合は，はじめにフォニックスの原則に従う単語をなるべく多く指導し，例外は後で単語別の学習に回すことができる．あるいは，教科書の本文を利用し，文脈を伴って指導を行う場合は，丸ごと見て発音できる単語がある程度身に付いてから，音と綴りの間の関係性を発見させるといった方法が考えられる．単語の頻度や必要性などによって，より適した方法を選択することが必要である．

　できるだけ早い時期に音と文字，さらに綴りとの関係を習得できればその後の英語学習に有利なことは明らかであるが，入門期の生徒にとって過重な負担とならないよう，十分に英語を聞いて音声に慣れていることを前提にする必要がある．さらには，単語の頻度も考慮しつつ，より単純な関係から段階的に整理して指導することが求められる．

### 6.2. 発音記号の導入

　音と綴りの関係がある程度身に付いたならば，続いて発音指導の大きな課題となるのは発音記号の導入である．中学校学習指導要領では，現行の平成20年版においても，平成29年版（2021年度以降全面実施予定）においても，音声指導に当たって（a）日本語との違いに留意しながら，発音練習などを通して指導すること，（b）発音と綴りとを関連付けて指導すること，（c）音声指導の補助として，必要に応じて発音表記を用いて指導することもできる，とされている．同様に高等学校学習指導要領（平成21年版（現行）），平成30年版（2022年より年次進行実施））でも，音声指導の補助手段として必要に応じて発音表記を用いることが可能であると記されている．発音の表記方法や指導時期は特に指定されていないが，一般にこれは発音記号に相当すると考えられるので，「発音記号」を授業でどう扱うかは，言わば教師の裁量に委ねられている．

　発音記号と音声の関係について理解できれば，英語の音声を聞いたときにも，より的確に分析的に音を把握できるようになる．2.2.2節で言及した黙字についても，ある程度発音記号の知識があれば，辞書の発音記号と綴りとを照

らし合わせることで，その単語に黙字が含まれているかそうでないかを判断することも可能となる．また，個々の単語を自分である程度正しく発音できることはもとより，主体的に英語を学ぶ際に役立つ情報として，音声習得自体に有効に働くことが期待できる．

## 6.3. 聴覚像の習得

発音記号を「読める」ようになったつもりでも，実際にそのとおりに発音できるとは限らない．個々の音素だけでなく，単語（複数の音素の連鎖），複数の単語の連鎖など，それぞれ発音の具体的イメージ，言い換えると聴覚像 (acoustic image) を習得できていなければならない．

聴覚像をわかりやすく指導したい場合や，直接発音記号の導入に抵抗感がある場合などには，カタカナを部分的に取り入れることで，日本語と英語の発音の違いを認識させることもできる．日本語と英語の音声構造は異なるため，通常の単純なカタカナでの表記には問題が多い．しかし，島岡丘は音声学的な知見と長年の実践的研究に基づいて独自の近似カタカナ表記を取り入れた「SKT 表記」を開発しており，『カナから考える英語発音：SKT の活用（第 2 版）』(2015) は参考になる．

中学校英語教科書や学習英和辞典の中にも，発音記号とカタカナを並記しているものも見られるが，英語学習にカタカナを取り入れるメリットは，母語とあまりにかけ離れた音の構造をイメージしやすくし，英語と日本語の音韻認識のギャップを埋めることにある．例えば <n> の発音は，記号 /n/ を用いても，日本語の「ン (/N/)」とは異なることを学習者に意識させるのは難しい．日本語の「ン」は母音の前では通例舌が口腔内のどこにも触れないので，an orange は /n/ と /ɑ/ が連結せず，「アン・オレンジ」のように発音してしまう．一方，SKT 表記では「ンㇲ」となるので，言わば「アノレンジ」のように発音され，調音上，舌先が歯茎につくことを自然に自覚できる．[3]

あるいは日本人にとって苦手とされている /l/ と /r/ の発音については，/l/ は「ㇲル」，/r/ は「ゥル」とイメージさせると，light /laɪt/ (ㇲライㇳ) では /l/ は舌先が歯茎にしっかりつくことや，right /raɪt/ (ゥライㇳ) における /r/ の母音性や円唇性（口唇の丸み）など，調音の仕方を意識させることができる．（日本語のラ行の子音 /ɾ/ は英語の /r/ とは全く異なる音で，舌先で歯茎をたたくようにして発音される弾音と呼ばれる音であり，英語の /r/ は舌が口腔内

---

[3] 小文字は弱い発音（例 cake (ケイㇰ)）や，（発音はしないが）口の構えをする場合（例 run (ゥランㇲ)）などを表す．

第 10 章　発音の指導と評価

のどこにも触れない音であることを十分指導する必要がある.)
　さらには，call on (コーウˣロンˣ) や I like you. (アィˣライ　キュウ) のように，単語の発音だけでなく，句や文のレベルの発音と音変化（上の場合は連結と同化）も視覚的に理解しやすくなる．生徒の達成感を助長する効果もあるので，熟達度と指導の目的に応じて利用することができるであろう．

### 6.4.　音素認識力の測定と評価

　個々の音素に注目するのか，強勢に注目するのか，あるいは文の音調（イントネーション）に注目するのか．発音を評価するといっても，様々なポイントが挙げられる．表 4 は音素認識力を測定するための課題の例である．このように音素に細かく注目して生徒の弱点を見つけ出す診断的な評価も可能である．表に記載したような活動を毎回の授業で実施することは難しいかもしれないが，音素の理解には様々な側面が含まれていることを教師が理解しておくだけで，指導の際に発音のポイントに意識を向けさせることができるだろう．

表 4　音素認識力測定課題 (Yopp, 1988 ; Harley, 2001 より一部抜粋・改変)

| 課題（英語名） | 出題例【解答】 |
| --- | --- |
| 音と単語のマッチング<br>(Sound-to-word matching) | *calf* の中に /f/ の音はあるか<br>【ある：*calf* /kæf/】 |
| 語と語のマッチング<br>(Word-to-word matching) | *pen* と *pipe* の始まり（の音素）は同じか<br>【同じ：*pen* /pen/, *pipe* /paɪp/】 |
| 押韻の理解<br>(Recognition of rhyme) | *sun* は *run* と韻を踏むことができるか<br>【できる：*sun* /sʌn/, *run* /rʌn/】 |
| 音の分離<br>(Isolating sounds) | *rose* の最初の音は何か<br>【/r/：*rose* /roʊz/】 |
| 音素の分割<br>(Phoneme segmentation) | *hot* の中にはどのような音があるか<br>【/h/-/ɑ/-/t/】 |
| 音素のカウント<br>(Phoneme counting) | *cake* の中には音が何個入っているか<br>【3 個：*cake* /keɪk/ = /k/-/eɪ/-/k/】 |
| 音素の融合<br>(Phoneme blending) | 以下の音を組み合わせなさい：/k/-/æ/-/t/<br>【*cat* /kæt/】 |
| 音素の削除<br>(Phoneme deletion) | *stand* から /t/ を取ったらどんな音が残るか<br>【*stand* /stænd/ から /t/ を取ると，*sand* /sænd/】 |
| 削除された音素の特定<br>(Specifying deleted phoneme) | *meat* という音を聞いたとき，*eat* に不足している音がわかるか【/m/ の音がない】 |

| 音素の反転 | tea の最初の音と最後の音を入れ替えなさい |
|---|---|
| (Phoneme reversal) | 【*eat* / íːt】 |

注：出題例の解答は筆者により追加されたものである．

## 6.5. 発音評価ソフトの利用

　学習指導要領でも学習指導における ICT の積極的利用が提唱されているので，最後にその点に関して言及しておきたい．発音の習得には生徒自身の練習が必要であるが，生徒に個別に発音指導をするのには長い時間を要する．最近は，有料のものから無料のものまで，発音評価ソフトが数多くリリースされており，生徒の自主学習の中でソフトを有効に利用できれば，発音指導の負担の軽減が期待できる．

　ただし，注意すべきは，評価ソフトからどの程度のフィードバック情報を得られるかである．音声認識の正確度もあるが，発音を判定・評価するのに，音素の発音，発声（声量），強勢の位置，イントネーションなど，分析的な観点から明確にフィードバックできるレベルが求められる．そうでなければ，生徒は自分の発音の何が問題で，どう修正すればよいのかわからないまま，結局自己修正には至らない．単に総合的な評価や点数だけでは，一時的に生徒の興味は引いても，結局は期待するほどの効果は得られないだろう．

　また，理解度（comprehensibility）という観点から付言すると，人間はソフトウエアなどとは異なり，発音に不十分な部分があってもそれを補って理解することができる．そのような点を踏まえた上で，最終的な評価はやはり教師が行うべきである．

　以上，本章では音素を中心に述べてきたが，「抑揚」，「文アクセント」，「英語のリズム」，「休止の位置」などの指導については，本シリーズ第 2 巻『授業力アップのための一歩進んだ英文法』の「第 1 章 音声」を参照されたい．

（本章の執筆に際し，高波幸代氏より貴重な助言をいただきました．記して感謝の意を表します．）

## 参考文献

Dauer, R. M. (2005). The lingua franca core: A new model for pronunciation instruction? *TESOL Quarterly, 39*, 543-550.

Derwing, T., & Munro, M. (2005). Second language accent and pronunciation teaching: A research-based approach. *TESOL Quarterly, 39*, 379-397.

Harley, T. (2001). *The psychology of language: From data to theory* (2nd ed.). New York, NY: Psychology Press.
堀田隆一 (2016).『英語の「なぜ？」に答える はじめての英語史』東京：研究社.
Jenkins, J. (2000). *The phonology of English as an international language.* Oxford, UK: Oxford University Press.
Levis, J. M. (2018) *Intelligibility, oral communication, and the teaching of pronunciation.* Cambridge, UK: Cambridge University Press.
成田圭市 (2009).『英語の綴りと発音「混沌」へのアプローチ』愛知：三恵社.
Nation, I. S. P. (2009). *Teaching ESL/EFL reading and writing.* New York, NY: Routledge.
Ocal, T., & Ehri, L. C. (2017). Spelling pronunciations help college students remember how to spell difficult words. *Reading and Writing, 30*, 947-967.
島岡丘 (2015).『カナから考える英語発音：SKT の活用（第2版）』東京：甲文堂.
Smith, L. E., & Rafiqzad, K. (1979). English for cross-cultural communication: The question of intelligibility. *TESOL Quarterly, 13*, 371-380.
田中真紀子 (2017).『小学生に英語の読み書きをどう教えたらよいか』東京：研究社.
Trudgill, P. (2001). *Sociolinguistics variation and change.* Edinburgh, UK: Edinburgh University Press.
Tsuzuki, M., & Nakamura, S. (2009). Intelligibility assessment of Japanese accents: A phonological study of science major students' speech. In T. Hoffmann and L. Siebers (Eds.) *World Englishes: Problems, properties and prospects* (pp. 239-261). Amsterdam/Philadelphia: John Benjamins.
安井稔・久保田正人 (2014).『知っておきたい英語の歴史』東京：開拓社.
Yopp, H. K. (1988). The validity and reliability of phonemic awareness tests. *Reading Research Quarterly, 23*, 159-177.
Yopp, H. K., & Yopp, R. H. (2000). Supporting phonemic awareness development in the classroom. *The Reading Teacher, 54*, 130-143.

（久保田章）

# 第11章　語彙の指導と評価

## 1. 語彙への理解を深める

### 1.1. 受容語彙と産出語彙

　語彙には，受容語彙と産出語彙という知識の区分が存在する．そのため，まずは「受容」と「産出」という概念について理解しなくてはならない．4技能を例に挙げると，リーディングとリスニングは受容的知識，ライティングとスピーキングは産出的知識である．受容的知識がインプットへの理解であれば，産出的知識は理解していることをアウトプットする作業となる．

　受容的／産出的，という用語は受動的（passive）／能動的（active），と示されることもあり，研究者によって用語の使用が異なるが，どちらの語も広く用いられている．受容語彙は「第2言語（以下L2）→ 第1言語（以下L1）」の知識の方向と捉えるとわかりやすい．つまり英単語を見たり聞いたりしたときに，それが示す適切な日本語の意味を理解できる状態である．"cat"という綴りを見て「ネコ」と答えられるのは受容的な知識である．一方で，産出語彙は「L1 → L2」の知識の方向と関係しており，日本語の意味を適切に表す英単語を書いたり話したりできる状態となる．先ほどと同じ単語を例に出すが，「ネコ」という日本語または挿絵に対して"cat"と綴ることや，/kæt/ と発音することは産出的な知識である．

　語彙知識の定着過程を「語彙知識スケール（Vocabulary Knowledge Scale, 以下 VKS）」によって尺度化した T. S. Paribakht と M. Wesche & "Reading comprehension and second language development in a comprehension-based ESL program"（1993）という論文の中で，単語の意味を答えられる段階から，単語を使って英文を書く段階までを5レベルに設定している．このスケールは同研究者らによって後に改良され，現在でも語彙研究の分野で広く用いられ

ている（詳しくは文献一覧の Paribakht & Wesche, 1996, 1997 を参照されたい）．VKS の詳しい内容は後述するが，単語を理解し知識を定着させた最終段階と言えるものは，自分の意志で自由に表現できるレベルであり，ここでは正しい英文が書ける状態と捉えることができる．語彙習得の初期段階においては受容語彙のほうが産出語彙よりも多くなる傾向があるが，一般的には学習の過程でその差は埋められていくものと考えられている．

## 1.2. 単語の数え方

次に単語の数え方について考えていきたい．教科書や学習参考書には，「何千語」収録と記載されていることがある．しかし，単語の数え方がそれぞれ異なる場合が多いという事実はそれほど知られていない．単語の数え方や分け方は，出版社や編集者間で異なっていることもあるため，例えば「1500語収録」の参考書の単語リストをすべて暗記した学習者が，「英単語1500語を習得した」とは言い切れないのである．

単語の数え方を理解する上で重要な用語として覚えておきたいものをいくつか紹介する．「延べ語数（token）」と「異なり語数（type）」，「レマ（lemma）」，「ワードファミリー（word family）」は，語数を数える上で基本となる単位である．延べ語数とはテキストに含まれる総語数であり，同じ単語が出てきた場合もそれぞれ個別の語として数える．例を挙げるならば，"So many men, so many minds.（十人十色）"の場合，so と many は2回ずつ出てきているが，延べ語数は6語となる．「1分間で何語読めるか？」というような問いの場合は，延べ語数で問われていることになる．一方で，異なり語数では，同じ単語が複数回出てきた場合はまとめて1語として数える．つまり，先述の英文（"So many men, so many minds."）を例に挙げれば，異なり語数では，so, many, men, minds の4語として数えることになる．「あなたは何語の英単語を知っていますか？」という問いの場合は，異なり語数を意味している．

次に，レマ（lemma）は，見出し語（headword）とその屈折形（inflected form），短縮形（reduced form）を含む．辞書では通常，単語はすべて見出し語（headword）で表記されている．単語を見出し語に変換していく作業はレマ化（lemmatize）と呼ばれる．屈折形とは，動詞の三人称・単数・現在時制"-s"や過去時制を示す"-ed"，また完了形や受動態で用いられる過去分詞"-ed""-en"，進行形"-ing"，形容詞の比較級・最上級"-er""-est"などである．加えて短縮形とは，would not を"wouldn't"と表記することなどを示す．

1つのレマには同じ品詞が含まれることが重要であり，同じ語形であっても品詞が異なる場合は同じレマとしては数えない．例えば，名詞の report（報告，

レポート）と動詞の report（報告する）は異なるレマと考える．

最後に，ワードファミリーでは，ある単語の見出し語（headword）とその屈折形（inflected forms），またそこに密接に関連する派生形（derived forms）をすべて1つのまとまりとして捉える．例えば，you, your, yours, yourself はワードファミリーにおいてはすべて同じ単語として捉えることになる．

### 1.3. 語彙を知ること

語彙研究の中では，語彙知識の広さ（breadth of vocabulary knowledge）と呼ばれる考え方がある．これは受容語彙の数（サイズ）を示している．一方で，語彙知識の深さ（depth of vocabulary knowledge）というものも存在する．これは，ある単語に含まれる様々な側面をどの程度知っているかを示すものであり，語彙に含まれる要素の理解に注目する考え方である．

語彙の広さと深さの関係について Paul Meara は "The dimensions of lexical competence."（1996）という論文の中で，語彙の広さが充実していない（small lexicon の状態にある）段階（5000語から6000語程度）では，語彙サイズのみがおそらく重要である，と指摘している．言い換えれば，5000語程度の語彙サイズまで達していないうちは，語彙知識の深さを検証する段階として少々不十分であるということになる．

語彙研究の分野では語彙の広さ（語彙サイズ）に注目した研究が多い傾向があり，単語を見たり聞いたりして意味を理解できる語彙数を増やすことが指導上の目標となることも多い．しかし，本節では「深さ」の知識の重要性についても触れつつ，語彙知識の側面について紹介していく．

多くの場合において，語彙習得では単語の「意味」を理解できていれば十分である，と考える教師もいる．しかし，語彙には「意味」以外にも様々な構成要素があることは，I. S. P. Nation によって指摘されているとおりである．Nation は著書 *Learning Vocabulary in Another Language*（2001）（以下，Nation (2001)）で，「単語を知ること（knowing a word）」とかかわる要素として，「形式（form）」「意味（meaning）」「使用（use）」の3つを挙げている（詳しくは，同書 p. 27 を参照のこと）．この3つの要素にはそれぞれに3つの下位区分が存在し，その下位区分はさらに「受容的知識（receptive knowledge）」と「発表的知識（productive knowledge）」の2つに細分化されている．そのため，合計では 3×3×2 = 18 個の語彙知識の要素になることが示されている．

単語を知るとはどういうことなのかを深く理解するために，次節からは Nation (2001) で概念化された語彙知識の種類をさらに詳しく見ていく．

## 1.4. 語彙知識の種類

　先述の Nation を基にした語彙知識の構成要素に関する記述は，語彙指導や語彙の評価について扱った国内の書籍において必ずと言ってよいほど紹介されており，数多くの研究でも引用されている．そこで本節では，Nation の定義した形式・意味・使用のそれぞれを表でまとめながら説明していく（なお，表の作成にあたっては，原典である Nation (2001)，ならびに相澤一美・望月正道（編著）『英語語彙指導の実践アイディア集――活動例からテスト作成まで――』(2010) を参考にまとめた）．

　まずは表1に示す「形式」である．形式には，「音声（sound form）」「綴り（written form）」「語構成（word parts）」という3つの下位区分があり，さらにそれぞれが受容的知識と発表的知識とに分けられている．

表1　語彙知識における形式

| 形式 | 音声 | 受容 | その語はどのように聞こえるか |
|---|---|---|---|
| | | 発表 | その語はどのように発音するか |
| | 綴り | 受容 | その語はどのような語形をしているか |
| | | 発表 | その語はどのように綴られるか |
| | 語構成 | 受容 | その語のどの部分を認識できるか |
| | | 発表 | その語の意味を示すために何が必要か |

　表内の受容的知識と発表的知識に注目すると，それぞれの知識で求められているものが異なっている．音声と綴りについては比較的わかりやすいが，語構成については少し説明を加えておきたい．単語を知ることには，その単語がどのようなワードファミリーによって構成されているかを理解することとも関係している．語幹を理解し，接辞の知識を習得することにより，語構成の知識が完成すると考えることもできるだろう．単語がどのようなパーツによって組み立てられているのかに意識が向けば，単語の意味を推測したりする上でも役立つ．接頭辞を例に挙げれば，un- から始まる単語を見たときに，「何かの単語の否定形かもしれない」という予想ができるようにもなる．接尾辞を例に挙げれば「-tion は名詞の可能性が高い」「-ly とあれば副詞の可能性がある」というように品詞についても意識が向けられるようになる．

　次に，語彙知識における「意味」にはどのようなものが含まれるのかを確認する．以下の表2にあるように，意味には「形式と意味」「概念と指示物」「連想」という3つの下位区分がある．

表2 語彙知識における意味

| 意味 | 形式と意味 | 受容 | その語はどのような意味か |
|---|---|---|---|
| | | 発表 | その意味を表すのにどんな語形を使用するか |
| | 概念と指示物 | 受容 | その概念には何が含まれるか |
| | | 発表 | その概念をどのような言葉で言及するか |
| | 連想 | 受容 | その語はどのような語を連想させるか |
| | | 発表 | その語の代わりにどんな語を使えるか |

　ある単語に含まれる様々な側面を知ることが，語彙知識における「意味」を知ることに繋がっていく．「概念」とは単語が持つ様々な意味情報を捉えて理解することと関係している．同形異義語（homonym）の理解は概念の知識に区分される．同形異義語とは，同じ綴りまたは同じ発音であるのに全く別の意味を持つ単語のことである．例えば，can にはジュースなどを入れる缶を意味する名詞と，「〜できる」を意味する助動詞が存在する．同形異義語には，同綴異義語（homograph），同音異義語（homophone）が含まれる．同綴異義語は文字どおり，同じ綴りであるにもかかわらず意味が異なる単語を指す．例としては，tear（[名]涙，[動]〜を引き裂く，破る）を挙げることができる．同音意義語は，同じ発音であるにもかかわらず，意味が異なる単語のことを指す．綴りが異なる場合もあるが，綴りが同じ場合もある．例としては，plate（皿）と plait（[名]おさげ／[動]〜を編む）などを挙げることができる．単語を品詞で分類したり，関連する語をグループ化して捉えたりする知識は連想に含まれる．

　最後は「使用」についてであるが，これは「文法的機能」「コロケーション」「使用の制約」という3つの下位区分によって構成されている（表3参照）．

表3 語彙知識における使用

| 使用 | 文法的機能 | 受容 | その語はどのような文型で使用されるか |
|---|---|---|---|
| | | 発表 | その語をどのような文型で使用するべきか |
| | コロケーション | 受容 | その語と共に使われるのはどのような語か |
| | | 発表 | その語と共に使用するべき語はどのようなものか |
| | 使用の制約 | 受容 | その語をいつどこでどの程度頻繁に目にするか |
| | | 発表 | その語をいつどこでどの程度の頻度で使用可能か |

　文法的機能とは，ある語を使用する際にどのような文法パターンに当てはめるべきかを理解することである．語の品詞を理解し，適切な文型に当てはめて

使用する知識がこれに含まれる．日本語と英語では文の中で動詞を含める位置が違うため，学習時の負荷も高い．例えば，「私は英語が好きです」という文は，主語，目的語，動詞の順だが，これを英語にすると"I like English." となり，主語，動詞，目的語の順になる．そのため，品詞をどの順番で登場させるべきかを理解していなくては，適切に語彙を使用することはできない．

コロケーションとは，ある語と共起する典型的な語を知ることである．例えば，「仕事に就く」という意味で "get a job" という表現は一般的だが，"get a work" とは言わない．このような知識はコロケーションの理解と関係する．

使用の制約には，単語の頻度に関する理解が含まれる．頻度を理解することで，ある文脈で通常使用しない単語を用いることによって生じ得る不自然さを回避することができる．また，文化的な背景に基づく適切さなどについても理解することが含まれる．

適切さという観点を考える上で，「お座りください」と誰かに勧めるフレーズを例に挙げてみよう．"sit down" よりも，"have a seat" のほうが丁寧な表現であることなどは，使用に関する知識と言える．前者は「座れ」という命令形に近い意味である．相手に座る行為を促すという意味では前者も後者も同じであるが，丁寧さ，使用の適切さ，を考えるならば後者のほうを用いるべきである（本書第7章「英語教科書と語用論の指導」も参照）．

このように，語彙学習は言語を習得する上で非常に重要なプロセスを担っている．読む・書く・聞く・話す，の4技能の根幹を担っていると言っても過言ではないだろう．しかし，何をどこまで，どのように理解すれば十分なのだろうか．英語母語話者であっても，すべての単語を同じように理解しているわけではなく，これは日本人にとっての日本語でも同じことが言える．ここで役立つのは，先ほども出てきた頻度の考え方である．

学習参考書などでは入学試験で出題される傾向を分析し，出題される頻度順に語彙をまとめたリストが販売されていることがある．これはまさに，頻度に注目した分類方法である．試験対策に絞ればそのような分類が可能であるし，通常の授業であれば高頻度語を中心に指導しつつ，必要に応じて低頻度であっても重要な語と考えられるものを指導することができる．

## 1.5. 語彙の難しさを決定する要因

前節では語の構成要素について触れたが，本節では「語彙の難しさ」を決定する要因について紹介していく．単語の学習をしているなかで，「覚えやすい単語」や「覚えにくい単語」について，その違いを決定する要因は何なのかと疑問を感じる生徒も多い（この点について，I. S. P. Nation & S. Webb の *Research-*

*ing and analyzing vocabulary* (2011, pp. 314-315, 以下, Nation & Webb (2011)) が参考になる). 同書では語彙の難しさを, ①発音のしやすさ (pronouceability), ②綴りの規則性 (regularity of spelling), ③品詞 (part of speech), ④語の長さと音節数 (word length and number of syllables), ⑤形態学的な透明性 (morphological transparency), ⑥意味の確実性とイメージのしやすさ (concreteness of meaning and imageability) という6つの項目で示している. これらの項目のうち比較的イメージしやすいものもあるだろうが, ここではそれぞれの簡単な説明を加えておく. 説明にあたっては, 出典を参照しながら適宜例を加えている.

まずは①の発音のしやすさだが, これはL1との類似性によって決定される. L1とL2の音韻配列 (phonotactic pattern) を比較することにより, 発音のしやすさを調べることができる. 英語の場合は, 子音＋母音＋子音のCVCパターンを基本とする音韻構造のため, 子音＋母音のCVパターンで構成される日本語とは, 音韻的に大きな違いがある. 基本的に英単語の発音というものは, 日本語のイメージでローマ字読みをしてしまうと適切な発音にはならない (発音については, 第10章「発音の指導と評価」を参照のこと).

次に②の綴りの規則性であるが, 綴りには規則的なもの (regular spelling) と不規則なもの (irregular spelling) とがある. 音素と書記素の対応 (sound-letter correspondences) が規則的なものはパターン化して覚えることができるが, *knife* などの単語は語頭の文字を発音しない黙字 (silent letters) が含まれるため不規則な綴りとなる. 単語の規則性や不規則性についてより詳しく知りたい場合はNation (2009) の巻末に一覧があるので, そちらを参照されたい.

③の品詞については, 複数の品詞を取る単語の場合は理解が難しくなる. 例えば, bookには「本」という名詞の意味と,「～を予約する」という動詞とがある. より多く登場する優位な品詞 (dominant part of speech) をコンコーダンス (concordance) によって調べることが必要になる場合がある. コンコーダンスとは用語索引のことであり, 対象となる語がどのような文中で多く使われるかを調べることができるデータベースである. British National Corpus (BNC) やBank of English (BNK), Corpus of Contemporary American English (COCA) などは利用に登録が必要だが, 有名なデータベースなのでここでは名称のみ紹介しておく.

④の語の長さと音節数については, 長ければ長い方が覚えにくいという特徴があるため, 難しさの要因となっている. 例えば, 1音節の *dog* よりも5音節の *simultaneously* のほうが字数も音節数も多く覚えにくい.

⑤の形態学的な透明性とは, 単語の接辞 (接頭辞・接尾辞) や語幹の共通度

合い，と言い換えることができる．それまでに習得されている単語の一部と共通している箇所が含まれていれば，知らない単語に遭遇しても解釈できるからである．meaning という単語の意味と -less という接尾辞の意味が習得されていれば，"meaningless" という単語を初めて目にしても，意味（meaning）＋〜のない（-less）で「意味のない」と知識を組み合わせて解釈することが可能である．

⑥の意味の確実性とイメージのしやすさについては，抽象的な概念を表す語よりも実際に見たり視覚化できたりする単語のほうが，L1 と L2 を結び付けやすいという利点がある．しかし，視覚情報による影響がどれほどのものかという点については検証が足りていないことも指摘されている．例えば，物体として知覚できる「リンゴ（apple）」などよりも，「美しさ（beauty）」などの語は個人の感覚にもよる概念であり，目に見える物体よりもイメージ化しづらい単語と言える．

ここでは簡単な例の紹介に留めておくが，個々の単語が持つ情報の複雑さを考えれば，その難しさを決定する要因も複数存在することは理解できる．語彙をどのように指導するかを考える際は，単語の頻度や難しさといった様々な面を考慮することにより，語彙と深く向き合うことができる．教師側が知っている内容が多ければ多いほど，学習者にとって有意義な情報を提示することが可能となり，それによって指導に深みを持たせることもできるだろう．

## 2. 語彙指導の方法

第1節では語彙知識を構成する要素について扱ったが，本節では語彙指導の方法と評価について紹介する．

### 2.1. アルファベットとフォニックスの導入

アルファベットを文字として認識する前は，単語の綴りを目にしても，1つ1つの文字の形に注目することはなかったかもしれない．しかし，アルファベットを文字として学ぶ段階になると，それが音を表す記号であることを理解できるようになる．この時点から，文字の知識，および形式の理解が始まる．初期の学習者の場合は特にアルファベットを識別する時点で問題を抱える傾向があり，それが英語学習への苦手意識を引き起こしてしまうことがある．最初にひらがなを覚え始めた頃のことを思い起こしてみてほしい．最初は，誰しも多少の苦労があったはずである．外国語の文字を学ぶことは，学習者にとっても非常に負荷のかかる学びであることを教師として理解しておく必要があるだ

ろう．

　日本では 2020 年より小学校においても，「外国語科」という教科としての英語指導が開始される．小学校でこれまで行われてきたローマ字の指導は，あくまでも日本語の音をどのようにアルファベットで表記するかという点に留まっているため，英語の音とアルファベットの結びつきについては，音素–書記素の対応関係を重視した新たな視点からのアプローチが必要である（音素と書記素については，第 10 章「発音の指導と評価」を参照のこと）．

　英語は表音文字であるため，文字と音を結びつける学習を重点的に行うことが必要だが，その方法としてフォニックスの導入も検討できる．フォニックスとは基本的に，規則的な文字と音の結びつきを理解するためのものであり，文字と発音の結びつきを定着させるための学習方法として英語圏で用いられている．フォニックスとは言い換えれば「音素読み」の訓練である．とはいえ，英語には音と綴りの関係が規則的でない単語も多いため，そのような場合は目で見て覚える単語 (sight words) として指導する．

　フォニックスを用いることで学習者の音素への意識を高めることができ，初学習者にとっては非常に有効な指導方法の 1 つといえる．「フォニックス」で検索をすれば教材やアプリケーションを簡単に見つけることができるので，一度調べてみるとよいであろう．フォニックス教材を選ぶ際は，必ず音声データを入手できるものを選びたい．実際に発音を確認しながら教師自身のトレーニングにも繋がるからである（フォニックスについては，第 10 章「発音の指導と評価」6.1 節を参照のこと）．

## 2.2. 注釈の利用

　ある程度の単語を認識できるようになった段階では，まとまった英文を読んだり聞いたりしながら語彙の知識を深めていくことができる．リーディングやリスニングの中で語彙指導を含める場合には，テキストやスクリプトの中に生徒の知らない単語がどの程度含まれているか，事前に確認をする必要がある．その上で，重要度の高い語として導入するもの，知っておいたほうがよい語として分類するもの，補足的には説明するがそれほど重要度が高くないもの，などを予め見極めておくことも重要である．

　特にリーディングの活動においては，訳語を与える方法が用いられることがあり，文脈の理解を促進させるために，事前にまだ学習していない知らない単語（未知語）の訳語をリストにしておく方法もある．英文読解においては，読みを補助するものとして注釈 (gloss) を与える指導方法もある．注釈の効果は研究結果によっても証明されており，語彙の保持に役立つと言われている．注

釈には，訳語の提示から発展させて定義を与える方法や，同義語を提示する方法がある．またいくつかの選択肢の中から正しい注釈を選びつつ読解を進めるタイプの活動も提案されている．様々な注釈の与え方を知っておけば，生徒のレベルに応じた使い分けができるであろう．

## 2.3. 辞書の活用

語彙指導においては辞書の活用も重要である．辞書を適切に活用するためには，単語の品詞への意識が生徒側に備わっていなければならず，ここに問題があると文脈とは全く合わない意味を参照してしまう可能性があるため，「辞書を使って単語の意味を調べなさい」と指示するだけでは不十分なのである．

紙の辞書の場合は特に，「たくさん書いてあってどの意味か選べない」というような発言を耳にすることもある．辞書を使い慣れていない生徒にとっては，辞書を使用しながらの学習が過度な負担になることも多い．また，英和辞典が満足に使えない生徒に英英辞典を用いた学習をさせても，教師が期待するような効果は得られない．よって，生徒のレベルに応じて辞書の引き方を学ぶ時間を取ることも重要な語彙指導の一側面と言える．

辞書を一度も開いたことがない生徒は辞書の見出し語がアルファベット順に記載されていることも知らないであろうし，【名】【動】などのマークが品詞を意味していることすらわからないであろう．そのような学習者がいることも想定しながら辞書の活用方法を提示できるとよい．

近年では電子辞書を購入する生徒も多く，またスマートフォンなどからオンライン辞書を活用している様子が見られることもある．端末向けに開発されたアプリケーションの進歩には目覚ましいものがあり，単語の発音をアプリ上で確認することができるものもあるので，家庭学習で使用できる便利なアプリを教師側から紹介することもできるであろう．アルク社の『英辞郎』のアプリなどは非常に使いやすいので，一例としてここに挙げておく．

しかし，電子機器には注意すべき点もある．手軽で持ち運びやすいという利点はあるものの，検索対象とする語の一部の意味（一番初めに表示される意味）にしか意識が向かないというデメリットがある．そのため，可能であれば，紙の辞書，電子辞書，オンライン辞書を状況により使いわけ，複数の辞書を活用する方法を提示できるとよい．授業中は基本的に紙の辞書や電子辞書を持参するよう指示し，家庭学習用の便利なツールとして，オンライン辞書やアプリの辞書の使い方を示すことができる．インターネットに接続可能な環境であれば，授業中にオンライン辞書のページを開きスクリーンに映して，実際の検索方法を示すことも有効である．

辞書の活用ができるようになれば，1つの単語が持つ様々な意味に触れ，多義語への理解を深めることにも繋がっていく．また，同義語，反義語の知識を同時に蓄えることもできるであろう．活用に目を留めればコロケーションの知識が増やせる．

語と語の共起など，コロケーションの検索については『英和活用大辞典』（研究社）や『プログレッシブ英語コロケーション辞典』（小学館），*Oxford Collocations Dictionary for Students of English* (Oxford University) が役立つ．例えば，ある語と共起する品詞を調べると，その語を含む例文と共に，様々な活用例を調べることができる．名詞の work（仕事，労働，作業）の場合は，動詞＋(I began *work* today …)，＋動詞（The *work* excites me.），といった例文が出てくる．文法的に正しい表現であるかを確認する場合にも活用辞典は大変役立つので，手元に必ず用意しておきたい辞書の1つである．

## 2.4. 指導方法の確認（教師側の振り返り）

自分の指導方法は正しいのか．ときには客観的な基準で判断したくなることもあるのではないだろうか．そのような場合には，タスクによって生じる負荷を指標化した B. Laufer & J. Hulstijn Laufer が "Incidental vocabulary acquisition in a second language: The construct of task-induced involvement" (2001) で述べている関与負荷仮説（Involvement load hypothesis）の考え方が役立つ．この概念をさらに発展させたのが，Nation & Webb の「語彙指導に関する特徴分析のためのチェックリスト（A check list for technique feature analysis）」である．まずは，関与負荷仮説について説明した後，語彙指導のチェックリストについて詳しく紹介する．

関与負荷仮説とは，語彙の付随的または偶発的学習（incidental learning）の成果は，対象となる語を処理する際のタスクへのかかわり度合いが高ければ高いほど，習得に効果がもたらされる（＝よりよく保持される）という仮説である．付随的語彙学習とは，リーディングやコミュニケーションにおいて，生徒に学習する意図がなくても語彙が自然に学習されることを指している．反対に，生徒が明確な意図を持って語彙を学習することを意図的語彙学習（intentional vocabulary learning）と言う．

関与負荷仮説では，タスクの負荷を数値で示すために，必要性（need），探索度（search），評価（evaluation）という3つの要素があり，それぞれ「なし（absent：-）」「中（moderate：+）」「高（high：++）」という基準で点数化されている．その語はタスクを完了させる上で必要か（必要性），その語を調べる必要があるか（探索度），その語を他の語の形や意味と比較したりして，

文脈に当てはめる必要があるか（評価）．それぞれの基準は「−（0）」「＋（1）」「＋＋（2）」と数値化し，タスクの負荷として捉える．

例えば，文章読解後に理解度チェックが行われるタスクを課した場合，タスク遂行の際に参照が必要な注釈が目標語に加えられている場合は，注釈を見る必要（need）があると考えられる．しかし，その際に探索や評価は不要であり，負荷は低いタスクとなる．また注釈を見なくても遂行できてしまう場合は，必要性も探索度も評価も必要無いため，先の例よりも負荷の低いタスクとなる．しかし，未知語を用いたライティングが課された場合はどうだろうか．生徒はその意味を辞書で検索したり，書くために評価をしたりしなくてはならない．またそうしなくてはタスクを遂行できない．このような状況になる場合は，負荷が非常に高いタスクと分類される．

生徒の習熟度によっては，高すぎる負荷が学習を妨げる可能性があるという結果も一部で示されており，負荷の高いタスクにはそれだけ所要時間も必要となるため，タスクの特徴だけが生徒のパフォーマンスに影響を与えるとは言い切れない．しかし，教師としての立場からタスクの特徴を客観的に確認するうえでは，関与負荷仮説のような捉え方は非常に有効である．

次に，先述の Nation & Webb (2011) の「語彙指導に関する特徴分析のためのチェックリスト（A check list for technique feature analysis）」について，紹介していくことにする（表4参照）．このチェックリストには，動機（Motivation），気づき（Noticing），検索（Retrieval），生成（Generation），保持（Retention）の5つが含まれており，全体では18点が最高点となるように作成されている．得点はそれぞれの項目に対して，0か1で記入していく．

表4 語彙指導に関する特徴分析のためのチェックリスト (Nation & Webb, 2011, p. 7をもとに筆者訳)

| 基準 |
|---|

**動機 (Motivation)**
語彙学習の明確な目標があるか．
その活動は学習意欲を高めるか．
学習者は単語を選択しているか．

**気づき (Noticing)**
その活動は目標語 (target words) に注意を向けているか．
その活動は新出語の学習への気づきを向上させているか．
その活動には交渉 (negotiation) がともなうか (例：ペアワークにおいて)．

**検索 (Retrieval)**
その活動には，語の検索がともなうか．
その活動は産出的な検索か (例：クロスワード，スピーキング，ライティングなど)．
その活動は再生課題 (recall) か．
その活動には，それぞれの語に対する複数回の検索がともなうか (例：単語カード)．
検索と検索の間隔はあいているか．

**生成 (Generation)**
その活動には生成的な使用がともなうか (例：作文)．
その活動は生産的か (例：語構成を答える活動)．
その活動は，他の語の使用を必要とするか (例：語変化，コロケーションなど)．

**保持 (Retention)**
その活動は，形式と意味のつながりを確実にするか．
その活動には，実体化 (instantiation) がともなうか (例：視覚化できる情報)．
その活動には，イメージ化がともなうか (例：キーワードによる学習)．
その活動は，(何らかの) 干渉を防ぐか (例：同義語・反義語，下位分類の語が含まれていないか)．

　先に挙げた関与負荷仮説での採点と，チェックリストでの採点では，最小値最大値ともに異なるので単純な比較はできないが，チェックリストによって採点をした場合，タスクの種類によってはその特徴をより際立たせることができると指摘されている．このような客観的な指標は，指導の方針を修正する際に役立つ情報となる．毎回の授業で用意するすべてのタスクに，この指標を当てはめることは現実的ではない．しかし，語彙指導には様々な要素が含まれることを客観的に振り返ることによって，語彙への理解をより一層深め，効果的な指導方法についても意識が向けられるようになる．用意した教材が思ったよう

な効果を発揮していないように感じたときには，タスクの特徴を客観的に確認する作業も必要である．そのときには，このリストのようにタスクを細分化して捉えることのできる指標が役立つであろう．

　最後に，意図的語彙学習（intentional vocabulary learning）について簡単に触れておく．この意図的語彙学習は，生徒が明確な意図を持って語彙を学習することを指している．語彙研究者の間では，基本 2000 語レベル（ワードファミリー）までは，付随的語彙学習よりも意図的語彙学習を重視すべきであるという意見もある．意図的語彙学習のほうが，生徒が何について学ぶか教師側でコントロールしやすいという利点があるためである．目の前の生徒の習熟度をよく把握したうえで，適切な指導方法を選びたい．

## 3. 語彙の評価

　本節では，評価という観点から語彙ならびに語彙習得を捉えていく．

### 3.1. 語彙力の測定について

　授業内の小テストとして語彙テストを扱うときは，出題範囲を明確に示し，複数回にわたって繰り返しテストを実施することにより，生徒が習得すべき語彙知識の定着に繋げていく．テスト作成時には「語彙知識には何が含まれるのか」を思い出すとよいであろう．また，測定したい知識を整理しておくことも忘れないようにしたい．授業内での小テストは基本的に全問正解を目指すものであるため，必要以上に難しい問題を作成することのないように注意しなくてはならない．到達度を測定するテストは目標規準準拠テスト（CRT：Criterion Referenced Test）と呼ばれ一般的な英語力を測定するような TOEFL や TOEIC，英検などとは性質が違うことも併せて確認しておきたい．

　ここまで繰り返し触れてきたように，語彙力には様々な側面が関係している．しかし現存するテストでは，単語の持つ様々な側面を一度に測定できるものは存在していない．しかし，広さと深さに関しては，既に様々な研究で用いられているテストがあるため，ここでは日本人の生徒に向けて実施することを考える際，有用性の高いと考えられるものを中心に紹介していくことにする．

### 3.2. 語彙の広さの測定

　語彙の広さを測定するテスト（以下，語彙サイズテストとする）は，受容的語彙サイズテストと考えることができる．近年，広く知られているものとしては，2007 年に発表された Nation & Beglar による Vocabulary Size Test（以

下 VST）や，日本人英語学習者のために開発された「語彙サイズテスト（通称，望月テスト）」を挙げることができる．VST の日本語版は Paul Nation のウェブページにある Vocabulary tests の Vocabulary Size Test (bilingual Japanese version : https://www.victoria.ac.nz/lals/about/staff/Publications/paul-nation/Vocab_Size_Test_Japanese.pdf）から確認できる．VST の日本語版ならびに利用方法などが記されたファイルもすべて PDF 形式でダウンロード可能である．

　望月正道の「日本人英語学習者のための語彙サイズテスト」(1998) を基に改良が重ねられ現在のかたちとなった「望月テスト」は，現時点で筆記版（第 1 版～第 3 版）と PC 版が公開されている．これは相澤一美・望月正道（編著）『英語語彙指導の実践アイディア集——活動例からテスト作成まで——』大修館書店 (2010) から利用可能である．

　中学・高校で使用する場合は，望月テストを利用するとよいであろう．本節では，望月テストを簡単に紹介する．テストの詳細（設問等）は先の出典をご覧いただきたいが，テスト形式は多肢選択式（正答，誤答を含む選択肢から正しいものを 1 つ選ぶ形式）が採用されており，与えられた 2 つの英単語に対応する適切な日本語訳を 6 つの選択肢の中から選ぶというものである．テストはレベル 1 からレベル 7 までの 7 つで 1 セットとなっており，第 1 版から第 3 版まである．1 つのレベルには 26 問が用意されており，それによって 1000 語単位での推定語彙サイズが測定できる仕組みとなっている．例えば，レベル 1 からレベル 3 まで（3000 語レベルまで）を受験させた場合，ある生徒の得点がレベル 1 では 26 点，レベル 2 では 20 点，レベル 3 では 10 点であった際の語彙サイズは，$(26+20+10) \div 26 \times 1000 = 2153.34 \dots$ となり，3000 語中 2153 語の語彙サイズがあると推定できる．

　テストを利用するにはまず，先述の『英語語彙指導の実践アイディア集——活動例からテスト作成まで——』に付属している CD-ROM を入手する必要がある．CD-ROM には，第 1 版から第 3 版までの望月テストが収録されており，PC 版のテストも併せて収録されているので，LL 教室や CALL 教室など，生徒一人一人が PC 操作できる環境の場合には，PC 版を利用する方法もある．学年が始まる前と後で，望月テストを用いて語彙サイズの比較をしてもよいであろうし，高校生であれば，1 年生，2 年生，3 年生というように学年ごとに実施させて段階的に利用することも可能であろう．

　数千語の単語を 1 つ 1 つテストするのは実用的ではないが，研究者によって開発された推定語彙サイズテストをうまく授業内の活動に取り入れることにより，生徒にどの程度の語彙サイズが備わっているかを客観的に見ることができる．これは生徒にとっても，自分の語彙サイズを確認できるよい機会となる．

## 3.3. 語彙の深さの測定

語彙の深さについての測定では，1993年に発表され，後に1996年，1997年と改良されたParibakhtとWescheによる「語彙知識スケール（Vocabulary knowledge scale：以下VKS）」やJ. Readが1993年と2000年に発表した「語連想テスト（Word Association Test：以下WAT）」が英語教育の研究では広く用いられている．この中でも特にVKSは，「単語を見たことがあるか」「単語を知っているか」という自己評価によって構成されているため，日本語教育の分野でも使用されており，汎用性の高さがうかがえる．ここでは，まずVKSを中心に紹介していく．

以下はVKSを加工したものである（図1参照）．VKSでは，語彙習得のプロセスについて，単語として知覚することから始まり，次に意味の理解，そして産出的な知識として英作文を行うまでに発展していくことを踏まえて作成されている．

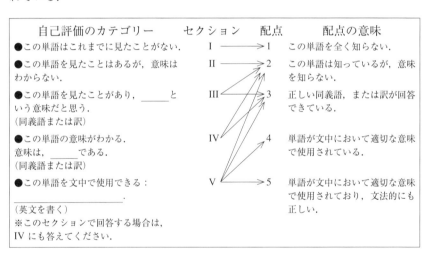

図1．VKSのスケールと採点（Paribakht & Wesche, 1997, p. 178を基に筆者訳）
注：ここでは「自己評価」と「配点」を1つにまとめて日本語にしたものを記している．

配点がやや複雑であるという点を除けば，生徒が単語の意味をどの程度理解しているのかを詳細に確認することができるため，得られる情報量も非常に多い．より簡易的な形式で利用したい場合には，K. S. Folseが2006年に発表した簡略化されたVKS，すなわちmodified Vocabulary knowledge scaleを用いることもできる．この簡略化されたVKSでは「この単語の意味がわからない」「この単語を知っており，意味は...である」「この単語で例文を作るこ

とができる」という3段階で評価を行っており，配点もそれぞれ「0, 1, 2」と単純化されているので，通常の授業でも使用しやすい（詳しくは "The effect of type of written exercise on L2 Vocabulary retention" (2006) を参照のこと）．

一方 WAT は「語連想」という名前のとおり，語の持つ意味を深く理解できているかどうかを測定するテストである．例えば，*edit* という目標語に対して，*arithmetic, film, pole, publishing, revise, risk, surface, text* などの単語が与えられ，*edit* と同義語に分類できるものや，意味的に近いものを選ぶという連合的 (paradigmatic) な知識と，*edit* と共起する単語を選ぶという統語的 (syntagmatic) な知識が問われる形式となっている．この場合，*edit* と同義語に分類できるものは *revise*，共起する語は *film* である（詳しくは，"The development of a new measure of L2 vocabulary knowledge" (1993) を参照のこと）．このように，中学・高校で使用するにはやや複雑な形式であるため，使いやすさという点では VKS のほうがよいであろう．

語彙知識の測定にあたっては，語彙の広さと深さの両方を考慮することにより，様々な視点から生徒の語彙力を探ることができる．指導方法のみならず，評価の方法について検討することも重要である．語彙の特徴，語彙指導の方法，評価の方法を一連の流れで捉えることは，生徒の語彙習得を教師として適切に支援するうえで必要不可欠な視点である．

## 4. まとめ

語彙の指導や評価を行う際には，「どのような単語のどのような知識を習得してほしいのか」という意識を常に持つ必要がある．単語の様々な側面を意識しながら指導を行うことができれば，生徒のつまずきにも初期の段階で対応可能となり，語彙習得を総合的に促進させることができる．「意味」がわかるだけでなく，「単語を使える」ように様々な側面から指導をしていくことが，生徒の語彙力を鍛えることに繋がっていくのである．

### 参考文献

相澤一美・望月正道（編著）(2010).『英語語彙指導の実践アイディア集―活動例からテスト作成まで―』東京：大修館書店.

Folse, K. S. (2006). The effect of type of written exercise on L2 vocabulary retention. *TESOL Quarterly, 40*, 273–293.

Laufer, B., & Hultijn, J. (2001). Incidental vocabulary acquisition in a second lan-

guage: The construct of task-induced involvement. *Applied Linguistics, 22*, 1-26.
Meara, P. (1996). The dimensions of lexical competence. In G. Brown, K. Malmkjaer, & J. Williams (Eds.), *Performance & competence in second language acquisition* (pp. 35-53). Cambridge: Cambridge University Press.
望月正道（1998）.『日本人英語学習者のための語彙サイズテスト』語学教育研究所紀要, 第12号, 27-53.
Nation, I. S. P. (2001). *Learning vocabulary in another language.* Cambridge: Cambridge University Press.
Nation, I. S. P., & Beglar, D. (2007). A vocabulary size test. *The Language Teacher, 31*(7), 9-13.
Nation, I. S. P., & Webb, S. (2011). *Researching and analyzing vocabulary.* Boston, MA: Heinle, Cengage Learning.
Paribakht, T. S., & Wesche, M. (1993). Reading comprehension and second language development in a comprehension-based ESL program. *TESL Canada Journal, 11*(1), 9-29.
Paribakht, T. S., & Wesche, M. (1996). Enhancing vocabulary acquisition through reading: A hierarchy of text-related exercise types. *The Canadian Modern Language Review, 52*, 155-178.
Paribakht, T. S., & Wesche, M. (1997). Vocabulary enhancement activities and reading for meaning in second language vocabulary acquisition. In J. Coady & T. Huckin (Eds.), *Second language vocabulary acquisition: A rationale for pedagogy* (pp. 174-200). Cambridge, England: Cambridge University Press.
Read, J. (1993). The development of a new measure of L2 vocabulary knowledge. *Language Testing, 10*, 355-371.
Read, J. (2000). *Assessing vocabulary.* Cambridge: Cambridge University Press.

（高波幸代）

# 第 12 章　文法の指導と評価

## 1. 第 2 言語習得理論に基づいた指導法

　英語教育の重要な目的の 1 つが「コミュニケーションの能力の育成」にあることに異論を唱える人はいないであろう．実際に，1970 年代から 1980 年代にかけてコミュニカティブ・アプローチが台頭してきた際においては，コミュニケーション能力の育成が最重要視され，文法指導，特に明示的な文法指導を否定的に捉える研究者，教育者の主張が大きな影響力を持った．しかしながら，その後，コミュニケーションに不可欠な文法能力の習得のためには，学習者の気づきが必要であることや，意識して文法を使用するアウトプットの機会が不可欠であるとの主張が広く受け入れられるようになり，コミュニケーション能力を支える下位技能である「文法」については，暗示的であれ明示的であれ，指導していくことが必要であると考えられている．特に，生徒が学ぶべき文法項目が学習指導要領において規定されている日本の中高においては，文法指導は当然ながら不可欠であるといえる．
　本節では，文法指導を考えるにあたって，あるいは授業を設計し，また改善を図るにおいて，知っておくべき重要な指導法について紹介する．

### 1.1. インプットを重視した文法指導

　インプットを重視した文法指導法としてよく知られたものに，「インプット洪水」(input flood)，「インプット強化」(input enhancement)」がある．「インプット洪水」とは，目標文法項目を含む題材をたくさん読ませたり聞かせたりして，学習者に洪水のようにインプットさせ，学習者がそれに気付いて習得していくという指導法である．例えば仮定法過去が目標文法である場合，次のような英文がインプットの題材の例である．

I want to buy a new jacket to wear this spring. If I had a free time, I would go shopping in Shibuya today, this afternoon. But I cannot. I have to stay here to teach English lessons. So, I'm going to buy one this weekend. I like an Italian jacket. If I had a lot of money I would buy an Italian one. But I cannot. My payday is next week. Maybe I will buy a jacket made in Japan or China. About color, which color do you like? Which color would you buy, if you were me? （筆者作成）

しかしながら，このインプットの場合，生徒の焦点は言語そのものではなく内容にあるので，目標文法の仮定法を明示的に指導せずさりげなく暗示的に与えていくだけでは，学習への効果は限定的であるといえる．

その弱点を補って強化する方法が「インプット強化」であるが，これは，リーディングの際に，目標文法項目に下線を引いたり，太字にしたり，また色を付けたりして，その目標文法項目を視覚的に目立つようにしてやることである．こうすることによって，生徒の注意を引き，習得を促すことになる．口頭で行う場合は，音声の大きさやイントネーションを変化させて目標文法項目を際立たせ，生徒の注意を引くことが考えられる．次の例は進行形の受動態を目標文法とした教科書の英文を筆者がインプット強化した文である．

I respect Helen Keller most. When she was two years old, Helen lost her eyesight, hearing, and speech. Despite her hardships, she worked very hard for world peace. Her statue <u>is being built</u> in some cities, and exhibition of her work <u>is being held</u> in Tokyo. In addition, a book about her life <u>is being written</u> by a famous Japanese writer too. She has been looked up to by people all over the world for many years.

(*Vivid II English Expression*, 第一学習社, 2013, p. 21)

このような「インプット強化」が生徒の文法への気付き，そして習得をどの程度促進していくのかについては，多様な要因，例えば，生徒の熟達度，学習の動機の強弱などの個人的要因や対象とする目標文法項目，インプット強化の顕著性などに左右されるので決定的な効果は不明である．「インプット強化」の指導には読解を阻害するという結果を示した研究もあり，今後のさらなる検証が求められる．しかしながら，この「インプット強化」も「インプット洪水」と同様に，文法の指導においては，その暗示性ゆえに単独では大きな効果が得られず，明示的指導と組み合わせたり，融合させていく必要があると考えられる．

## 1.2. アウトプットを重視した文法指導

潤沢なインプットが言語習得の大前提であることには疑いの余地がないが,さらに,言語知識の内在化,統合などの様々な認知プロセスを促すうえで,生徒が話したり,書いたりするアウトプットが重要な役割を果たしている.英語教育学の世界では,スウェインによって提唱された4点の重要なアウトプット機能が一般に受け入れられている(詳細は,第1章「第2言語習得研究と関連諸問題」3.3 節を参照のこと).

アウトプットを重視した活動には次のようなものがある.生徒は 1) 英文を 2, 3回聞いてメモを取り,2) メモをもとに,個人あるいはペアやグループで文章を復元し,3) 出来上がった文章と元の文を比べ差を見つける.

さらにその後,文章の内容に関して意見を述べたり交換するなどのコミュニケーション活動を加えることも有効である.このディクトグロス(dictogloss)と呼ばれる指導法は,メモを取る,復元するというようにいくつかのスキル習得が含まれており,目標文法への気づきや文章を組み立てる統語的プロセス,発話した(あるいは書いた)英語が正しいかどうかの確認を経て,学習が促進されると考えられる.

次の例は to-不定詞を目標文法としたレッスンでのアウトプット活動である.学習者は事前に to-不定詞を学習し,充分に文法の練習問題をした後に,例文を参考にアウトプットするので,暗に目標文法の使用が求められ,学習が促進されることになる.

---

Try It! あなたの好きな科目について発表しましょう. Talk about your favorite subject.

例 I like Japanese history very much. There are a lot of historical figures we can learn about, such as Shotoku Taishi, Oda Nobunaga, and Sakamoto Ryoma. They had fascinating lives. I'm interested in Oichi. She was a sister of Oda Nobunaga. I want to go to university to do research on her.

(*Vivid II English Expression*, 第一学習社, 2013, p. 23)

---

文法(語彙)学習において,アウトプットの機会を生徒に与えることが不可欠であることは自明であるが,アウトプットを重視した指導は,生徒が理解し習得した,あるいは理解習得の過程にある語彙や文法を実際に使いこなせるようにする上で大きな役割を果たすといえるだろう.中高の授業でよくみられる,目標文法を含んだ英文を用いての,反復・置換・変形等の機械的なパターンプラクティスや様々なバリエーションでの音読活動のみならず,学習し理解

した文法知識を使いこなせるようになるためには，自分の言いたいこと，伝えたいことを言語化していく創造的なアウトプット活動が必要であるといえる．目標文法項目の使用を義務づけた活動から，自分で使用する文法や語彙を自由に選択できる自由度の高い活動への流れ，理解と定着を主目的とする活動と自由な産出を目的とする活動の融合が求められるといえる．

## 1.3. インタラクションを重視した文法指導

　目標言語での他の対話者と情報や意思を伝達するインタラクションは，第2言語習得において，様々な認知・統合のプロセスを促進すると考えられている（詳細は第1章「第2言語習得研究と関連諸問題」3.2節を参照のこと）．

　生徒とのやり取りを重視した指導を考える場合，近年，数多くの研究が行われている訂正フィードバック（corrective feedback: CF）の機能と効果について注目する必要がある．CFとは発話者（学習者・生徒）の誤りに対する対話者（教師）の反応，発話であるが，教師が正しい表現を示すリキャスト（recast）や明示的訂正（explicit correction）と，生徒に修正を求めるプロンプト（prompt）と呼ばれる明確化要求（clarification request），繰り返し（repetition），誘導（elicitation），メタ言語的フィードバック（metalinguistic feedback）などがある（興味のある方は参考文献のLyster & Ranta, 1997を参照されたい）．生徒とのやり取りにおいて，教師，あるいは他の生徒から受けるCFにより，生徒は発話すべき表現と，自分の誤りの違いに気づき，文法・語彙を学ぶことが出来ると考えられている．

　以下，CFのそれぞれの項目について述べていく．

　リキャストとは，会話の流れの中で，さりげなく相手の間違いを訂正し，正しい表現を伝える方法である．以下はその例である．

　　S:　I don't take care of my little sister last year.
　　T:　Oh, you didn't take care of your sister then.（←リキャスト）
　　S:　Ah, I didn't take care of her.

　　S:　I will drink, drink medicine.
　　T:　Yes. You will take medicine.（←リキャスト）
　　S:　Oh, Yes. Yes. Take medicine.
　　　　　　　　　　　　　　　　　　　　　　（英文は筆者による）

これらの例では，リキャストを受けて，学習者が自分で誤りに気づき，修正することに成功している．リキャストは明示的に誤りを指摘しないので会話を遮ることがなく，学習者にとって優しいCFといえる．教室で最も多用されてい

るCFだと考えられている．

　これに対して，明示的訂正は，次の例のように，生徒の発話の誤りを明確に指摘し，正用を提示するやり方である．

　　S:　I eat Sushi last night.
　　T:　I ate Sushi last night.（←明示的訂正）　　　　　　（英文は筆者による）

この方法は訂正の意図（corrective intention）と正しい表現が確実に伝わるが，コミュニケーションが遮られてしまうという弊害が考えられる．

　次は，明確化要求であるが，このCFは正しい表現を示さず，生徒自身に訂正を求めるものである（プロンプト）．

　　S:　Why does he taking the flowers?
　　T:　Pardon?（←明確化要求）
　　S:　Why does he take flowers?
　　　　(Loewen & Nabei, *Conversational interaction in second language acquisition* (pp. 361–377))

この例では，発話者は自分の発話が理解されなかったことに気づき修正することになる．

　次の例は，同じく生徒自らに修正を求めるCFの1つである繰り返しであるが，誤りの部分の声の調子を変えたりして，誤りを繰り返し，発話者に誤りを気づかせて修正させている．

　　S:　*Biwako*.
　　T:　*Biwako*（顔をしかめ，koを強調して）．（←繰り返し）
　　S:　Ah, Biwa lake, Lake Biwa.　　　　　　　　　　　　（英文は筆者による）

この例では日本語の使用を修正させることに成功している．

　「誘導」も生徒自身に修正を求めるプロンプトの一種である．

　　T:　Why did the student have difficulty communicating with them? Yusuke?
　　S:　Because he didn't have … confident.
　　T:　Have, confident?（←誘導）
　　S:　… Ah, confidence.　　　　　　　　　　　　　　　（英文は筆者による）

この例のように，教師が過ちの手前を繰り返し，そこでポーズを入れ，生徒に気づきと修正を求めるCFである．

最後は，メタ言語フィードバックだが，このプロンプトでは過ちに関する文法や語法の情報を与える．

 S: Yesterday I buy ... bought three book.
 T: Plural, 複数です．（←メタ言語フィードバック）
 S: ... three books.       （英文は筆者による）

このように，誤りがはっきりと示されるので，修正される可能性も高いといえるが，他のプロンプト同様に，コミュニケーションが遮られてしまうという弊害が考えられる．

 生徒とのやり取りにおいて与えられる CF は，第 2 言語習得を促進し，教室内での文法指導においても効果的であるといえる．しかしながら，生徒とのやり取りを重視するコミュニケーション活動において，生徒が CF などのフィードバックを受けて新知識を習得していくには，ある程度，対象となる項目への知識があることが前提であると考えるべきである．特に，日本のような英語との接触が限られている外国語学習環境では，インタラクションによって新知識を習得させる効果は極めて限定的であると考えられる．この点については，第 2 言語習得研究においても研究者によって意見の分かれるところでもあるが，CF の重要性については何ら疑問はない．たとえ，新知識の習得が難しいとしても，CF は知識として理解した言語知識を確認・強化していく上で非常に大きな役割を果たすからである．教師は出来るだけ多くのインタラクティブな活動機会を設け，状況に応じて多様な CF を使い分け，生徒に与えるべきであると考える．

 以上，インプット，アウトプット，インタラクションを重視した文法指導について述べてきた．文法指導には，習得を目指す目標文法項目を学習者にはっきりと意識させ，明示的に説明し教える「明示的指導」と，明示的に説明はせず，言語活動やタスクを通じてより「自然」に習得を促す「暗示的指導」がある．本節で紹介してきたインプット，インタラクションを重視した指導例は，主に前者の「暗示的指導」にあたる．また，アウトプットを重視した指導は，新知識を習得させるというより，むしろ生徒が理解し習得した，あるいは理解習得の過程にある語彙や文法を実際に使える知識にしていくという上で重要な役割を果たすといえるだろう．「明示」「暗示」に加えて，明示的に規則を説明し，例を提示していく「演繹的指導」と多くの例を提示して，生徒自身に規則を発見させる「帰納的指導」という分類も重要である．従来の伝統的文法指導法はいわゆる「演繹的明示的指導」になるのだが，実際にコミュニケーションに使える文法の習得ということでは十分に成果を上げてきたとは言い難い．次

節では，伝統的文法指導法である，提示・練習・使用（Presentation・Practice・Production: PPP）と最近注目されているタスク中心の言語指導（Task-based language teaching: TBLT）を扱う．

## 2. 提示・練習・使用（PPP）とタスク中心の言語指導（TBLT）

### 2.1. 提示・練習・使用（Presentation・Practice・Presentation: PPP）

提示（Presentation）・練習（Practice）・使用（Production）の3ステージからなるこの指導法は，それぞれの頭文字をとりPPPと呼ばれている．「提示」において目標文法項目を主に日本語で明示的演繹的に説明し，「練習」において文法規則の操作を定着するための機械的練習を行い，最後の「使用」において目標文法を使ったコミュニケーション活動を行うという流れである．背景には，行動心理学による習慣形成が習得メカニズムとしてある．

この「しっかり理解して，たっぷり練習して，実際にそれを使ってみる」という指導の流れは十分に説得力がありそうだが，言語習得における効果としては第2言語習得（SLA）研究者からは懐疑的にみられる傾向にある．この指導法は正確さを重視するあまり真のコミュニケーション能力につながらない，あるいは第2言語習得の理論に反している，習った語を意図的に使えるのはその場だけである等々の問題点が指摘されている．しかしながら，日本の英語教科書は文法学習を柱として編集されているために，その教科書との整合性と実効性などから，日本の中高で授業を組み立てるうえでは，現実的で，かつ有効であるというと捉え方も根強い．

### 2.2. タスク中心の言語指導（Task-based language teaching: TBLT）

タスク中心の言語指導はその原語であるTask-based language teachingのそれぞれの頭文字をとってTBLTと呼ばれている．TBLTの重要構成要素であるタスクの定義は研究者によって様々であるが，おおむね，(1) 意味のやり取りに焦点を当てた活動であること (2) 課題としてのゴールを持つ活動であること (3) 自然な言語使用の際と同等の認知プロセスを要求する活動であること，とまとめることができるだろう．つまり，目標文法を明示的に教え，言語形式に焦点を当ててプラクティスするのではなく，与えられた課題に対して言語活動を行い，目的を達成することによって，言語を習得させるという指導法である（さらに興味のある方には松村昌紀『英語教育を知る58のカギ』が有益である）．先述のPPPは文法項目を積み上げ式に学んだ項目を使用して言語を習得する（Learning to use it）という言語習得観，一方，TBLTは目的のために使

用することによって言語習得が進んでいく (Learning by using it) という言語習得観が基になっている．

TBLT の実践方法としては様々な指導法があるが，基本的には目標文法項目をあらかじめ設定せず，仮にあったとしても文法指導を先に行わないのが通常である．あくまで，意味中心の活動の中で，インプットや訂正フィードバックを通じて，意図的ではなく偶発的に学習したり (incidental learning)，言語そのものに注意を向けないで，内容に注意を向けながら無意識に，つまり，暗示的に学習 (implicit learning) することが期待されている．しかしながら，TBLT ではタスクの完了が目的であるので，正しい英文や目標文法を使わないとしても，単に単語を繰り返すだけであったり，ジェスチャーなどの非言語コミュニケーションを使ったりするなど，あらゆる方法を用いて活動していくことになる可能性がある．このような指導になっても何ら TBLT の理念に反するものではないが，教室での言語習得・学習という観点からは，タスクの最後に特定の形式に注意がいくように仕向ける工夫や，まずはタスクで自由な言語活動を十分に行い，その後に，明示的な指導を行うなどの指導法が考えられている（さらに詳しく学びたい方は，先に紹介した松村昌紀『英語教育を知る 58 のカギ』および同じ著者による『タスクを活用した英語授業のデザイン』を参照されたい）．

日本での実践を考慮した場合，TBLT をそのまま導入するには，多くの問題があり，現実的とは言えないとの指摘もあるが，学習者の自発的創造的言語使用を尊重する TBLT はその理念において非常に教育的価値が高く，将来的には，豊かな言語活動を中心とした授業を設計していくうえで，大きな貢献が期待されると考えられる．

### 2.3. PPP と TBLT の融合型指導の提案

PPP，TBLT ともに多くの課題・問題点が指摘されている．PPP に関しては既に述べたことに加え，目標文法項目を決めて学習していくと実際のコミュニケーションの場面で，目的や状況に応じて柔軟に英語を使っていく能力がつかない，あるいは，最初の「提示」(Presentation) での文法説明で生徒がやる気をなくす懸念がある．また，「練習」(Practice) での機械的練習は本当に効果があるのか，さらには，教師主導型の授業になって生徒の自主性を伸ばすことができないのではないか等々の様々な問題点があげられている．

一方，TBLT は第 2 言語習得理論上，また，思考や人間性の向上も目指し得るという点において，教育的にも理想的である考えられるものの，実際に英語の使用機会の少ない日本での外国語としての英語学習環境や学校での限られた授業時間，また，タスクベースで作成された教科書が存在しないなど，様々

な要因を考慮すると，TBLT をそのまま現在の中高の英語の授業に持ち込むのには無理がある．そこで，日本の EFL 環境においては，文法先行型の PPP を基本にした授業設計が中高の現場においては最も現実的かつ効果的であるという立場から PPP 指導に TBLT の長所を取り入れた指導案を例示する．

　伝統的 PPP の最も大きな問題点の1つは，特に「練習」（Practice）での，習慣形成への依存である．以下の指導案では，単に機械的な練習だけではなく，実際の使用を含めた練習をも重視し，この問題を克服する．これは，生徒が，何かについて説明できるという「宣言的知識（明示的知識）」を活用し，練習，実際の使用を繰り返す中で，実際に何かができるという「手続き的知識」を身に付けるという認知心理学のスキル獲得理論（ACT-R，詳しくは，J. R. Anderson らの "An integrated theory of the mind" *Psychological Review, 111*, pp. 1036-1060 を参照されたい）にも適っており，第2言語習得を「スキル学習」ととらえる主張とも整合性がある．活動として，文脈を伴った各個人に関連のある英文を用いての，形式と意味に焦点を当てた練習を行うことが上げられるが，村野井仁らは『実践的英語科教育法』の中で，構造だけではなく文法の意味に焦点を当てた有意味文型練習，よりコミュニケーションに近い形での文法を練習するコミュニケーション・ドリルを提案している．

---

目標文法：受身形，比較級
手順：1）ペアワークによって，表 A, 表 B 情報格差を埋めさせる
　　　2）古さの順番を比較級を使って確認させる

Student A:　When was Horyuji built?
Student B:　Well, it was built in the seventh century. How about the Angkor Wat? When was it built? (お互いの空欄が埋まった後で) So Horyuji is the oldest of all. And the Statue of Liberty is the newest. The Angkor Wat is older than the Taj Mahal …

| 表 A | 作られた世紀 | 古さの順位 | 表 B | 作られた世紀 | 古さの順位 |
|---|---|---|---|---|---|
| 法隆寺 | 7世紀 | (　) | 法隆寺 | (　)世紀 | (　) |
| アンコールワット | (　)世紀 | (　) | アンコールワット | 12世紀 | (　) |
| (以下省略) | | | | | |

（村野井他『実践的英語科教育法』, p. 133）

## 第12章 文法の指導と評価

　この活動では，実際にコミュニケーションをしながら，目標文法の練習が行われることがおわかりいただけるかと思う．

　伝統的 PPP では言語習得に不可欠な潤沢で質の高い英語でのインプットが不足していることも大きな問題である．これに対しては，この指導案では授業を主に英語で行うことを提案したい．例えば，「提示」(Presentation) での文法の導入を英語でのスモールトークで行い，生徒との多くのインタラクションと生徒のアウトプットの機会を設けることが重要である．文法説明は，もちろん日本語で行っても構わないが，その場合も，工夫を凝らして生徒がやる気になる説明をすべきである．具体的には，既習事項と関連させて，生徒の理解を確認しながら，英語でのインタラクション (interaction) も入れながら説明する，例文に工夫を凝らす，日本語と比較しながら生徒の興味関心を引くなど，様々な工夫が考えられる．また，文法用語使用も必要最小限に留め，出来る限り簡潔に説明していくことが望ましいといえる．

　「使用」(Production) においては，あらかじめ決められた文法項目を用いて形式に注意を払い活動するのは，本来のコミュニケーション活動ではないという批判がある．確かにそのとおりであるが，日本のように日常的に英語を使う環境にない状況では，目標文法の使用を確保・保証してやることが言語習得には不可欠であると考えられる．しかしながら，それだけではなく，目標文法項目使用にとらわれない自由度の高い活動（例えば，簡単な意見交換，ディスカッション，ディベート，ロールプレイ，プレゼンテーション，エッセイライティングなど）をこの「使用」(Production) に組み入れていけば，TBLT で用いられるタスクをこの段階にて活用することになる．新学習指導要領では，「主体的，対話的，深い学び」がキーワードになっているが，PPP の最後の P において，生徒の好奇心を喚起し，創造・想像力を働かせながら，思考を伸ばしていくことのできる活動を入れていくべきだといえる．

　以下に，機械的練習の後に行われる練習（Practice）における<u>文脈を伴った各個人に関連のある英文を用いての形式と意味に焦点を当てた活動例</u>を示す．

---

Short talk: 目標文法は関係代名詞 主格 who
❶ want to be a person who ～ の構文を用いて，自分が将来どんな人になりたいか，理由も伝え，2人で会話を続けてください．

---

この後，最後の Production（使用）に進むのであるが，以下は，目標文法を使う活動に続いて行われる<u>目標文法使用を義務付けない自由度の高い活動例</u>である．

> Role play ペアでそれぞれAかBになり，相手を説得するよう会話をしてください．
> (Role A　son/daughter)
> You want to enter a senior high school in America next year, because you want to play an active role internationally in the future. But your father/mother may not allow it.
> Ask your father/mother for permission.
> (Role B　father/mother)
> Your son/daughter will ask you if he/she can go to an American high school. You don't want him/her to go there. You just want him/her to be successful in Japan (not internationally). Try to make him/her give up the plan.
>
> （英文は筆者による）

　この活動では，目標文法項目である who が使用されることは理想であるが，あくまで，コミュニケーションを重視して，生徒が自分で使用する語や文法を選んで自由に活動することが重要である．

　理解し，充分に練習し，使用したからといって，それがすぐに習得につながるわけではなく，長い時間と継続的な練習，使用が必要である．しかしながら，目標文法の「明示的理解」と「練習」を通じての体得は，基礎的な能力が確立していない中高生にとっては不可欠であり，実際に英語でコミュニケーションをする上での土台となるべきものである．最終的にコミュニケーションのなかで，創造性を発揮して自由に英語を使えるようになるためには，「練習」と「意図的な目標文法の使用」を通じて基礎的言語能力を習得しなければならない．

## 3.　評価に関して

　文法のテスト・評価については，そもそも，文法を独立してテストすることの正当性を疑問視する見方が従来からあった．少なくともコミュニケーションのための文法力という観点から従来の「宣言的知識」のみを測定し，それをもって文法力として評価する方法からの脱却は急務であるといえるだろう．しかしながら，同時に，日本のような英語学習環境における，「宣言的知識」「明示的知識」の役割も考慮しなければならないであろう．文法に関する「宣言的知識」「明示的知識」の習得は，その後，コミュニケーション能力を習得して

いく上で大きな役割を果たすと考えられるからである．このことを踏まえ，本節では，コミュニケーション能力養成が求められる中でどのような文法の評価法が考えられるかを述べる．

## 3.1. 伝統的文法問題と今後の課題

　文法の評価に関して考えると，文法規則を知っているという宣言的知識<u>だけではなく</u>，実際にそれを使える文法力，つまり，手続き的知識の有無が測定されるべきということになる．では，現状はどうであろうか．以下は，平成28年度センター試験の文法問題である．

　　問1　The train ｜ 8 ｜ when I reached the platform, so I didn't have to wait in the cold.
　　　① had already arrived　② has already arrived　③ previously arrived
　　　④ previously arrived　　　　　　　　　　　　　（正解は①）

ここでは過去完了の「過去のある時点までの動作の完了・結果」を表す用法の知識の有無を測っている．定期試験や入試における従来の文法テストには，多肢選択，正誤問題，識別問題，文法性判断などの選択式テスト，空所補充，和文英訳，短答問題，談話完成などの記述式テストがあるが，これらは主に特定の文法項目の知識を測定している．つまり，上の例題のように，従来の筆記テストにおける文法テストは，「宣言的知識」しか測定してこなかったのではないかと考えられる．上に示したような例題を用いて，宣言的知識の有無を測定することは，もちろん重要で意義があるが，ただそれだけはなく，「手続き的知識」の測定も求められる．

　「手続き的知識」の測定では，以下の例のように，文脈の中で適した表現を意味のかたまりとして産出できるかどうかを見ることになる．

　　A01.　（Mary が父親の Chris と朝のあいさつをします．）
　　Mary:　Good morning, Dad.
　　Chris:　Good morning, Mary. You look sleepy.
　　Mary:　Oh, I ＿＿＿＿＿＿＿＿ last night.
　　　　　（stay up / late）
　　Chris:　Maybe you should go to bed early tonight.
　　（根岸・村越，「文法の手続き的知識をどう測るか」，*Arcle Review*, 8号, 2014, p. 30）

このような文脈の中で的確な文法項目を判断し使用する「手続き的知識テス

ト」(PK-Test) の得点は，ライティングで使われた「手続き的知識」の得点との相関も高く，したがって，学習者の手続き的知識の度合いを反映している可能性が高いと考えられる．「手続き的知識テスト」にはまだまだ開発の余地があるが，実際のコミュニケーションに使える文法力を測る筆記文法問題はぜひとも，日ごろの試験問題に盛り込むべきである．

### 3.2. パフォーマンス評価

　コミュニケーションのための文法能力測定となると，やはり，文脈のある中で，実際に英語を使用してもらい評価する「パフォーマンス評価」が不可欠である．従来の筆記テストでは文法知識の有無を測ることはできるが，実際にコミュニケーションで使えるかどうかを測ることはできないからである．活動としては，プレゼンテーションや，スピーチ，ロールプレイ，インタビュー等があるが，課題としては，時間がかかるという実効性の問題，さらに，評価の信頼性の確保の問題があげられる．その解決策あるいは緩和策として，より円滑に，客観性を確保して「パフォーマンス評価」を実施するために，評価項目ごとにその評価基準を明記した一覧であるルーブリックを活用することが有効であろう．あらかじめ，評価基準を生徒に示しておくことで，生徒の明確な学習目標にもなる．6つのレベルからなる「ヨーロッパ言語共通参照枠」(CEFR) のルーブリックが有名であるが，対象とする学習者と日本人学習者とのレベルの差が大きく，日本の中高生の授業で身に付けた能力を測る尺度としては必ずしも適してはいない．CEFR の詳細な能力記述を参考に，目標や活動内容に応じて，評価項目を絞り，簡潔にしていくとよいと考えられる．以下は，深澤真『英語で教える英文法』を参考に筆者が作成した，高校での仮定法過去を使用しての活動を評価するルーブリックである．

活動

> Interview
> 仮定法過去を用いて，もし今，自由な時間がたくさんあったら何をするか，できるだけ多くの人にインタビューして表に名前と，何をするかについて書いてください．またそれ以外の質問を1つ加えて，その人の情報を聞き出し，自由に会話を続けてください．
>
> （質問は何でもいいです）できるだけ何も見ないで会話すること．

## 第12章 文法の指導と評価

ルーブリック

| 表現の能力 | 評価項目 | 1（得点） | 2 | 3 |
|---|---|---|---|---|
| 流暢さ | ① 発話（声量・発音・イントネーション） | 声量が少なく，発音も不明瞭で，聞き取れないところが多い | 声量はほどほどで，発音も大きな問題はなく，概ね聞き取れる | 声量は十分で，発音も明瞭である |
| | ② 表現 | 状況に応じた適切な語句・表現を用いてコミュニケーションしていない | 概ね状況に応じて適切な語句・表現を用いてコミュニケーションしている | 状況に応じた語句・表現で相手と上手くコミュニケーションしている |
| 正確さ | ③ 文法 | 仮定法過去の表現がほとんど正しく使えていない | 多少の誤用もあるが，仮定法過去の表現を使っている | 仮定法過去の表現を正しく使っている |

このルーブリックでは，評価の上での尺度となる学習者のレベルに応じた簡潔な能力記述文が示されている．

　ルーブリックを用いての「パフォーマンス評価」を行うことは，生徒に実際のコミュニケーションのための文法能力を身に付ける大きな動機づけになる．日常生活において英語を使う必要性がほとんどなく，また，一クラスの生徒数が多いという学習環境で「パフォーマンス評価」を常時行うのは様々な困難や課題等が残るが，今後ますます生徒のコミュニケーション能力の育成が強調されていく流れのなかで，「パフォーマンス評価」はこれまで以上に重要になっていくといえるだろう．

　文法のテスト・評価については，そもそも，文法を独立してテストすることの正当性を疑問視する見方が従来からあった．少なくとも，コミュニケーションのための文法力という観点から，従来の「宣言的知識」のみを測定し，それをもって文法力として評価する方法からの脱却は急務であるといえるだろう．しかしながら，同時に，日本のような英語学習環境における，「宣言的知識」「明示的知識」の役割も考慮しなければならないであろう．文法に関する「宣言的知識」「明示的知識」の習得は，その後，コミュニケーション能力を習得していく上で大きな役割を果たすと考えられるからである．

## 参考文献

Anderson, J. R., Bothell, D., Byrne, M. D., Douglass, S., Lebiere, C., & Qin, Y. (2004). An integrated theory of the mind. *Psychological Review, 111*, 1036-1060.

DeKeyser, R. M. (2007). Introduction: Situating the concept of practice. In R. M. DeKeyser (Ed.), *Practice in a second language: Perspectives from applied linguistics and cognitive psychology* (pp. 1-18). Cambridge: Cambridge University Press.

深澤真 (2014).「パフォーマンス評価」『英語で教える英文法』(pp. 204-209). 東京：研究社.

長谷尚弥他 (2013).『Vivid II』広島：第一学習社.

Krashen, S. (1982). *Principles and practice in second language acquisition.* Oxford: Pergamon.

Krashen, S. (1985). *The input hypothesis: Issues and implications.* New York: Longman.

Loewen, S., & Nabei, T. (2007). Measuring the effects of oral corrective feedback on L2 knowledge. In Mackey, A. (Ed.), *Conversational interaction in second language acquisition* (pp. 361-377). Oxford University Press.

Long, M. (1983). Does second language instruction make a difference? A review of research. *TESOL Quarterly, 17*, 359-582

Long, M. (1996). The role of the linguistic environment in second language acquisition. In W. Ritchie, & T. Bhatia (Eds.), *Handbook of second language acquisition* (pp. 413-468). San Diego: Academic Press.

Lyster, R., & Ranta, L. (1997). Corrective feedback and learner uptake: Negotiation of form in communicative classroom. *Studies in Second Language Acquisition, 19*, 37-66.

松村昌紀 (2009).『英語教育を知る58のカギ』東京：大修館書店.

松村昌紀 (2012).『タスクを活用した英語授業のデザイン』東京：大修館書店.

村野井仁・千葉元信・畑中孝實 (2001).『実践的英語科教育法』東京：成美堂.

根岸雅史・村越亮治 (2014).「文法の手続き的知識をどう測るか」*Arcle Review*, 8号, 22-33.

Sato, R. (2010). Reconsidering the effectiveness and suitability of PPP and TBLT in the Japanese EFL classroom. *JALT Journal, 32*, 189-200.

佐藤臨太郎・笠原究・古賀功 (2015).『日本人学習者に会った効果的英語教授法入門——EFL環境での英語習得の理論と実践』東京：明治図書.

Schmidt, R. (1990). The role of consciousness in the second language learning. *Applied Linguistics, 11*(2), 129-158.

Swain, M. (1995). Three functions of output in second language learning. In G.

Cook, & B. Seidlhofer (Eds.), *Principles and practice in applied linguistics: Studies in honour of H. G. Widdowson* (pp. 125-144). Oxford University Press.

Swan, M. (2005). Legislation by hypothesis: The case of task-based instruction. *Applied Linguistics, 26*, 376-401.

(佐藤臨太郎)

# 第13章　リスニングの指導と評価

## 1. リスニングの諸問題

　本節では，リスニングのプロセスを概観した後に，リスニングにおける3つの困難点，すなわち，話し言葉の特徴とストラテジー，不安について検討する．

### 1.1. リスニングのプロセス

　1940年代から1950年代にかけて，ボトムアップ（bottom-up）と呼ばれるモデルが提唱された（J. Flowerdew & L. Miller, *Second language listening: Theory and practice* (2005)，以下，Flowerdew & Miller (2005)）．このモデルでは，聞き手の理解は個々の音や音素のような小さな単位から始まり，やがて語や句，節，文などより大きな単位へと移行するとしている．すなわち細部の理解を積み上げながら，全体を理解していくプロセスである．

　ボトムアップに続いて，トップダウン（top-down）と呼ばれるモデルが提唱された．ボトムアップとは対照的に，全体から細部へと話の内容を理解していくプロセスを示している．このモデルは，発音されていない音を文脈によって再生できるかという実験から生み出された（Flowerdew & Miller, 2005）．例えば，/mæ/ はこれだけでは，どのような単語か（何が省略されているか）はわからないが，"The cat sat on the /mæ/." という文脈があれば，省略されている音素は /t/ であることが容易に予測できる．このことは生徒がテキストを理解する際に利用する背景知識について示唆を与えている．一般に，背景知識は，形式スキーマ（formal schema）と内容スキーマ（content schema）に分けられる．前者は，比較や対照，因果関係などの談話構造のパターンやおとぎ話や刑事モノなど各ジャンルの特有の話の流れ（story grammar）を指す．後者

は，トピックに関する一般的な知識を指す．聞き手は，自分のスキーマを利用して，話の内容を予測し，予測に従って話の内容を推測し，聞き進めながら自分のスキーマを確認したり修正したりする．先の例で挙げたような省略された音素を文脈から判断できるのは，内容スキーマを使用することを証明する実例である．

その後，ボトムアップ的な処理とトップダウン的な処理の2つを併用するインタラクティブ（interactive）モデルと呼ばれるプロセスが提唱された．熟達度の高い生徒はトップダウンとボトムアップをその場の状況に応じて上手く組み合わせながら処理をしていくが，熟達度の低い生徒はどちらか一方の処理に偏ってしまうことが多い．ボトムアップ処理のみを行った場合は，話の詳細について部分的には理解できても，概要は把握できないという事態に陥る．また基礎的な文法力が不足していたり，聞き取れる単語が極端に少ない場合は，ボトムアップ処理ができずに，誤ったスキーマを活性化させてトップダウン処理に頼ることもしばしば起こる．

## 1.2. 話し言葉の特徴
### 1.2.1. 書き言葉との違い

リスニング力とリーディング力はともに受容的（receptive）な技能であるが，両者には大きな違いがある．表1に示したように，話し言葉と書き言葉にはそれぞれ異なる特徴がある．音声はすぐに消えてしまったり，イントネーションが重要な働きをするなど，文字による書き言葉とは違った特性を持つので，その違いを十分に考慮しながら指導をしなければならない．

### 1.2.2. 話し言葉の音変化

自然な発話では様々な音の変化が現れ，これらがリスニングの障害となる．そこで，英語の音変化として代表的な，連結（linking），脱落（elision），同化（assimilation），強形（strong form）と弱形（weak form）を取りあげる．

まず，連結は，2つの単語が1つの単語のように聞こえる現象を指す．具体的には，前の単語の語尾の子音と次の単語の語頭の母音がなめらかにつなげられて発音される．連結する語尾の子音は様々であるが，"far away"のように語尾の /r/ が次の語の語頭母音と連結することを「r 連結」(r-linking)，"an orange"のように語尾の /n/ が連結することを「n 連結」(n-linking) と呼ぶ．

脱落は，強勢のない音節の母音が曖昧母音 (/ə/) になり，ときとして /ə/ も消えてしまうような現象を指す．場合によっては弱化（reduction）と考えることもできる．例えば，"about" /əbaut/ の場合は，/ə/ が脱落し，/baut/ と

表1 話し言葉と書き言葉の違い

| 書き言葉 | 話し言葉 |
| --- | --- |
| 文面として残る | すぐに消える |
| 句読点や大文字によって，区切りを表す | 強勢やイントネーション，休止によって，区切りを表す |
| 文字，単語，文，句読点によって構成される | 音，単語，文，発話（意味のある単位），不完全な文によって構成される |
| 絵や写真，図表などを含むこともあるが，文字が中心となる | ジェスチャーや顔の表情などを用いる |
| よく整理され，論理的に文がつながっていることが多い．トピックは互いに独立している | あまり整理されておらず，中断や躊躇，繰り返しが多い．トピックは頻繁に変更される |
| 正確な言葉と複雑な文法が用いられることが多い | 身近な語と単純な文法が用いられることが多い |

(Spratt, Pulverness, & Williams, 2011, p. 43 を参考に作成)

しか聞こえないことがある．子音の場合でも，前の単語の語尾と後の単語の語頭が同じ音（あるいは似た音）のときに，前の子音が脱落することがある．例えば，"to(p) player" の場合，破裂音の /p/ が連続し，前の /p/ は全くあるいはほとんど聞こえない．

　同化は，前後の2つの音が影響を受けて，別の音に変化して聞こえる現象を指し，進行的同化（progressive assimilation）と逆行的同化（regressive assimilation）がある．進行的同化は，前の音が後の音に影響を与える現象である．例えば，動詞の過去形を示す接尾辞 -d は，"like" の過去形 "liked" の場合に /t/ と無声音になるが，これは先行する "liked" の /k/ が無声音のためである．"love" の過去形 "loved" の場合は /d/ と有声音になるが，これは先行する "loved" /v/ が有声音のためである．もう1つの逆行的同化（regressive assimilation）は，後の音が前の音に影響を与える現象である．例えば，"news" の s は /z/ で有声音であるが，"newspaper" になると次に /p/ という無声音が来るために，"news" の "s" は /z/ から /s/ という無声音に変化する．"newsletter" の場合は，letter の /l/ が有声音のため，news の s は有声音 /z/ のままで変化しない．

　最後に強形と弱形を取りあげる．人称代名詞，助動詞，前置詞，冠詞，接続詞や関係代名詞など機能語（function word）は，文中で強く発音される場合（強形）と弱く発音される場合（弱形）がある．機能語は，強調や対比など特別

な場合を除いて弱形が用いられる．弱形になると，母音は弱くなり，あいまい母音化したり脱落したりする．例えば，of の場合，強形は /ɑv/ だが，弱形だと /əv/ になる．some の場合，強形は /sʌm/ だが，弱形だと /səm, sm/ のように母音が脱落することもある．子音でも脱落が観察される．例えば，he は /(h)i/, her は /(h)/ɚ/, のように子音の /h/ が発音されないことがある．機能語は頻繁に用いられるものだけに，弱形について英語学習の早い段階に習熟させるべきである．しかしながら，（辞書指導も含めて）強形のみの指導にとどまっていることも多いと思われるため，弱形の発音と聞き取りの練習を十分に行う必要がある．

### 1.3. リスニング・ストラテジー

リスニング・ストラテジーとは M. Rost & J. J. Wilson 著 *Active listening* (2013) の定義を借りれば，「学習者が自分自身のリスニングの理解を高めるために用いるあらゆる意識的な計画」(p. 299: 筆者訳) である．熟達した聞き手は，そうでない聞き手に比べて，より多くのリスニング・ストラテジーを使用することができ，かつそれらのストラテジーを組み合わせて使うことができる．したがって，リスニング・ストラテジーの指導は，生徒のリスニング力向上に貢献するだけでなく，生徒の主体的な学びを促す可能性も大いにある．

リスニング・ストラテジーに関する過去 30 年間の研究成果を調査した Macaro, Graham, & Vanderplank は，とりわけ「理解のモニタリング」(comprehension monitoring：表 2 の 3) の指導が，リスニング力向上に寄与する可能性が高いと述べている（この件では，A. D. Cohen & E. Macaro (Eds.) *Language learner strategies* (2007) (pp. 165-185) が参考になる）．このストラテジーは，自分の理解が正しいかどうかをタスク遂行中に確認するものである．聞き手はリスニングをしながら，話の枠組み (frame of reference) を形成し，次から次へと流れてくるメッセージに対する自身の解釈がその枠組みに合致しているかどうかを判断し，もし合致していないときは自身の解釈に誤りがあることを認識し，修正することができる．このようなことは，母語であればごく自然に使用しているストラテジーであるが，外国語になると使えなくなってしまう．理解のモニタリングを指導することで，学習者のストラテジー使用を充実させ，リスニング力の向上につなげることができると考えられる．

表2 リスニング・ストラテジー

| |
|---|
| 1. 計画する（Planning）<br>タスクを遂行するのに必要なステップに気づき，行動計画を立てる |
| ・事前整理（Advance organizing）：リスニングの前にタスクのゴールを明確にする<br>・自己管理（Self-management）：タスクに関連する必要なステップをリハーサルする |
| 2. 注意を集中させる（Focusing attention）<br>目の前のインプットとタスクに集中する．事前の計画を思い出しながら，注意がそれないようにする |
| ・注意の方向づけ（Directed attention）：タスクに集中する．気をそらすものなどを意識的に無視する<br>・選択的注意（Selective attention）：キーワードやアイデアなどインプットの特定の要素に注意を向ける<br>・持続的な注意（Persistent attention）：未知語などがあったとしてもそれに惑わされず，全体的な意味に継続して注意を向ける<br>・気づきへの注意（Noticing attention）：インプットの新出表現や特殊な言葉，修辞的形式に注意する |
| 3. モニターする（Monitoring）<br>タスク遂行中に自身の理解や理解の仕方を検証したり，調整する |
| ・理解のモニタリング（Comprehension monitoring）：インプットの理解の程度と困難点を把握する<br>・二重チェック・モニタリング（Double-check monitoring）：2回目に聞いたときに，1回目に聞いたときの理解を検証し，必要があれば修正する<br>・感情のモニタリング（Emotional monitoring）：自身の感情を把握し，否定的な感情や不安が出てきても，リスニングを続けられるよう自ら励ます |
| 4. 評価する（Evaluating）<br>正確さやタスク完了の基準に照らし合わせてリスニング・プロセスを検証する |
| ・パフォーマンスの評価（Performance evaluation）：タスクの全体的な達成度をチェックする<br>・問題点の評価（Problem evaluation）：解決すべき点やタスク完了に必要な点を特定する<br>・修正の評価（Revision evaluation）：理解を深めるために，もう一度聞くことを決定したりタスクを遂行するために別の方法を選ぶ |

| | |
|---|---|
| 5. 推測する (Inferencing)<br>インプットを利用して，未知の表現を推測したり，内容を予測したり，不明な情報を補う | |
| ・言語的推測（Linguistic inferencing）：既知の単語を用いて，未知語の意味や不鮮明な音を推測する<br>・文脈的推測（Contextual inferencing）：場面設定の情報や言語外の特徴を意識的に使って，意味づけしたり拡大する<br>・話し手の推測（Speaker inferencing）：声の調子やパラ言語（強勢，ポーズ，イントネーション），表情や身振り手振りから，話し手の意図を理解する<br>・多様な推測（Multimodal inferencing）：背景の音や視覚的手がかり，補足資料や直感などを用いて，推測する<br>・予測的推測（Predictive inferencing）：インプットの詳細や要点を予測する<br>・回顧的推測（Retrospective inferencing）：インプット全体を振り返り，理解を強化する | |
| 6. 精緻化する (Elaborating)<br>インプット以外の先行知識を使用して，それとインプットを関連づけることによって，解釈を高める | |
| ・個人的精緻化（Personal elaboration）：個人的な経験を関連づける<br>・社会的精緻化（World elaboration）：社会（世間一般）に関する知識を関連づける<br>・創造的精緻化（Creative elaboration）：インプットを文脈に当てはめるために情報を補う．またインプットに関連する質問を作ったり，インプットを解釈するために，新しい可能性を取り入れる<br>・視覚的精緻化（Visual elaboration）：インプットを思い浮かべることで視覚化する | |
| 7. 協同する (Collaborating)<br>話し手や他の聞き手と協力して，理解を深めたり解釈を深化させる | |
| ・明確化の追求（Seeking clarification）：聞いたことについて，繰り返しや説明，パラフレーズを求める．詳しく説明してもらうよう依頼する<br>・確認の追求（Seeking confirmation）：理解が合っているかの確認を求める<br>・あいづち（Backchannelling）：話し手に自分が聞いていること，聞き続ける構えのあることを示す<br>・協同作業によるタスク構築（Joint task construction）：話し手や他の聞き手と協力して，問題を解決したりタスクを完了させる<br>・収集する（Resourcing）：言語や理解を深めるために，利用可能な参考資料を用いる | |

| 8　再検討する（Reviewing） |
|---|
| 要約したり，整理し直したり，別の表現に変えることによって，理解や記憶の助けとしたり，すぐに記憶から取り出せるようにする |
| ・要約する（Summarisation）：情報を頭の中であるいは口頭，書いて要約する<br>・繰り返し（Repetition）：聞いたことを繰り返したり言い換えたりする<br>・メモする（Noting）：キーワードやアイデアをメモする<br>・介在させる（Mediating）：アイデアを口頭で訳したり，書いて翻訳する |

(Rost & Wilson, 2013, pp. 312-313 を参考に作成)

### 1.4. リスニング不安

外国語学習における学習者要因の1つに外国語学習不安（foreign language anxiety）がある．このうちリスニングの際に学習者が経験する不安をリスニング不安（listening anxiety）と呼ぶ（本書第3章「学習者の個人内要因」2.3節も参照）．

野呂徳治の「リスニング不安とその対処の指導」（2014）という論文では，日本人大学生を対象に，リスニング不安の認知面への影響を調査している．リスニング不安の高い学生は，インプットの処理に影響を受け，理解度が低くなるという結果になった．この理由として，不安がワーキングメモリの資源を先取りしてしまうため，結果的にインプットの処理効率が低下するためと考えられる．

リスニング不安を軽減するアプローチとしては，教材の難易度を下げたり，学習環境をリラックスできるような状態にする，などの対策が考えられるが，いずれも対症療法にすぎない．リスニング不安を解消するためには，表2にあげたような情意面にかかわるリスニング・ストラテジー（注意の向け方など）を内在化させたり，完全に聞き取ることができなくても大丈夫，などとリスニングに対する考え方を変えることが必要だと思われる．

## 2. リスニングの指導

本節では，はじめにJ. Field 著，*Listening in the language classroom* (2009) で示されている新旧のリスニング指導の形態を紹介し，次にM. Rost 著，*Teaching and researching listening* (3rd ed.) (2016) で説明されている様々なリスニングの種類（活動）を検討する．

## 2.1. リスニング指導の基本的な形

 1970年代から続けられてきたリスニング指導の基本的な形は，次頁の表3にあるとおり，①プレ・リスニング，②リスニング活動，③ポスト・リスニングの3つの段階から構成される（表3）．プレの段階ではテキスト中の新出語彙を紹介する．リスニング活動では，まずテキストの全体的な内容を把握するように指示を出す（多聴）．この活動はリーディング指導におけるスキミングと考えられる．こうして生徒がテキストに慣れたら，2回目あるいはそれ以上の回数を聞かせて，テキストの細部を尋ねる（精聴）．ポストの段階ではテキストの理解問題の解答をチェックし，テキストの言語を分析する（文法説明）．この従来型の教え方にはいくつかの問題点がある．第一に，事前にテキスト中のすべての語彙を教えたとしても，その後のリスニング活動がスムーズにいくとは限らないこと．第二に，リスニングをさせた後に質問する（精聴）という流れでは，目的を持たずに聞くことになってしまい，すべてを聞き取ってかつ記憶しなければいけなくなること．第三に，ポストの段階で文法に焦点を当てた指導をすると，リスニングの練習という意識が薄れてしまうこと．最後に，listen & repeat は内容がわかってなくても繰り返す，いわばオウム返しの可能性があることが挙げられる．

表3　新旧のリスニング指導の形式の違い

**伝統的なリスニング指導の形**

プレ・リスニング
・理解を最大限にするために語彙をあらかじめ教える
リスニング
・多聴（テキストの概要を問う）
・精聴（テキストの詳細を問う）
ポスト・リスニング
・あらゆる新出語彙を教える
・言語を分析する（例：なぜ話し手はここで現在完了形を使ったか？）
・ポーズを置いて再生する．生徒は聞いてリピートする

**新しいリスニング指導の形**

プレ・リスニング
・重要な単語のみ事前に教える
・文脈を把握させる
・リスニングへの動機を高める
リスニング（多聴）
・文脈と話し手の態度に関する全体的な質問
リスニング（精聴）
・事前に質問を与える
・精聴
・質問に対する答えをチェックする
ポスト・リスニング
・言語の機能に注意を向けさせる
・テキスト中の未知語の意味を推測させる
・訳を見ながらテキストを聞く

(Field, 2009, pp. 14-17 を参考に作成)

　このような問題点を踏まえて，新しい形式では各段階における改善策が講じられている（表3）．まずプレの段階では教える単語を厳選する．すべての新出単語を教えようとすると相当な時間がかかるし，現実のリスニングでは知らない単語があることが普通であるとされている．したがって，事前に教える単

語は 4 つか 5 つのキーワードに絞るべきである．またどのような場面での会話（あるいはモノローグ）なのかを予め生徒に伝えておく（場面設定）．しかし詳細すぎると，聞き取りの必要性がなくなってしまうので，その点は注意が必要である．しばしば軽視されることであるが，動機を高めることもプレの段階で重要である．適切な心構えをさせることによって，リスニングの質が高まり理解度も増す．具体的な方法としては，タイトルから内容を予測させることが考えられる．こうすることで，その後のリスニング活動（多聴）は自分の予測が正しいかをチェックすることができる．

　多聴の目的はテキストの概要を問うということに変わりはないが，精聴に関してはいくつか修正がなされている．まずはリスニングの前に質問を設定するということである．これにより生徒は何を聞きとればよいかが事前に把握できるので，メモを取ることも可能である．

　解答の確認作業は，しばしば授業の指導場面で停滞をもたらすことがある．生徒を指名してリスニング問題の解答を求めると，生徒の反応が鈍くなることがある．これは，聞く側（問題を解く）から話す側（解答を話す）への転換の難しさがあるのかもしれない．また自分の解答への自信のなさも関係する．ペアで事前に解答を確認させたりして，緊張や不安を取り除くようにしたい．

　ポストの段階では，3 つの活動が考えられる．1 つ目は言語の機能面に注意を向けさせることである．リスニング指導で扱うテキストは，会話形式のものが多く，断りや謝罪など様々な言語機能の実例が含まれているので，指導の中で注目させるべきである．2 つ目は未知語の意味を推測させることである．プレの段階では，重要な単語を重点的に指導するため，リスニングのテキストの中には多くの未知語が含まれる場合もある．これに対処するために，ターゲットとなる語を含んだ文を音声再生しながら，意味を推測させてもよい．最終的な活動としては，スクリプトを与えて聞かせるとよい．スクリプトを見ることで，文字と発音の結びつきが確認できる．

　上記以外で，リスニング指導で重要な点を 2 点挙げる．1 つは聞き取りの理解の確認方法である．解答が複雑な場合（リーディングやライティングの要素が入っているなど），内容を理解していてもそれを表出することが困難になる．したがって，解答はできるだけ単純なものにすべきである．もう 1 つは真正性のあるテキスト（本書 pp. 95-97 を参照）を使用することである．現実の音声は聞き取りにくい要素を多々含んでいるが，聞き取りづらさを推測で補完しながらリスニングをするという現実世界に近い経験をさせることができる．

## 2.2. リスニング活動の種類

以上の新旧のリスニングの指導の形を踏まえて，この節ではリスニングの種類とそれに伴う活動を 5 つのタイプに分けて解説する．

### ① 精聴型 (intensive)

精聴型では，音や語彙，文法に焦点が当てられる．具体的な活動としては，ディクテーション，シャドウイング，ワード・スポッティング（音声を聞きながら，スペース無しで並べられた語を区切る活動），誤り訂正（音声を聞きながら，スクリプトを見て，スクリプトの誤りの箇所を見つける活動），日本語訳や同時通訳などがある．このうち，ディクテーションは従来から幅広く用いられている活動であり，種類も多い．例えば，R. Wajnryb 著，*Grammar dictation* (1990) で紹介されているディクトグロス (dictogloss) では，①まとまった英文を教師が数回読む．②生徒はメモを取りながら聞く．③グループになり，お互いのメモや記憶を頼りに元の英文を復元する．この活動は "grammar dictation" と呼ばれることもあり，複雑な文法項目を含んだ英文を用いることが多い．そのため，復元作業における生徒の話し合いの内容は，英語の文法に焦点が置かれる．

シャドウイングは，聞こえてきた音声をほぼ同時に繰り返して言う活動である．シャドウイングには，プロソディ・シャドウイングとコンテンツ・シャドウイングの 2 種類あり，目的に応じて使い分けることが必要である．プロソディ・シャドウイングは，できるだけ正確に音をつかまえることに力点を置く．よって，ストレスやリズム，イントネーションなど，言葉の音声的な特徴を再現する活動であり，聞いた後に意味がよくわかっていなくても気にしなくてよい．もう 1 つのコンテンツ・シャドウイングは，聞いている音声の意味に着目する活動である．よって，この型のシャドウイングを行うときには，聞こえてくる英文の意味をしっかりと追いながら復唱することが必要である（シャドーイングについては，玉井健『決定版シャドーイング超入門』(2008) が参考になる）．

### ② 選択型 (selective)

選択型の活動では，必要な情報を選択して聞き取ることに焦点が置かれる．この活動において長いテキストを用いる際には，ノート・テイキングの指導を組み合わせることにより，選択的リスニング能力の向上が期待できる．

### ③ 交流型 (interactive)

交流型では，他の生徒や英語母語話者と協調的な会話を行う．交流型の活動

では生徒が自分の考えをまとめて相手に伝えようと努力しなくてはいけないので，相手にとって理解可能なアウトプットをしなければならないことと，当初は理解できなかったことがやり取りを通じて理解可能なものになる，という2つの特徴を含んでいる．そのため，交流型では情報を発見したり，問題点を解決するためのやり取りを含んだコミュニカティブなタスクを用いることになる．タスクの選択にあたっては，①目標が明確にわかるものであること，②目標に到達するために，必ず使わなければならない表現形式を含んでいる，という2つの基準で選ぶとよい．

### ④ 多聴型 (extensive)

多聴型は聞かせる時間が長い活動である．この活動の目的は全体的な意味を把握させることであり，さらに聞き取った内容を批判的に考えることに焦点が当てられる．この活動では，生徒が一度聞いてわかる程度の難易度の英文を用いることが重要である．多聴によって生徒はリスニングに対して自信を持つことができるようになり，英語を聞くことを楽しめるようになる．また間接的ではあるが，発音やイントネーションの練習にもなる．指導にあたっては，聴く量に圧倒されないよう，また理解できないことがあっても続けて聴くことができるように留意することも必要である．

### ⑤ 自律型 (autonomous)

自律型リスニングでは，生徒自身で何を聞くかを決め，理解のチェックを行い，進歩（進捗状況）を確認する．普通教室における一斉授業では難しいが，CALL教室などのICT環境があれば，生徒は授業の内外で個別に実践することもできる．しかし自律型においても，目標や課題の設定，教材の選択やストラテジーの学習においては，教師が一定の役割を担う必要がある．

## 3. リスニングの評価

本節ではリスニング・テストの作成に際して念頭においておくべきことを述べる．まず何を測定するのかという構成概念（想定しうる能力）の問題について扱い，次に実際のテスト形式の種類を述べる．最後にリスニング・テスト作成時の留意点を挙げる．

### 3.1. リスニングの構成概念

リスニング・テストの作成にあたっては，どのような能力を測定したいのか

を明らかにする必要があり，一般に学習指導要領に示されている評価の観点を基盤として，測定する能力を見定めることになると思われる．実際の授業内では様々なリスニング能力を育成することになるので，指導内容に応じたテスト作りも必要である．その際に有効となるのが，リスニング・テストの専門家であるG. Buck がその著 Assessing listening (2001) で紹介している C. Weir (1993) によるリスニングの下位技能の分類である（表4）．

表4　リスニングの下位技能

| 直接的な意味理解 (Direct meaning comprehension) |
|---|
| ・要点を把握する |
| ・重要情報を把握する |
| ・詳細を把握する |
| ・聞き手やトピックに対する話し手の態度や意図を判断する |
| 推測にもとづく意味理解 (Inferred meaning comprehension) |
| ・推測・推論する |
| ・聞き手の社会的・状況的な文脈を発話と関連づける |
| ・発話のコミュニケーションで果たす機能に気づく |
| ・よく知らない語彙項目の意味を文脈から推測する |
| 周辺的な情報にもとづく意味理解 (Contributory meaning comprehension) |
| ・音韻的特徴を理解する |
| ・比較，原因，結果，程度などの文法的概念を理解する |
| ・談話標識を理解する |
| ・節またはアイデア・ユニット（統語的または音調的な単位）の主な統語構造を理解する |
| ・結束性，特に指示物を理解する |
| ・語彙的結束性，特に語彙の慣用的な組み合わせ（コロケーション）を理解する |
| ・語彙を理解する |
| 聞くこととメモをとること (Listening and taking notes) |
| ・聞いたテキストを要約するために，目立つ点を抽出する |
| ・関連した重要な点を選ぶ |

(Buck, 2001, pp. 54-55 を参考に作成．日本語訳に際して大木・前田・岡，2016 および小泉，2011 を参考にした)

　表4にあるように，リスニングの下位スキルが大きく4つに分けられている．1つ目は「直接的な意味理解」で，テキストの主題や大意を捉えることに

加えて，これらの重要な情報と支持文や具体例などを区別できることが含まれる．2つ目は「推測にもとづく意味理解」で，発話の内容を文脈と関連づけたり，未知語の意味を推測できることなどが含まれる．3つ目は，「周辺的な情報にもとづく意味理解」で，音韻的情報や文法，談話標識など，テキスト全体の理解に必要な周辺的な情報を理解できることが含まれる．4つ目は「聞くこととメモをとること」で，要点を抜き出して記録できる能力が含まれている．

### 3.2. テストの種類

リスニング・テストの形式として代表的なものを5つ取りあげ，それぞれの形式の特徴や留意点を述べる．

① **多肢選択式**（3から4個の選択肢のうちから，1つ正解を選ぶ）．この形式は採点が容易で信頼性が高いという長所があるが，当て推量による正解を避けられない，あるいはマイナスの波及効果の可能性がある，さらにはよい選択肢を作成することが難しい，などの短所がある．質問文や選択肢を文字で提示する場合は，リスニング以外の能力（読解や語彙，文法等）を測定する可能性があるため，できるだけ短く複雑でないものにすべきである．

② **短文解答**（質問に対する答えを記述させる）．質問文を文字で提示する場合は多肢選択式と同様にできるだけ短く単純なものにすべきである．解答に関しても長いものを求めると，書く作業が絡んでくるため，質問文と同様にできるだけ簡単に答えられるようにすべきである．

③ **情報転移**（聞き取った情報を別の形に変換する形式）．このテストでは，例えば，案内を聞いて地図上のルートを確認したり，旅行ツアーのプログラムを聞いてスケジュール表に予定を書き込むなどを行わせるものである．日常生活でもこのような情報の変換はよく行われているので，リスニング・テストとして適している．書く作業をテストに含んだとしても，産出技能に負担がかかるほどでなければ問題ない．

④ **ディクテーション**（聞いた文を書き取る形式）．文全体を書き取らせる全文ディクテーションは，英語の聞き取りテスト形式としては古典的なものであるが，どの程度書き取れていたら得点を与えるのかという採点基準を設けることが難しい．そのため，生徒の実情に応じて，採点が容易な部分ディクテーションを使用するとよい．この形式では聞き取るパッセージを印刷し，ターゲットとなる語(句)をあらかじめ穴埋めにしておく．しかしながら，中間テストや期末テスト，小テストなどで，ターゲットとなる要素（語彙や文法，音声的特徴等）が決まっている場合には，1文だけの全文ディクテーションは有益である．

⑤ **要約穴埋め**（放送される文章を要約したものを印刷し，その要約文の一部を穴埋めにしておく形式）．講義やアナウンスなど長めの文章を聞き取れたかを確認するときの有効なテストである．このテストでは，リスニング力に加えて，要約文を理解するリーディング力や文法力が要求されるので，統合的な英語力をみていると考えられる（本書第 16 章「ライティングの指導と評価」2.1.1 節も参照のこと）．

### 3.3. テスト作成の注意点

最後にリスニング・テスト作成時の留意点を A. Hughes 著 *Testing for language teachers* (2nd ed.) (2003) を参考にまとめておく．表 5 に挙げた点に注意することによって，よりよいテスト作成が可能となる．実際の作成場面では，テキストの選定や質問項目の設定とともに，音声を編集することが必要になる．音声データの取り込みや編集方法などについては，日本言語テスト学会の Web Tutorial の「リスニングテスト」が参考になる．URL は参考文献の飯村を参照されたい（また，A. Hughes の文献は靜哲人訳で『英語のテストはこう作る』として大修館書店から刊行されているので，興味のある方は参照されたい）．

表 5　リスニング・テスト作成の留意点

- できるだけ「自然な」英語を用いる（話し言葉における「余剰性」などの特徴を入れる）
- 読むことを想定して書かれた文章を使うことは避ける
- 質問項目を作成する際には，メモをとりながら題材を聞いてみる．そして書き取った（聞き取れた）内容の理解を問う質問を作成する
- 長い文章を用いて複数の質問項目を設定する場合は，質問項目に対応する文章の該当部分の間隔を離す（最初の質問に答えているうちに次の質問に関係する部分を聞き逃してしまう可能性があるため）
- 文章中の談話標識（ディスコースマーカー）やキーワードと質問項目を対応させる（文章に「最も重要なポイントは…」という発話があれば，それに対応する質問項目を設定しておく）
- テスト形式に慣れるための時間を設ける（例題を設けることもありうる）
- 質問文や解答は日本語でもよい．しかし質問文を日本語にすると，文章の内容が事前にわかってしまうこともあるので注意が必要

(Hughes, 2003, pp. 163-165 を参考に作成)

## 参考文献

Buck, G. (2001). *Assessing listening.* Cambridge: Cambridge University Press.
Field, J. (2009). *Listening in the language classroom.* Cambridge: Cambridge University Press.
Flowerdew, J., & Miller, L. (2005). *Second language listening: Theory and practice.* Cambridge: Cambridge University Press.
Hughes, A. (2003). *Testing for language teachers* (2nd.). Cambridge: Cambridge University Press.［靜哲人（訳）(2003)『英語のテストはこう作る』大修館書店.］
飯村英樹（n.d.）.「リスニングテスト」日本言語テスト学会 JLTA Web Tutorial. http://jlta2016.sakura.ne.jp/tutorial/6)%20Assessing%20Listening/
小泉利恵（2011）.「リスニングの測定・評価」石川祥一・西田正・斉田智里（編）『テスティングと評価：4技能の測定から大学入試まで』(pp. 173-187). 東京：大修館書店.
Macaro, E., Graham, S., & Vanderplank, R. (2007). A review of listening strategies: Focus on sources and knowledge and on success. In A. D. Cohen, & E. Macaro (Eds.). *Language learner strategies.* (pp. 165-185). Oxford: Oxford University Press.
野呂徳治（2014）.「リスニング不安とその対処の指導」全国英語教育学会第40回研究大会記念特別誌編集委員会（編）『英語教育学の今：理論と実践の統合』(pp. 51-55).
大木俊英・前田啓貴・岡英亮（2016）.「何が英語のリスニングを困難にするのか」『白鷗大学教育学部論集』10(2), 511-530.
Rost, M. (2016). *Teaching and researching listening* (3rd ed.). New York, NY: Routledge.
Rost, M., & Wilson, JJ. (2013). *Active listening.* Harlow, England: Pearson Education.
Spratt, M., Pulverness, A., & Williams, M. (2011). *The TKT course module 1, 2, and 3*(2nd ed.). Cambridge: Cambridge University Press.
玉井健（2008）.『決定版 英語シャドーイング超入門』東京：コスモピア.
Wajnryb, R. (1990). *Grammar translation.* Oxford: Oxford University Press.
Weir, C. (1993). *Understanding & developing language tests.* Hemel Hempstead, UK: Prentice Hall.

（飯村英樹）

# 第14章　リーディングの指導と評価

## 1. 読みの技術と活動の意味づけ

　リーディングの授業といえば,「教科書の本文を日本語訳して,理解する」ということを思い浮かべるのではないだろうか．文法訳読は,文法構造・語彙の意味を考え選ぶ思考力や判断力,その訳を発表するあるいは英文の内容をよく理解して音読する表現力といった新しい学習観にもつながるわけで,コミュニケーションをする上での下地になる (詳しくは G. Cook, *Translation in language teaching: An argument for reassessment* (2010) 参照)．ただ,それだけでは英語の文章を日本語訳して,それで理解した気にさせているということも懸念される．教科書がコミュニケーション重視に改訂されていく中,授業のスタイルはそのような訳読ばかりをやっていないかどうか英語教師は考えなければならない．英語教師として,単に訳読で授業を済ませるのではなく,どういった読みの技術を身に付けさせるべきかを日頃から考え,それを基にできる授業を計画しなければならない．本章ではまず,読みの技術について紹介し,それを基にどのような実践が授業においてできるかを筆者の指導経験も踏まえて考えていきたい.

## 2. ボトムアップ読みとトップダウン読み

　まず,訳読など単語レベルから大きなかたまり(単語 → 句 → 文 → 段落 → 文章)へ積み上げるようにして理解していく読み方をボトムアップ (bottom-up) 読みという．多くの日本人はこの方法をよく使い,これこそが読む方法だと認識しているかもしれない．もちろん,基本としてはこの技術がないと文を読んでいくことはできないわけだが,これだけでは不十分であり,限られた時

間の中で概要を把握したり，隅から隅まで読む必要がなく，ポイントだけを探す必要があったり，単に単語の意味を理解する以上の読みの技術が必要となる．その読み方はトップダウン（top-down）読みと呼ばれる．タイトルや文章中の言葉をピックアップしながら，予測を立てながら読み進め，その予測を検証・修正する形で読み進めるわけだが，これにはスキーマ（schema）といって読み手がもともと持っている一般的知識を使うことで，効果的なトップダウン読みがなされる．例えば，音や光の仕組みについてよく知っている生徒のほうが，その仕組みの説明を英文で読んだとき，内容を予測したり，前後の文脈から単語の意味を推測しやすい．ただ，その知識のために思い込みが生じて，読み間違いを起こしたりすることも教師として留意しなければならない．

もちろん，どちらか片方の読みができればいいというものではなく，ボトムアップ・トップダウン両方を絡めていくことが，効果的な読みを進めることにつながる．

文法訳読は効果がないと勘違いし，トップダウン読みばかりに偏った指導も見かけなくはない．一定の単語力や文法力がなければうまく読解がなされないことはいうまでもない．読もうとしている文章のレベルに対してある程度の単語力や文法力に達していなければ，スキーマ等を使ったトップダウン読みも効果的にはなされないという言語閾値仮説も J. W. Lee & D. L. Schallert は "The relative contribution of L2 language proficiency and L1 reading ability to L2 reading performance: A test of the threshold hypothesis in EFL context"（1997）という論考で述べている．生徒にとって難しすぎるレベルの英語の文章を読ませるときに，内容の予測や単語の意味の推測ができるわけはなく，ボトムアップ・ドップダウン両方の技術を活用する読みをさせるには，生徒のレベルを考えた文章を用いなければならない．

## 2.1. フレーズ・リーディング

基礎的なボトムアップ読みの技術を向上させるにはフレーズ・リーディング（phrase reading）が適している．単に訳読の授業をしていればいいわけではなく，かといって基礎的なボトムアップ技術を無視することもできない．その中でフレーズ・リーディングは意味を対訳的に理解できるとともに，日本語側だけを見て，英語を言ってみたり，ペア活動などを通して，問題を出し合ったりすることもでき，生徒の意欲を引き出すことにもつながる．この読みの方法は，授業冒頭で，新しい単元に入る前の復習活動としても行うことができる．英語が苦手であると，どうしても1語1語読もうとする傾向があるから，易しいテキストからでもいいので，句ごとや節ごとでの理解をさせることは大切

である（興味のある方はC. Nuttall, *Teaching reading skills in a foreign language* (2005) を参照されたい）．

　フレーズ・リーディングを行うには下のようなプリントを配布し，時間のあるときに各自勉強するよう指導をしておくとよい．チェック欄も設けておけば覚えられたところと覚えられていないところがわかりやすくなり，振り返りに効果的である．筆者も，ウォームアップ活動などで利用したが，ペアの相手からの問いになんとか答えようと一生懸命フレーズを覚えて声に出そうとしている姿勢がたくさん見られた．

Lesson 4 Break Out of Your Shell!
Part 1 (the first half) Phrase reading

| Check | English | Japanese |
|---|---|---|
| | ① I lost my arms | ①私は腕を失った |
| | in a traffic accident | 交通事故で |
| | when I was four. | 4歳のとき |
| | ② But in elementary school days, | ②しかし小学校時代 |
| | I didn't think | 私は思わなかった |
| | I was different | 私が違っていると |
| | from other children. | 他の子供たちと |
| | ③ I had friends | ③私には友達がいた |
| | and had fun with them | そして彼らと楽しく過ごしていた |
| | every day. | 毎日 |
| | ④ In junior high school, | ④中学校時代では |
| | however, | しかしながら |
| | I often felt | 私はよく感じていた |
| | my school life was meaningless. | 私の学校生活は無意味であると |
| | ⑤ I couldn't make any friends. | ⑤私は友達をまったく作ることができなかった |
| | ⑥ I couldn't find anything | ⑥私は何かを見つけることができなかった |
| | to put my heart into. | 熱中するための |
| | ⑦ I wasn't so interested in club activities, | ⑦私はクラブ活動にあまり興味がなかった |
| | sports, | スポーツに |
| | or studying. | または勉強に |

(*WORLD TREK English Communication I*, Lesson 4（桐原書店）を基に作成)

## 2.2. 速読

また筆者が自身の授業で生徒たちに取り組ませたものに速読（speed / rapid / fast reading）がある．先に述べたように，生徒のレベルを考えた文章を選ばなければならず，速読を行う際も，生徒にとって難しすぎる文章では実施できない．全体の内容も把握しやすいレベルの文章（例えば，1学年下の教科書等）で速読をさせるとよい．そうすると，ボトムアップ・トップダウン両方の読みの技術の練習にもなる．進め方としては，以下のように行った．

---
① 生徒に合ったレベルの文章を探す．
② キッチンタイマーなどを使用して時間を設定し（例えば1分など），タイマーが鳴るまで読ませる．
③ タイマーが鳴ったところで読むのを止めさせ，読み終えることができたところまでに印をつけさせる．
④ 読みはじめの英語から印をつけたところまでの英語の語数を数えさせる．

---

高校の授業で行った際，中学校レベルの文章から始めて，高校で実際に授業中に読んだ文章をもう一度復習するような形で読ませてみた．読みの理解を確認するために，T/F問題などを3～5問載せておいて答えさせ，読んでいるふりで終わってしまうような生徒が出ないようにした．生徒たちは速読の練習を毎時間楽しみに行ってくれた．

## 2.3. スキャニングとスキミング

スキャニング（scanning）は，すべての文章を読ませるのではなく，文章の中から必要な情報を拾い読みさせる方法である．それこそ，トップダウン読みをうまく使い，文章のタイトルや問われていることをさっとつかみ，その中で「どこら辺に書かれているかなあ」と考えながら情報を拾う．上にあった速読でもこの技術は欠かせず，筆者の授業では速読活動の中でスキャニングの指導をしたこともある．

さらに，高校生になれば特に大学入試の文章題などでこの技術が重要にもなってくる．決められた時間内に文章の内容を理解して問題に解答しなければならない．そのためには，隅から隅までを理解しようとするより，スキャニングのような技術も求められていく．上述したように，それこそボトムアップ読みだけでなく，トップダウン読みの技術が生徒には必要だということも教師は知っておかなければならない．いつまでも隅から隅までを読ませる授業ばかりではいけないことがわかる．

さらに授業では，必要な所だけを探して読むということは日常生活の中でも行っていることであり，一文一文日本語に訳すだけでなく，拾い読む技術も英語読解には必要だという声かけもできる．

スキミング (skimming) は，文章全体にざっと目を通させ，全体の内容を大まかにつかませる技術である．文章の中にはその文章を理解する上で重要な箇所とそうでない箇所がある．その重要でない部分を読み飛ばし，重要な部分のみをすくうようにして読んでいく．例えば，最初の段落の第1文を見た後，第2段落目以降の第1文も見ていき，文章がどのように展開されているか骨組みを理解した上で，具体例を読んでいくような進め方をする．また体裁の取れた文章にはある程度型というものがあるわけで，基本的な段落構造（主題文→支持文・具体例→結び）もあらかじめ指導しておくとよい．

## 2.4. 英語で英語のリーディング授業を行うためのグラフィック・オーガナイザー

ボトムアップ読みで，日本語の訳文だけを作るようなことから脱却するためにさらにできることとしては，読んだ文章の内容を図式化して説明することがある．そういったものの図式化（視覚化）したものをグラフィック・オーガナイザー (graphic organizer) という．

グラフィック・オーガナイザーにかかわる A. Suzuki の The effects of simultaneous display of information by a graphic organizer in EFL reading (2007) では，被験者を4つのグループに分け，どのグループが最も英文読解ができているかを検証した．4つのグループは，(a) 完成しているグラフィック・オーガナイザーを提示され読解を行うグループ，(b) 枠組みがあらかじめ提示され，引き続きキーワードが自動的に埋められていくオーガナイザーを使用し，読解を行ったグループ，(c) 読み進めると同時に枠組みと同様にキーワードも表示されていくオーガナイザーを使用したグループ，そして (d) 単に英文読解を行うグループ，に分けられた．調査の結果，(a) と (b) のグループの被験者は読解が促進されたということがわかっており，提示の方法にもよるが，グラフィック・オーガナイザーは英文読解に効果があると考えられる．Grabe (2009, pp. 262–264) (W. Grabe, *Reading in a second language: Moving from theory to practice* (2009)) を参照すると，グラフィック・オーガナイザーの例が示されている．

第 14 章　リーディングの指導と評価　　　　　　　　　　　　　　239

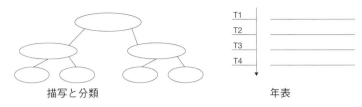

グラフィック・オーガナイザー例（一部）（Grabe, 2009, pp. 262-264）

　さらに筆者も上記のような研究結果を基に，グラフィック・オーガナイザーを効果的に使用し，リーディング活動を通して「英語で英語の授業を行う」ことを検討し，半年近く実践してきた．（この件については，筆者が「（実践報告）グラフィック・オーガナイザーを中心に据えた英語による授業の試み：英語による分かりやすい授業と身につくコミュニカティブな活動を目指して」というタイトルで，『英語授業研究学会紀要』22 で発表しているので参照されたい．）

　当時，グラフィック・オーガナイザーにより，英文の内容を英語で捉えることが容易になると考え，生徒の英語レベルなどの実態を考慮し，次頁のようにグラフィック・オーガナイザーにヒントを多めに書いておき，取り組みやすいように作成して生徒たちに実際に取り組ませた．現場で実践するとなれば，Grabe（2009, pp. 262-264）が示したオーガナイザーをそのまま配布し取り組ませても，授業進度のことなども考えなければならなかったり，英語が苦手な生徒が多い場合はかなり時間がかかったり，途中であきらめたりすることなどもあり，ときには教室現場ならではの工夫も必要だった．

　そして，答え合わせや内容の確認をすべて英語で行い，各レッスンのまとめの活動では，グラフィック・オーガナイザーを基に要約文を作らせる，それを発表する活動も行った．もちろん完璧とは言えないが，生徒の英語力も高くないながらも，グラフィック・オーガナイザーを頼りにしながらポイントをうまくまとめようとしていた．検証の結果，一定の効果があるということもわかり，また生徒たちに行ったアンケートでも，8 割以上の生徒がグラフィック・オーガナイザーによって英語の内容を英語で理解することがスムーズにできたと回答している．グラフィック・オーガナイザーを中心に据えて授業することにより，うまくアウトプットにまでつなげることができ，リーディング以外の技能の統合にもつながる．

```
Lesson 5  Sparky (Part 2)
Class (      ) No. (       ) Name (                    )
Theme: How much effort did Sparky put into his cartoons?
Sparky ― a little ① (        )
   enjoyed reading ② (       ) (      )
   Drawing was most important to Sparky.
In Sparky's last year of high school
     He sent ③_____
                           ↓
        They were ④ (       ) (      ).

After Sparky finished high school
     He wrote a letter to ⑤ (      ) (       ) (         ) and sent some of
   ⑥ (       ) (       ).
                           ↓
        They also ⑦ (       ) (       ) (       ).

This disappointing experience became the ⑧ (       ) (       ) in his life.
```

(*Power On English I*, Lesson 5（東京書籍）を基に作成)

## 3. リーディング活動を通したアクティブ・ラーニング

　近年では，一方的な知識伝達型の授業ではなく，生徒たちが主体的能動的に学習に取り組むというアクティブ・ラーニングの重要性が高まっている．リーディング中心の授業においても，本文の意味理解と教師の説明を超え，英語を積極的に獲得していくためのプロダクティブな活動が大切であり，リーディング以外の技能との統合につなげるべきである．リーディングであれば，実際に文章を読んだあと，その中に出てきた表現を使ってプロダクティブな活動が考えられる．

　例えば以下のように筆者も授業の中で発展活動（ポスト・リーディング）としてリーディング活動の中で調べ学習を行わせ，実際に読んだものを使いながら英語でプレゼンテーションをさせたことがある．

　当時 *CENTER TRACK English Reading*（エスト出版）の Lesson10（屋久島

エコツアー）を題材に授業をしていた．このツアーの文章を読んだあと，実際に自分たちが行きたい旅行地を調べ，読んだ文章の表現を使って広告を作るという，まるでツアーの案内であるかのように発表するという活動を行った．以下は授業の具体的な流れである（実際に行った際，この3時間は連続していない）．

---

① 1時間目：図書室などで興味のある都道府県，海外を本で調べ，そこまでの行き方やどんな名所があるのかなどをワークシートに英語でまとめた．図書室にある和英辞典なども十分活用しながら，生徒たちは集中して，調べ学習に取り組んでいる様子だった．

② 2時間目：グループを作り，全員がそれぞれまとめたワークシートの中から発表したい旅行地を選び，そのワークシートを元に模造紙を使って，色ペンやクレヨンなどもうまく活用して広告を作り，発表の練習を行った．グループによって出来映えに差は見られるが，楽しそうに広告を作成していた．

③ 3時間目：各グループ発表し，他のグループにも評価シート（例は付録1を参照）を配布し，発表内容の感想などを書いて共有した．授業の指示，発表の前後なども英語で行い，よりコミュニカティブな授業を目指した．

---

原稿を必死に読みながら発表している生徒，暗記して話せている生徒，様々であったが，なんとか生徒たちは発表をやり切ることができていた．英語の基本的な内容でつまずきの見られる生徒も，少しでも英語を使って一生懸命自分の口で発表することができ，積極的に英語を使ってコミュニケーションをする態度の育成につながったのではないかと思う．発表を聞いている他の生徒も評価シートを書きながら，熱心に発表を聞いている様子だった．このような試みを通し，単にテキストの英文の意味を説明して終わるのではなく，グループワークやそれを通したプレゼンテーションを英語で行い，生徒が調べたことを活用して発表する活動をすることができる．自分たちがまとめたものを英語で伝え合い，お互いの思いを分かち合えるような時間が少しでもできるのではないだろうか．

授業では完璧に行くことのほうが少ないかもしれないが，アクティブ・ラーニングであるからこそ一方的にならず，教師と生徒の意思疎通を大切にし，よりよい授業を作り上げていくべきである．

## 4. 音読の意味づけとその指導

　リーディング活動で必ず行ってきたのが音読である．英語教師であれば，音読も重要で，黙読や和訳読解のみで終わってはならないと認識できていると思う．すでに出版されている多数の指導ハンドブック等には音読の方法がいろいろと説明されているが，この音読も，生徒たちはなんとなく教師の発音に続いて練習している雰囲気になっていないだろうか．筆者の経験では，生徒たちが学校に慣れてくると，彼らの発音の声は小さくなり，意義を感じてやっているようには思えない．それは生徒たちが音読の効果や意義について知らされる場面も少ないためだと考える．

　鈴木寿一は「Q3 入試に対応できる英語力をつけるのに音読は効果があるでしょうか？」（『英語教育』61 (2012)）で，音読を繰り返し行うことがどういった能力の向上に貢献するかを様々な実証研究の成果を基に以下のようにまとめている．

① 発音力（橘堂，1993）
② リスニング力（鈴木，1998）
③ 理解を伴ったリーディング・スピード（鈴木，1998; Miyasako, 2008）
④ 内容理解力（橘堂，1993; 馬場，2004; Miyasako, 2008）
⑤ 語彙・文法・構文の定着度（橘堂，1993; 七野，2006; 高橋，2007）
⑥ 和文英訳（橘堂，1993）や要約文の作成（高橋，2006）によるライティング力
⑦ 口頭によるストーリー・リプロダクション力（平尾，2011）

（鈴木，2012, p. 14 より引用）

さらには，人間が払う注意には容量制限があるが，繰り返しの音読によって言語の処理がスムーズにでき，内容理解やその他の所により注意を向けやすくなり，理解度も高まると述べている．

　こういったことをどこまで生徒に伝えていくかは検討しなければならないが，少なくとも研究の結果では効果が実際にあること，また内容理解に対してより注意を向けやすくなることで理解度も高まることも生徒に話していくことができる．教師も生徒たちも音読の効果や意義についてまず理解を深め，その上で練習を進めていくことが望ましい．それらを意味づけさせた上で，元気よく大きな声で活発に音読をさせる指導ができれば効果は十二分にあるといえる．

### 4.1. 虫食い音読

虫食い音読は，いくつかの新出語句や重要な表現を空欄（またはマスキング）にする形でワークシートを作り，その空欄に入る語句は何かを考えながら声に出させていく活動である．基本的には教師の発音なしで行われる活動となっているが，実際の授業では新出語句の意味を覚えたり，発音をするだけでも四苦八苦している状態もあることから，虫食いになっているワークシートだけ（「教科書は見ないように」と指示する）を見ながら教師の発音の後に繰り返させることからはじめてもよい．それによって特に虫食いになっている箇所は教師の発音を集中して聞かせることもでき，自然に声も大きくなる．

米川朝子の "Reading aloud and memory: Is anything aloud effective for intake?" (2008) という論考では，中学生約 50 名を虫食い音読の練習グループと普通の音読練習グループの 2 つに分け，いずれのグループも 6 回ずつ練習させた．リコールテスト（内容や表現，語句を思い出させるテスト）の結果，虫食い音読の練習グループのほうが成績が上回ったとされている．音読の効果をさらに伸ばしてくれる 1 つの練習方法であるといえる．

### 4.2. シャドーイング

シャドーイング（shadowing）は，聞こえてきた音声を追うようにして発声する練習である．これは従来，同時通訳の訓練の 1 つとして行われてきたもので，教室では聴解力の養成によく用いられるが，音読の一環として活用することもできる．CD ラジカセを使って行うのであれば，ポーズボタンを押さず，流したまま聞こえてきた音声をそのまま順番に話していくように行えばよく，普段の読解授業のまとめの活動としても簡単に行うことができる．門田修平はその著『シャドーイングと音読の科学』(2007) で，シャドーイングによって，①作業記憶（working memory）内の学習システムをうまく機能させることができ，②音韻表象の内的形成をスムーズに行うことができ，③音韻ループ内の内語反復[1]を顕在化し，高速化できるとしている．つまり，脳の記憶にかかわるところや音韻にかかわるところを活性化し，言語をうまく取り組むことを促すことになる．

さらに，音声を聴取したらすぐに復唱するというこの行為は生徒の脳内のミラーニューロン（他人の行為をそのまま模倣し再現する仕組みを支えるニューロン）によるインプット音声の再現プロセスを促進する働きがあるとも考えら

---

[1] 聞き取った音声情報を忘れないように頭の中で復唱すること．シャドーイングでは，発音することによってそれが顕在化されると考えられる．

れている（門田修平『シャドーイング・音読と英語習得の科学』（2012）を参考にした）．
　シャドーイングは外国語学習において，言葉の発話や実際の会話で求められる速度での意味の処理などの向上につながる．多くの生徒が足らないと感じていてかつ「できるようになりたい」と考えるような力を伸ばすのに最適な学習方法である．

### 4.3.　教師不在の音読練習

　通常の音読練習後，教師があえて教室から退出し，生徒に音読練習させるというのも１つの効果的な練習になる．例えば，3年3組で授業をしているとき，教師は「3年1組の教室がある廊下のところまで聞こえるように！」と指示をし，廊下に出て3年1組の辺りまで行き，生徒たちに声を出させ聞こえるかどうかをチェックしてみるということも挑戦できる．他のクラスの迷惑になりすぎないよう注意して進めればよい．

### 4.4　なりきり音読

　書かれた英文をそのまま音読するだけだとどうしても飽きがきてしまうので，まるで自分が主人公になったかのように英語に感情を込めることを意識させる音読練習になりきり音読がある．これは感情を込めやすい方法例として，伊東治巳は「自己表現につながる音読指導」（2008）中で，教科書本文の主人公の部分をIに置き換え，まるで自分のことを話しているかのようになりきって音読する方法を提案しているものである．この方法によって実際の発話行為に近づけることができるので，読み手と教材との心理的距離も縮めることができるとしている．この方法を使えば，感情も込めやすく，生徒たちの意欲も引き出せる活動になる．

> Jackie Robinson was alone in the locker room after his teammates left. He looked around the room. The shoes, gloves, and everything there were more expensive than those in the Negro Leagues. However, there was neither the laughter nor the warmth which he had had in the Negro League locker room. He always tried not to stand out, so he stayed in the corner. （一部省略）

(Prominence Communication English I, Lesson 5（東京書籍）)

　例えば上の文章を使って行うとする．Jackie Robinson という部分をIに置き換えると，his teammates を my teammates に代えて音読する必要があり，生

徒は単なる音読よりも熱心に取り組めるようになる．全体を置き換えた形は以下のようになる．

> I was alone in the locker room after my teammates left. I looked around the room. The shoes, gloves, and everything there were more expensive than those in the Negro Leagues. However, there was neither the laughter nor the warmth which I had had in the Negro League locker room. I always tried not to stand out, so I stayed in the corner. （筆者が主人公の部分を I に変換）

## 5. 教室ですぐに活かせるリーディングの評価方法

どのように生徒たちのリーディング・パフォーマンスを評価すべきか．一番大事なことは，単に文章を暗記すれば得点がとれるだけではなく，文章の内容がきちんと深く理解できているかという観点である．

定期テストでは，新出語句の穴埋めや本文中のいくつかの文の整序問題などがよく出題されているが，生徒たちのリーディング・パフォーマンスを評価するのに，それだけで妥当性がある評価方法といえるだろうか．ボトムアップ読みとトップダウン読みについても述べたが，単に文章の意味がわかっていればいいのではなく，本文の主題を把握したり，直接書かれていないことなどを読み取れているかも測ることが重要である．

例えば，田中武夫の「推論発問のすすめ」（2011）では，リーディングの発問として，文章に直接書かれている内容の理解を問う①事実発問，文章内の情報を踏まえ直接書かれていない内容を問う②推論発問，文章の内容に対して考えを述べさせる③評価発問が示されている．

次頁の例を見ればわかるとおり，事実発問ばかりでは，一文一文を見ていればよく，生徒は文章に書かれている単語や句を適当に探して答えればいいと思ってしまう．よって，物語文などであれば，文章の主題や主人公の気持ち，また主人公の振る舞いについての考えを問うような推論発問や評価発問を行うことが有効である．このような質問であれば，単に文章の暗記だけでは評価が高くならず，真の読解力の測定につながる（詳しくは『推論発問を取り入れた英語リーディング指導：深い読みを促す英語授業』東京：三省堂，2011を参考にされたい）．

だからといって，事実を理解させなければ生徒は混乱してしまうと教師は感じるがゆえに，文法訳読に頼ってしまっている状況が現場にはあるかもしれない．そのような現場の事情なども踏まえれば，1問でも2問でもいいので，事

発問の種類について（田中，2011を参考に作成）

| 発問の種類 | 例 |
|---|---|
| ①事実発問 | ・「いつトムは夕食に出かけましたか」<br>・「どこでルーシーはケンに会いましたか」<br>・「ボブは母のために何を買いましたか」 |
| ②推論発問 | ・「本文の言いたいことを一言で表すと何ですか」<br>・「ルーシーはケンになぜ怒っているのですか」<br>・「この会話の後ボブは何をすると思いますか」 |
| ③評価発問 | ・「本文のとおり，学校のルールを厳しくすることにあなたは賛成ですか，反対ですか．またその理由は何ですか」 |

実発問に推論発問や評価発問を加え，推論や評価の必要性を少しでも生徒に感じてもらえるような指導ができるとよい．生徒の実態も考慮してすぐテストで出題するのが不安だという場合は，授業のまとめの活動として教師からそういった発問を与え，生徒全体の理解度を確認することもできる．その方法として，(a)「本文に直接書かれている内容を理解することができた」，(b)「本文には直接書かれていない内容を推測し，理解することができた」，(c)「本文の内容に対して，自分の考えを持ち，表現することができた」といった，発問に対して2，3項目を簡単に振り返りかえることのできる自己評価シートを作っておき，活動が終わるたびにいつでも書き込みができるよう配布しておくとよい．

また，入試問題を分析すると，問題指示文が英語で与えられ，それに英語で解答するタイプや，複数の文を基に解答を作らなければならないタイプの問題も増えつつあること（関他「現代の大学入試に，文法訳読授業はどれだけ対応できるか：高校英語授業改革プロジェクト発表その1」(2011)を参照）も教師として見過ごしてはならない．

教師は真の読解力が評価できるよう，逐語訳を超えた読解活動・読解発問を少しでも取り入れていくべきである．

## 参考文献

Cook, G. (2010). *Translation in language teaching: An argument for reassessment.* Oxford: Oxford University Press.

Grabe, W. (2009). *Reading in a second language: Moving from theory to practice.* New York: Cambridge University Press.

伊東治巳（2008）.「自己表現につながる音読指導」伊藤治巳（編）『アウトプット重視の英語授業』（pp. 15-31）．東京：研究社．
門田修平（2007）.『シャドーイングと音読の科学』東京：コスモピア．
門田修平（2012）.『シャドーイング・音読と英語習得の科学』東京：コスモピア．
Lee, J. W., & Schallert, D. L. (1997). The relative contribution of L2 language proficiency and L1 reading ability to L2 reading performance: A test of the threshold hypothesis in EFL context. *TESOL Quarterly, 31*, 713-739.
Nuttall, C. (2005). *Teaching reading skills in a foreign language*. London: Macmillan.
佐竹直喜（2013）.「（実践報告）グラフィック・オーガナイザーを中心に据えた英語による授業の試み：英語による分かりやすい授業と身につくコミュニカティブな活動を目指して」『英語授業研究学会紀要』22, 71-80．
関静乃・加藤和美・茶本卓子・永倉由里・三浦孝・亘理陽一（2011）.「現代の大学入試に，文法訳読授業はどれだけ対応できるか：高校英語授業改革プロジェクト発表その1」『中部地区英語教育学会紀要』40, 315-32．
Suzuki, A. (2007). The effects of simultaneous display of information by a graphic organizer in EFL reading. *JACET Journal, 45*, 47-61.
鈴木寿一（2012）.「Q3 入試に対応できる英語力をつけるのに音読は効果があるでしょうか？」『英語教育』61, 14-15．
田中武夫（2011）.「推論発問のすすめ」田中武夫・島田勝正・紺度弘幸（編）『推論発問を取り入れた英語リーディング指導：深い読みを促す英語授業』（pp. 10-22）．東京：三省堂．
Yonekawa, A. (2008). Reading aloud and memory: Is anything aloud effective for intake? 金谷憲教授還暦記念論文集刊行委員会（編）『英語教育・英語学習研究 現場型リサーチと実践へのアプローチ』（pp. 71-77）．東京：桐原書店．

## 付録1　発表評価シートの例

ツアー広告発表　Evaluation Sheet

Class (　　) No. (　　) Name (　　　　　　　　　)

| グループ名 | 評価の項目 | 評価 | コメント |
|---|---|---|---|
|  | 声の大きさ・明瞭さ | A・B・C・D |  |
|  | 英語の発音 | A・B・C・D |  |
|  | ポスターの内容 | A・B・C・D |  |
|  | 声の大きさ・明瞭さ | A・B・C・D |  |
|  | 英語の発音 | A・B・C・D |  |
|  | ポスターの内容 | A・B・C・D |  |
|  | 声の大きさ・明瞭さ | A・B・C・D |  |
|  | 英語の発音 | A・B・C・D |  |
|  | ポスターの内容 | A・B・C・D |  |
|  | 声の大きさ・明瞭さ | A・B・C・D |  |
|  | 英語の発音 | A・B・C・D |  |
|  | ポスターの内容 | A・B・C・D |  |
|  | 声の大きさ・明瞭さ | A・B・C・D |  |
|  | 英語の発音 | A・B・C・D |  |
|  | ポスターの内容 | A・B・C・D |  |

（佐竹直喜）

# 第15章　スピーキングの指導と評価

## 1. コミュニケーション能力とは何か？

　グローバル化が進むにつれて，教育現場でもコミュニケーション能力養成の必要性が論じられている．だが，一体コミュニケーション能力とは何だろうか．コミュニケーションにスピーキングは欠かせないわけであるが，まずは，コミュニケーション能力について先人の意見を紹介する．

　1980年代，Canale & Swain の "Theoretical bases of communicative approaches to second language teaching and testing" (1980) という論文では，コミュニケーション能力は次の4つの要素に分けられている．

(1) 文法的能力：語彙や統語，意味，語やそれに関するルール一般に関する知識
(2) 社会言語学的能力：社会的な文脈を判断し，状況に応じて適切な表現を行う能力
(3) 談話的能力：意味のある談話や文脈を理解し，作り出す能力
(4) 方略的能力：特にコミュニケーションがうまくいかないときに方略を使う能力

同論文では，特に (4) の能力に優れた男性の例が細かく論じられ，コミュニケーション能力は言語の知識だけではないという結論が導かれている．

　その後1990年代の Bachman という応用言語学者の *Fundamental considerations in language testing* (1990)，また，Bachman & Palmer の *Language testing in practice* (1996) では，この4つの能力のうちの特に方略的能力をメタ認知的能力，つまり他の3つよりも上位のものとして扱っている．そして改めて，4つの要素があって言語使用が可能になることを述べている．

さらに，英語教育学に哲学を組み入れた研究をしている柳瀬陽介は『第二言語コミュニケーション力に関する理論的考察——英語教育内容への指針——』(2006) の中で，外国語学習者が必ずしもネイティブスピーカーと同等の文法能力や社会言語学的能力を持たないことを指摘し，外国語のコミュニケーションにおける非言語的情報の役割について論じた．例えば，英語では相手の言ったことがよくわからないときには，"Do you mean …?" や "So you're suggesting …?" のように確認するわけだが，この意味の交渉（negotiation of meaning），つまり何とかしてコミュニケーションを成立させようとする力は我々の思った以上に重要な役割を果たしていると述べている．

教室ではこのような能力はどのように扱われているだろうか．教師の言語観，育てたい能力はこのようなコミュニケーション能力に関する議論を反映しているだろうか．是非一度考えてみたいところである．

## 2. 新学習指導要領について

### 2.1. 「話すこと」に関する変更点

2021年に全面実施される中学校新学習指導要領では，「聞くこと」「読むこと」「話すこと［やり取り］」「話すこと［発表］」「書くこと」の5領域において，それぞれの領域に目標が設定されている．スピーキング，つまり「話すこと」の2領域には以下のような目標が記されている．

---

(3) 話すこと［やり取り］
ア 関心のある事柄について，簡単な語句や文を用いて即興で伝え合うことができるようにする．
イ 日常的な話題について，事実や自分の考え，気持ちなどを整理し，簡単な語句や文を用いて伝えたり，相手からの質問に答えたりすることができるようにする．
ウ 社会的な話題に関して聞いたり読んだりしたことについて，考えたことや感じたこと，その理由などを，簡単な語句や文を用いて述べ合うことができるようにする．

---

(4) 話すこと［発表］
ア 関心のある事柄について，簡単な語句や文を用いて即興で話すことができるようにする．
イ 日常的な話題について，事実や自分の考え，気持ちなどを整理し，簡単な

語句や文を用いてまとまりのある内容を話すことができるようにする．
ウ　社会的な話題に関して聞いたり読んだりしたことについて，考えたことや感じたこと，その理由などを，簡単な語句や文を用いて話すことができるようにする．

(文部科学省「中学校学習指導要領　第2章　第9節　外国語」p. 144)

また言語活動については以下のように述べられている．

エ　話すこと［やり取り］
（ア）関心のある事柄について，相手からの質問に対し，その場で適切に応答したり，関連する質問をしたりして，互いに会話を継続する活動．
（イ）日常的な話題について，伝えようとする内容を整理し，自分で作成したメモなどを活用しながら相手と口頭で伝え合う活動．
（ウ）社会的な話題に関して聞いたり読んだりしたことから把握した内容に基づき，読み取ったことや感じたこと，考えたことなどを伝えた上で，相手からの質問に対して適切に応答したり自ら質問し返したりする活動．

オ　話すこと［発表］
（ア）関心のある事柄について，その場で考えを整理して口頭で説明する活動．
（イ）日常的な話題について，事実や自分の考え，気持ちなどをまとめ，簡単なスピーチをする活動．
（ウ）社会的な話題に関して聞いたり読んだりしたことから把握した内容に基づき，自分で作成したメモなどを活用しながら口頭で要約したり，自分の考えや気持ちなどを話したりする活動．

(文部科学省「中学校学習指導要領　第2章　第9節　外国語」p. 149)

［やり取り］では質問やその応答が中心となり，［発表］では説明や要約して話すことが中心である．両者の大きな違いは聞き手との距離にある．［やり取り］では聞き返したり意味を確認したりするなどの相手のサポートが得やすいが，［発表］では説明やスピーチが終わるまで聞き手からの明らかな反応は得にくい．

　しかし，［発表］においても聞き手の存在は重要で，自分の考えや気持ちをわかりやすく伝える能力が求められる．即興性の高い［やり取り］に対し，［発表］では準備をすることができるため，より多くの内容を伝えたくなるかもしれない．それでもただ長い時間英語を話すのではなく，聞き手がどの位理解で

きたかを考えながら話すことが大切で，この点について十分な指導が必要である．指導要領には「目的・場面・状況などに応じて」という表現が繰り返し出てくる．「目的・場面・状況などに応じて」考えながら話すことが重要視されている．相手にわかりやすく，理解度を推し量りながら話す力を是非目指していきたい．

## 2.2. 「話すこと」の指導に関する注意点

中央審議会（2016）「学習指導要領等の改善及び必要な方策等について（答申）」では，現行の学習指導要領は，文法や語彙等の知識偏重型授業が多いこと，コミュニケーション能力の育成や言語活動の不足，目的・場面・状況に応じた適切な表現能力の育成の不足が課題として挙げられた．これを踏まえて新指導要領では「知識・技能」，「思考力・判断力・表現力等」，「学びに向かう力・人間性等」の3つの資質・能力をさらに育成することを目標として改善を図り，またこの3つの柱が児童生徒の学びの過程全体を通じて相互に関係しあいながら育成されることが必要である，としている．

この学びの過程は，答申の中で以下のように述べられている．

> 児童生徒が，㋐設定されたコミュニケーションの目的・場面・状況等を理解する，㋑目的に応じて情報や意見などを発信するまでの方向性を決定し，コミュニケーションの見通しを立てる，㋒対話的な学びとなる目的達成のため，具体的なコミュニケーションを行う，㋓言語面・内容面で自ら学習のまとめと振り返りを行うというプロセスを経ることで，学んだことの意味付けを行ったり，既得の知識や経験と，新たに得られた知識を言語活動へつなげ，思考力・判断力・表現力等を高めていったりすることが大切になる．

（中央教育審議会，2016「幼稚園，小学校，中学校，高等学校及び特別支援学校の学習指導要領等の改善及び必要な方策等について（答申）」p. 197）

これを直接的なヒントとして，スピーキングの指導については以下のような手順を考えることができる．

① コミュニケーションの目的・場面・状況等を理解させる．
② どのような話をどのようにするかを考えさせる．
③ 具体的な言語活動を行う．
④ 学習のまとめと振り返りを行う．

①，②は目標や背景，言語知識についての導入として十分なインプットを与

える段階であり，③の言語活動の段階がスムーズに行われるように，その目的や使用の場面を意識して指導を行う必要がある．③では常に生徒にとって身近な興味のあるコミュニケーション場面を扱うように心がける．④も自ら振り返ることで自律的学習態度を促進することが期待できる．

高等学校ではさらに発信力を強化するために「論理・表現」として，例えば聞いたり読んだりしたことを活用して発表したり，文章にまとめたりする統合型の言語活動を中心とした科目が設定されている．本来4技能は個々に存在するものではない．教室の言語活動はより自然な言語使用の形に近づく傾向にあると言ってよい．

## 3. 情意面の重要性

### 3.1. 外国語学習者の動機づけ

長年の研究により，動機づけは内発的動機づけと外発的動機づけに分けられ，さらに統合的動機づけと道具的動機づけに分けられてきた（詳しくは第3章「学習者の個人内要因」(pp. 47-57) を参照されたい）．

ハンガリー人で心理言語学者の Zoltán Dörnyei の "Conceptualizing motivation in foreign language learning" (1991) という論文をはじめとした様々な動機づけ研究によれば，外発的動機づけよりも，内発的動機づけのほうが長続きすると言われている．外発的動機づけは，期末テストのように時期が来て終了してしまえば，それ以降学習が途絶える可能性が高い．したがって，これはスピーキングに限ったことではないが，学習の持続，自律学習の効果などを考えても，ある程度の外発的動機づけと共に，生徒が自ら学習したいという内発的動機づけを高めるような工夫を心がけるべきである．

また，統合的動機づけと道具的動機づけについて，Dörnyei の上記の論文では言語運用能力との関係を調べている．統合的動機づけは目標言語の文化，話者に関するものであり，道具的動機づけは定期試験や成績評価，就職などに関するものである．研究では前者のほうが能力向上に貢献すると結論付けられている．教室の中で，生徒はつい試験や成績を重視しがちであるが，彼らの興味のありそうな文化の紹介や目標言語の話者との交流などを通して，統合的動機づけを高める工夫も必要である．

### 3.2. 「コミュニケーションを取りたいという気持ち」(Willingness to Communicate)

Willingness to Communicate （以下，WTC）という概念を聞いたことがあ

るだろうか．これは，文字どおり，人間がコミュニケーションを取りたいと思う気持ちのことで，もともとは第一言語の分野に関する研究で「なぜ人にはコミュニケーションを進んで取ろうとする人と，しない人がいるのか」という疑問から始まったものである（興味のある方は，小林明子「第二言語教育における Willingness to Communicate に関する研究の動向」『広島大学大学院教育学研究科紀要』第二部，第 55 号，2006 を参照されたい）．カナダの研究者である MacIntyre らが 1998 年に発表した論文によれば，第 2 言語における WTC モデルは以下の図にあるように 6 つの層を成している．

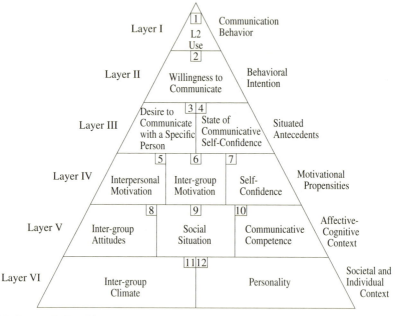

(MacIntyre, P. D., Clement, R., Dörnyei, Z., & Noels, K. (1988). "Conceptualizing willingness to communicate in a L2: A situational model of L2 confidence and affiliation," *Modern Language Journal, 82*, p. 547)

この表の最下層は社会的環境や個人の性格といったものを表している．

その上の第 5 層は情意的・認知的コンテキスト（対グループへの態度，その場の社会的な状況の認知，コミュニケーション能力），つまりコミュニケーションを行う状況と自分との関係ということである．

第 4 層は動機傾向（対人接触動機，対グループの接触動機，自信）で，他人とつながりたいという気持ちや自信を指している．

第3層は状況的要因で，特定の相手とコミュニケーションをする意思，コミュニケーションを取れるという自信を示している．

　第2層はいよいよコミュニケーションをしようという気持ちを表し，第1層はその行動を起こすということである．

　この表からもわかるように，下の層があるという条件を満たしてこそ，上の層にある行動が可能となる．

　この表を見ると，どうして自分のクラスでペアワークをする，お互いに意見を伝えあうという行動がある場面では起こりやすく，ある場面では起こりにくいかがわかる．ピラミッドの最上部であるコミュニケーション行動，つまり第2言語使用を促進するには，その下5層の状況が大きく関与してくる．まずは生徒たちに話したいという意思がないとコミュニケーション活動は成りたたない（第2層）し，いくら生徒たちに意思があっても，自分のペアの相手やグループの仲間と話したいという気持ちがなければ成り立たない（第3層）．話したいという気持ちになる以前に，そもそも他人とかかわりたくないという気持ち，あるいは自信がなければ，コミュニケーションを取ろうという気にはならないであろう（第4層）．そういった他人にかかわりたいという気持ちや自信はグループに対する認識やそのときの人間関係がかかわっており（第5層），そのような認識や人間関係は社会的な環境やその人の性格にも関係しているということである．したがって，ただ単にタスクを与え，グループやペアを組ませれば発話が起こるというわけではない．また，生徒の発話が見られないからと言って，一概にやる気がない，能力がないということも言えない．コミュニケーション行動，第2言語使用を起こすためには，第6層から第2層までの事項を念頭に，十分な指導上の配慮，工夫が必要であると言える．

## 4. トピック選択と寛容な指導の重要性

　以上のことを踏まえて，スピーキングの指導法を考えることにする．スピーキング活動の指導に際して，最も重要なものの1つが話題の選択である．ただ「〜について話しましょう」と言うにしても，生徒たちが話したいと思う話題，あるいは話の盛り上がる話題と，そうでない話題がある．どういう話題を提供するかも教師の力量である．

　話題の与え方であるが，一方的に教師から与えるのではなく，複数の候補を挙げて生徒たちに選ばせたほうがモチベーションを上げ，活動が活発になることが多い．難しくなりすぎないように調整した選択肢をいくつか与えてから活動を行うと，学習者中心のよい授業の雰囲気作りができる．

はじめは生徒たちの興味関心のある事柄や身近な出来事に関する話題から始めるのがよい．特に「自己紹介」「自分の趣味」「自分の好きな科目」「日課」などは生徒にとって取り組みやすいものである．

　話題の選択に当たっては，先にも紹介した中央審議会（2016）「学習指導要領等の改善及び必要な方策等について（答申）」「話すこと」の指導要領の（イ）「相手からの質問に答えたりすることができるようにする」という点も考慮することになるが，はじめは賛成か反対かあらかじめ自分の立場を決めて話すようなものがよい．そして，慣れてから賛否両論分かれるような話題を用意し，生徒たちが自分の意見を順序よくまとめて述べ，議論し，結論を出すなど，段階を踏んで指導をしていくのがよい．最終的な目標は生徒の自己表現にあるので，応答がおよそ予測できるようなコントロール型のタスクから，様々な応答が考えられ，正解も自分たちで話し合って決めるような非コントロール型のタスクへ，生徒の能力段階が上がるにつれて変えていくことが望ましい．

　「スピーキング」の指導の最終目標は様々な話題に関して自分の考えたことや感じたことを述べるようになることであるが，まずは自分の意見を発表する態度を養うことが重要である．それには過剰に文法や語法の間違いを指摘せず，また「このような発言をするべき」といった圧力は避け，発言をしたら褒める，ご褒美シールを渡すなど，積極的な参加，自発的な発言を奨励していきたい．

　個人の発言が難しければ，グループやクラス全体で1つの意見を作り上げることも有効である．意見を紙に書いて貼り出し，整理するのもよい．従来の英語教育の手法だけにとらわれず，他教科の様々な手法も取り入れ，いつもひと工夫ある授業を心掛けたい．

## 5. グループの重要性

　3.2節で述べたように，グループに対する態度，意識はスピーキングの活動において非常に重要である．普段から授業にペアワーク，グループワークなどを取り入れて，他の生徒との活動に対する抵抗感を無くしておく必要がある．タスクをするパートナーをよく知らないということが，コミュニケーションをする際の恐怖感やプレッシャーにつながるため，特に学期の初めにはice breakerと呼ばれるお互いを知り合うきっかけになるような活動や，インタビューなどを用意するとよい．さらに，タスクの流れを考え，時折ゲームなどを取り入れて緊張感を和らげる工夫が必要である．以下に可能な工夫を挙げる．

① ice breaker を用意する．
② タスクの流れは，全体→グループワーク→ペアワーク→個人発表の順とする．
③ グループ替えを頻繁に行ってパートナー間の緊張感をなくす．自己肯定感，協調的なムードを育てる．

## 6. タスクの重要性

タスクの種類については，泉恵美子・門田修平（編）『英語スピーキング指導ハンドブック』(2016) に詳しい．その著によれば，コミュニケーションやスピーキングのタスクは以下のようなものが挙げられる．

① ロールプレイ，スキット：役割を決めて会話を行う．すでに内容が決まっているので内容を自分で考える必要がなく，理解しながら工夫もできるので初心者でも取り組みやすい．
② インフォメーションギャップ：異なった情報を持つ者同士が，やり取りしながらワークシートなどの空欄を完成させる．
③ ジグソータスク：ジグソーパズルのようにバラバラになった情報をつなぎ合わせ，完成させる．
④ 絵の描写や指示：絵を言葉で言い表したり，2つの絵の違いなどを探したりする．
⑤ 課題解決タスク：ペアやグループで話し合い，課題の解決策を探す．
⑥ 意思決定タスク：2つ以上の案や意見などを話し合いで1つに統一する．
⑦ 意見交換型タスク：お互いの意見交換．調査などをしてまとめる．
⑧ 電話での会話：顔を見えないようにして，電話の状況に近い環境で会話をする．
⑨ 物語づくり：簡単な物語をペアやグループで創作する．
⑩ プロジェクト型タスク：グループで役割分担をして，ビデオやラジオ番組などを作成する．

およそ後者になるほど，難易度，自由度が高くなると考えてよいだろう．
　また，タスクを行う形としては，ペアで行うやり取りを中心としたタスクと，発表やスピーチなどを含んだ1人で行うナラティブタスク (narrative task) と呼ばれるタスクがある．指導案作成の際には，タスクの種類だけでなく 3.2 節に述べたコミュニケーション行動の前提が考慮されているか，常に検

討する必要がある．

## 7. 音声・発音指導について

### 7.1.「通じる」発音とは

　スピーキングの指導には発音指導が伴う．簡単に英語のリズムやイントネーションを身に付ける生徒もいれば，なかなか習得することができない生徒もいる．最終的に個人指導になってもなかなか克服できないこともある．しかし，生徒全員がネイティブスピーカーのような発音を身に付ける必要はないであろうが，「通じる」発音をする必要はある．そもそも「発音がよい」「通じる」と感じさせる英語に必要なものは何なのであろうか．

　英語教育を音声面から研究を続けている山根繁の「日本人学習者の目指す明瞭性（intelligibility）の高い英語発音とは」（『研究展望』13, 2015, 以下，山根，2015）によれば，発音指導の分野においては次の2つの相対する考え方が存在する．1つは，目標言語の母語話者に近い発音習得を目標としたもので，もう1つは「外国語訛り」があってもわかりやすく明瞭な発音を目指すべきだという考え方である．この考えは古くからあり，J. M. Levis は早くも 2005 年に "Changing contexts and shifting paradigms in pronunciation teaching" という論文の中で，前者を母語発音原則（nativeness principle）と呼び，後者を明瞭性原則（intelligibility principle）と呼んでいる．オーディオリンガリズム（Audiolingualism）の時代には前者が優勢であったが，1980 年代以降，世界の諸英語（World Englishes）やコミュニカティブ・ランゲージ・ティーチング（Communicative Language Teaching）の観点から，明瞭性を重視した「通じる発音」のほうが大事だと言われるようになった．そしてその傾向は「国際語としての英語」（English as an International Language（EIL））の立場からも認められ，促進されるようになった．

　実際に日本人学習者はどのような英語発音を身に付けたらよいのであろうか．山根（2015）は，個々の学習者の目的によって異なるとしている．英語のプロフェッショナルを目指す人はできるだけ「母語発音原則」を目標とすべきであるし，それ以外の学習者においては，学習環境などの理由から，多少の訛りは仕方がないとしている．

### 7.2. プロソディ（prosody，韻律）の重要性

　自然な，つまり「通じる」英語を話すにはプロソディ，つまり韻律の認識は不可欠である．近年は，個々の子音や母音を正しく発音することよりも，プロ

ソディの指導が重要視されてきている．
　プロソディは，

①　リズム（rhythm）
②　強勢（stress）
③　イントネーション（intonation）

を含んでおり，ある種英語の音楽的要素とも言える．超分節音素（suprasegmental phoneme）とも呼ばれている．

　英語音声認識を研究した村尾玲実は「ゲーティング法を応用した英語リスニング能力の要因分析」という論文で，興味深い指摘をしている．それは，日本の英語教育では，門田修平（編）『英語のメンタルレキシコン』（2003）で述べられている理想的な外国語学習の第一段階である「全体的チャンク処理」を飛ばして，「分析的な規則に基づく処理」，つまり「個々の単語の発音や単語の組み合わせ」から始まる授業場面が多く見られることである．そして，そのため，生徒たちは表現の持つリズムとメロディの型が体得できていないと述べている．このように，プロソディは日本人の外国語学習において大きな役割を持っていると考えられる．今まで欠けていたこの部分を補うことでより大きな指導効果が得られるかもしれない．

　リズムが文の意味区切りを示し，ストレスによって話者の強調したい部分が示される．そしてイントネーションによって，話者のトーンが伝わる．リスニングにも役立つと思われるので，プロソディは是非意識して指導に活かしたい．

## 7.3.　発音の指導

　具体的なトレーニングとしては，シャドーイング（本書第14章「リーディングの指導と評価」pp. 243-244 も参照されたい），歌，文の暗唱などが考えられる．有名なスピーチや詩など，教科書に用いられているものでも発音指導に活用できる．自分の言いたいことを英語で考えながら話すのでは，生徒は発音だけでなく発話の内容や文法にも注意を払わなければならなくなり，負担が大きい．すでに決められた文をモデルの模倣からスタートして，慣れてきたら自分なりに表現の工夫をするほうが生徒の心理的負担が少ない．模倣のためのモデル音声が手元にある素材はなおよい．

　発音指導をする上では以下の点について知っておきたい．

①　**音節拍言語（syllable-timed language）と強勢拍言語（stress-timed lan-**

guage）の違い

　日本語はすべての音節（または拍）で等しくリズムを取って発音する syllable-timed language であるが，英語は特定の強勢（stress）のある音でリズムをとって発音する傾向を持つ stress-timed language である．例えば，"straight（直線の）" はリズムの取り方が日本語と英語では以下のように異なる．

　　　日本語「ストレート」　　　　英語 "straight"
　　　●●●－●　　　　　　　　　・・●・

　この違いを無視して日本語と同じように英語を発音すると，いかに上手にできたスピーチや会話でも通じなくなってしまうので注意したい．

② 音の長さと大きさの連動

　強勢のあるところではその音も長くなる．発音練習の際，強勢のところではただ大きく強めて発音するだけではなく，音も長く伸ばすとより英語らしくなるので指導に取り入れたい．

③ ピッチの幅

　ピッチの変化についても積極的に指導したい．藪内智と里井久輝は，日本人学習者の音読を英語母語話者に聞かせたところ，ピッチの幅が大きい方がより「自然な」英語として認識されたと報告している．日本人の発音は平板になる傾向があり，特に教室内ではさらにその傾向が強まるので，動作を使ってより大きなピッチ幅をつけるような指導を心掛けたい（興味のある方は S. Yabuuchi & H. Satoi (2001) "Prosodic characteristics of Japanese EFL learners' oral reading: Comparison between good and poor readers" *Language Education & Technology*, 38 を参照されたい）．

　以下，実際に筆者が授業で用いて生徒に好評であった発音トレーニングを挙げる．

靜哲人 (2013).「世界で通用するための美・発音術」*ENGLISH JOURNAL*, 6 月号．東京：アルク．
　2013年5月7日に発売された *ENGLISH JOURNAL* 6月号の特集記事．/r/ や /l/ など，英語発音の日本人が特に苦手とするものについて，集中的に練習するエクササイズが紹介されている．さらに，よりネイティブらしい発音に近づくためのトレーニングも準備されている．

小川直樹・遠山道子 (2007). 英語発音のツボドリル（アルク英語レスキュー・

シリーズ Vol. 10)．東京：アルク．
アルクがかつて発行していた『Active English』誌の連載を再構成したもの．強弱リズム，イントネーション，音変化，日本人の苦手な母音と子音についての具体的なエクササイズを挙げてある．初級者にもわかりやすく書かれており，一度に扱うエクササイズの量も多くないので，活用しやすい．

## 8. 評価の重要性
### 8.1. 波及効果
　スピーキングの評価は時間や手間がかかり，また主観を排除するのが難しい．しかし，評価を行うことによる生徒，授業への影響力の大きさを考えると行わざるを得ない．テストが教室にもたらす効果を波及効果（washback effect）という．言語テスト研究者に広く読まれている A. Hughes の *Testing for language teachers*（2003）などによれば，よい波及効果は，教室にもよい影響を及ぼすとされている．つまり，スピーキングの評価を行うことによって，生徒がスピーキング活動に積極的に取り組むようになるということである．

### 8.2. 評価方法
　スピーキングの評価には様々な評価法があるが，時間も手間もかかりすぎるものは実用的ではない．形式として可能なものを以下に挙げる．

　　① インタビュー（interview）
　　② ペアード（グループ）オーラル（paired-, group oral）
　　③ 相互評価（peer evaluation）

　①は一人ずつ面接し，評価する方法である．評価にブレがないようにタスクをあらかじめカード化して用意し，評価ポイントを整理しておく必要がある．②では，ペア，またはグループ毎にディスカッションや日常会話などを行い，その観察により評価する．③では，プレゼンテーションや朗読などを発表者以外のメンバーが相互に評価するものである．
　第2節で述べた新指導要領で提案される5つの領域で言えば，①と②は「話すこと［やり取り］」にあたり，③は「話すこと［発表］」に該当する．異なる領域であるので，評価も別々に行われるべきである．
　評価には包括的評価（holistic evaluation）と分析的評価（analytic evaluation）がある．包括的評価をするにしても，分析的評価をするにしても，基準

を決めて行う必要がある．以下に「発表」にあたるプレゼンテーションの相互評価 (peer evaluation) のシート例を挙げる．

|  | 発表者1 | 発表者2 | 発表者3 | 発表者4 | 発表者5 |
| --- | --- | --- | --- | --- | --- |
| pronunciation | 2 | 4 | 3 | 4 | 2 |
| English | 3 | 3 | 4 | 3 | 3 |
| content | 2 | 3 | 4 | 3 | 3 |
| presentation | 3 | 3 | 4 | 4 | 4 |

これは，筆者が授業でのプレゼンテーションの評価に使ったもので，それぞれの項目について5ポイントずつで審査している．評価する生徒1人1人が，発表する生徒1人に対して各自20ポイントを持つ計算となる．4項目の内容は，pronunciation（発音），English（発音以外の言語に関する部分），content（内容の充実度），presentation（発表態度，パワーポイントなどの発表資料など）であり，これらについては，生徒の自主性と動機づけを高めるために，6項目ほどをあらかじめ提示し，生徒との話し合いの中でこの4項目を使用した．生徒による相互評価は，生徒に採点をさせることに不安な意見もあるが，採点状況を統計的に調べても特に問題は見当たらない（詳しく知りたい方は，H. Saito & T. Fujta (2004) "Characteristics and user acceptance of peer rating in EFL writing classrooms" *Language Teaching Research, 8* や，筆者の "An analysis of peer evaluation data on classroom speech" *Speaking Monograph: JACET Testing SIG Book No. 2* を参照されたい）．また，生徒と一緒に評価基準表を作成して，ルーブリック評価（本書第8章 pp. 131-132 も参照されたい）を行うのも有効である．評価に参加することによって生徒の中に，単元におけるねらいに関する意識が高まり，振り返りと合わせて積極的な授業参加が促進される．すでに運用されている例として，TOEFL®iBT のスピーキングのルーブリックなどがある（以下の URL を参照されたい．https://www.ets.org/s/toefl/pdf/toefl_speaking_rubrics.pdf）．

信頼性もまた不安要素であると思われる（この点については本書第8章「評価と測定」1.5節を参照されたい）．現行の指導要領では，4技能を統合的に指導することが望ましいとされているが，評価はどうだろうか．評価，テストは教授過程を直接的に反映するべきであることから考えると，スキル統合型テスト (skill-integrated test) が導入されることが望ましい．例えば，reading と speaking, listening と writing などの組み合わせでテスト項目が作成されるものであるが，すでに TOEFL®iBT や IELTS では統合型のテスト項目が存在する．中学校や高校での導入はまだ限られているかもしれないが，テストが教授

過程と直接的関係を持つべきであることを考えれば，部分的にでも導入するべきである（本書第10章「発音の指導と評価」6.4節も参照のこと）．

## 9. スピーキング活動の準備性（readiness）

以上，スピーキングの指導と評価について述べたが，どちらの過程においても授業中に時間を十分に設け，実際に生徒がスピーキング活動を継続的に行うことが重要である．

「話す」ためには，例えば

- ・話したいという気持ちがあるかどうか
- ・話す能力があるかどうか
- ・話すことについての知識があるかどうか
- ・伝える技術があるかどうか

などの条件が満たされる必要がある．さらに，英語に関する条件として，

- ・キーワード，語彙などが身に付いているかどうか
- ・基礎的な英文を作るレベルに達しているかどうか

などが満たされて，第2言語を使ったコミュニケーション行動が起きると考えられる．十分な準備活動，時間を設け，生徒の成功体験を積み重ねることによって生徒が自信を持って英語を話せるような指導を心掛けたい．

### 参考文献

Bachman, L. F. (1990). *Fundamental considerations in language testing*. Oxford: Oxford University Press.

Bachman, L. F., & Palmer, A. (1996). *Language testing in practice*. Oxford: Oxford University Press.

Brown, J. D. (2015). *Testing in language programs: A comprehensive guide to English language assessment*. McGraw-Hill ESL/ELT.

Canale, M., & Swain, M. (1980). Theoretical bases of communicative approaches to second language teaching and testing. *Applied Linguistics, 1,* 1-47.

中央教育審議会（2016）．『幼稚園，小学校，中学校，高等学校及び特別支援学校の学習指導要領等の改善及び必要な方策等について（答申）』(http://www.mext.go.jp/b_menu/shingi/chukyo/chukyo0/toushin/1380731.htm)

Dörnyei, Z. (1991). Conceptualizing motivation in foreign language learning. *Language Learning, 40, 46-78.

Hughes, A. (2003). *Testing for language teachers.* Cambridge: Cambridge University Press.

泉恵美子・門田修平（編）(2016).『英語スピーキング指導ハンドブック』東京：大修館書店.

門田修平（編）(2003).『英語のメンタルレキシコン』東京：松柏社.

山根繁 (2015).「日本人学習者の目指す明瞭性（intelligibility）の高い英語発音とは」『研究展望』13, 129-141.

小林明子 (2006).「第二言語教育における Willingness to Communicate に関する研究の動向」『広島大学大学院教育学研究科紀要』第二部, 第 55 号, 285-293.

Levis, J. M. (2005). Changing contexts and shifting paradigms in pronunciation teaching. *TESOL Quarterly, 39*, 369-377.

MacIntyre, P., Dörnyei, Z., Cléments, R., & Noels, K. (1998). Conceptualizing willingness to communicate in a L2: A situational model of L2 confidence and affiliation. *The Modern Language Journal, 82*, 545-562.

村尾玲実 (2006).「ゲーティング法を応用した英語リスニング能力の要因分析」*STEP BULLETIN, 18*, 61-76.

文部科学省 (2017).『中学校学習指導要領』(http://www.mext.go.jp/component/a_menu/education/micro_detail/__icsFiles/afieldfile/2019/03/18/1413522_002.pdf)

小川直樹・遠山道子 (2007).『英語発音のツボドリル（アルク英語レスキュー・シリーズ Vol. 10)』東京：アルク.

Saito H., & Fujta, T. (2004). Characteristics and user acceptance of peer rating in EFL writing classrooms. *Language Teaching Research 8*, 31-54. London: ARNOLD.

靜哲人 (2013).「世界で通用するための美・発音術」*ENGLISH JOURNAL* 6月号. 東京：アルク.

鈴木渉（編）(2017).『実践例で学ぶ第二言語習得研究に基づく英語指導』東京：大修館書店.

Tsuchihira, T. (2013). An analysis of peer evaluation data on classroom speech. *Speaking Monograph: JACET Testing SIG Book No. 2*, 75-88. Tokyo: JACET Testing SIG.

Yabuuchi, S., & Satoi, H. (2001). Prosodic characteristics of Japanese EFL learners' oral reading: Comparison between good and poor readers. *Language Education & Technology, 38*, 99-112.

柳瀬陽介 (2006).『第二言語コミュニケーション力に関する理論的考察——英語教育内容への指針——』. 広島：渓水社.

（土平泰子）

# 第 16 章　ライティングの指導と評価

## 1. ライティングとは

　2008 年の学習指導要領改訂により，小学校で外国語活動が行われるようになったことから，音声によるコミュニケーションの導入が中学校から小学校へ移行し，中学校指導要領では「読むこと」「書くこと」の指導の重要性も音声コミュニケーションの指導と同列に置かれるようになった．また，いわゆる四技能をバランスよく育成することが求められているため，ライティング指導の重要性は高まる傾向にある．現行学習指導要領（中学校及び高等学校・外国語）で育成すべきとされている「書くこと」の指導については，中学校においては，正確な「文」を作成することや，簡単な語句や文を用いた身近な話題あるいは生徒自身の考えについて，まとまった長さの「文章」を書くことが目標とされている．高等学校ではさらにトピック等が拡充され，より高度な文章が書けるようになることに目標が設定されている（詳細については，中学校は平成 20 年版「第 9 節 外国語，第 2 各言語の目標及び内容等」における「英語」，高等学校は平成 21 年版「第 8 節 外国語，第 1 款 目標」および「第 2 款 各科目」の「2 内容」を参照されたい）．新学習指導要領（中学校：平成 29 年版，高等学校：平成 30 年版）では，高等学校だけでなく，中学校についても，身近な話題に加えて社会的な話題について考えや意見などを書くことが目標とされ，さらに拡充した文章作成能力が求められている．

　学習指導要領では特に言及されていないが，正確に書くために教科書や他のモデル文を書き写したり，モデルに沿って語句等の言語要素を置き換えながら同じように書いたりするという訓練も「書くこと」の一部として捉えられる．また，「英作文」という言葉から日本人学習者が連想する「和文英訳」も，ライティング能力，特に正確に書く能力を向上させるために必要な練習法である．

このように「正しく書く」という要素は重要であるが，正確性を追求するあまり，間違いを恐れてあまり多くの文は書けないというのでは困る．特に「読み手に伝わるように」「読み手や目的に応じて書く」というような，コミュニケーションを念頭に置いたライティングも「書くこと」の重要な要素である．上記の和文英訳のような，一文一文を文法的に正しく書くことを目的とする訓練に加えて，文と文のつながりやパラグラフの構成を考えたライティング指導が特に求められている．

また，学習指導要領では書く行為だけでなく，読み返すあるいは読み返して推敲するなど，ライティングにかかわる必要な能力の養成も視野に入れている．生徒がこのような能力を身に付けるためには，どのような点に注意して作文を推敲するかを，教師が指導する必要がある．つまり，自分で自分の書いた作文を推敲できるような，生徒を「自立した書き手」にさせることが望まれる．

また，ライティングは単に自分の考えや意見を書くだけではなく，聞いたり読んだりしたことをまとめて伝えるという，他の技能とのかかわりで必要になる能力でもある．例えば，他人から聞き取った内容をメモし，その内容をまた別の人に口頭で伝えるという状況に置かれた場合，リスニング，ライティング，スピーキングの3つの技能が必要になる．学習指導要領はこのような生活に即した場面も想定し，単に「書く」だけの行為ではなく，他技能と融合したライティング能力の養成を求めている．

なお，「書くこと」というと文や文章を書くことを想定しがちであるが，単語レベルのメモ，サイン，申込書の記入なども含まれる．しかし，本章ではこのようなライティングについては扱わず，文レベル以上の，ある程度まとまった文章が書けるようになるためのライティング指導について述べることにする．

## 2. 自立した書き手を養成するための指導

### 2.1. 他技能とのかかわりにおいて

ライティングが第2言語習得（おもに文法や語彙の習得）に寄与するという方向性の捉え方は一般的ではなく，第2言語習得が進んだ結果，書くことのスキルが上がると考えることが通常である．第1言語（母語）の習得においては，まず，聞いたり話したりする能力を習得したのちに，読んだり書いたりする能力を習得する．通常，書く能力は最後に習得するため，第2言語についても同様の方向性で考えることが多い．

しかし，第1言語の習得過程においても就学後には学校での「書く」行為が

言語の発達を助けることがあるように，第2言語についても，書くことは習得の後半のほうに来るだけでなく，言語習得の促進に大きな影響を与える．特に，目標言語が外国語の場合は，学校で指導されることが多いので，「書くことによる第2言語の習得」(writing to learn L2) を考えることは大いに意義がある．ここでは，リスニングやリーディングとのかかわりにおいて，ライティングによる言語の習得（定着）を狙った指導やタスクについて考えることにする．ただし，聞き取った内容や読み取った内容について，要約を作ったりする活動ではなく，文法・語彙の定着に結びつくようなタスクや言語活動を考える．

### 2.1.1. リスニングとのつながりにおいて

聞き取りの練習としてディクテーション（dictation）が利用されることは多いが，通常，最終的なディクテーション・タスクの目標は聞き取った文，あるいは文章を「書くこと」である．したがって，聞き取りの訓練と同時に書くことの訓練も行うのがディクテーションの特徴である．

ここで重要になってくるのが，ディクテーションの方法である．文単位でディクテーションを行う場合，文が長くなればなるほど，また，文の構造が複雑になればなるほど，ディクテーションは記憶に頼ることができなくなり，一度理解した文を頭の中で再構築する必要が出てくる．つまり，生徒は聞き取った文をそのまま頭の中（短期記憶）に蓄えておいて，それをそのまま文字に表すのではなく，文の意味を頭の中に保持し，聞き取った語彙情報や文法知識を手掛かりに，自分で作文をするという情報処理が必要になる．

したがって，生徒にとって長く複雑な文をディクテーションする活動は，単に音声を聞き取って理解したかどうかを確かめるだけでなく，音声として発せられた文の構造を十分に習得しているかどうかを確かめる活動として捉えることができる．また，このようなディクテーション練習を続けていくことによって，文を書く（あるいは話す）能力の養成につなげることができる．例えば，I go swimming on Sundays. という短文をディクテーションする際，高校生であれば聞き取った文をそのまま頭の中に置いておき，そのまま書くことができるであろう．しかし，I go swimming on Sundays when I feel tired of studying and want to exercise so as to refresh myself. という文をディクテーションする活動であれば，文の「意味」を理解し，理解した内容に従って文を再生する能力が必要となる（本書第13章「リスニングの指導と評価」3.2 節も参照）．

このような活動においては，途中で音声を止めずに，一気に文を聞かせる必要がある．聞き取りやすいように，あるいは書き取りやすいようにという教師

の親心で，例えば，I play tennis / on Sundays / when I feel tired of studying / and want to exercise / so as to refresh myself. のように，スラッシュの部分で文を止めて書き取らせるような練習は，フレーズを聞き取る訓練としては妥当であると言えるかもしれないが，英文理解の練習としてはよくない．ましてや，一語ずつ止めて同じ箇所を何度も繰り返して聞かせるような方法は，スペリングのテストや語彙のテストのような意味しかなさない．したがって，このような練習の方法は作文の練習としても不適切である．

　さらに，理解した内容を自分の持つ文法知識を使って作文する訓練を強化するのであれば，文を聞かせた後にすぐ書かせるのではなく，1～数秒の間隔を空けてから書かせるようにするとよいだろう．これは，生徒になるべく「意味」(meaning) のみを頭の中に保持させる時間をとらせ，文中で使用された文法構造を自分で考えられるようにする，つまり，暗記に頼る部分をなるべく減らそうとする意図がある．文を聞かせた直後に書かせると，大抵は文の最初の数語か最後の数語のみの覚えている箇所だけを書いてしまうが，聞かせた直後には書かせずに少し間をおいて書かせると，生徒が頼るのは形 (form) ではなく意味になる．したがって，生徒は意味を頼りに自分の使える文法や語彙の知識を使って作文せざるを得ない．とはいえ，前出の少し長い複文は学力の比較的高い生徒には適しているが，ディクテーションに慣れていない初学者には難しいであろう．生徒の学力に応じて，理解可能なインプットと生徒が使える文法の範囲で訓練することが重要である．

　また，このような訓練法は文のみでなく，grammar dictation とも呼ばれるディクトコンポ (dicto-comp) やディクトグロス (dictogloss) のような形の実践もできる．ディクトコンポは文字どおり dictation と composition を合わせて行う活動であり，同様の活動をグループ活動にしたものがディクトグロスである．これらの指導法に関しては一冊の本になるほど，奥の深い指導法である（例えば，Ruth Wajnryb 著 *Grammar Dictation*, Oxford University Press (1990) などが比較的容易に入手可能である）．

　『新編英語教育指導法事典』（米山朝二著，2011，研究社）によれば，ディクトコンポを行う際は，通常，教師がある程度の長さの文章（50～100 語が適当か）を途中で止まらずに，いわゆるノーマルスピードで音読する（2 回程度）．その後，生徒は教師の音読した文章をできるだけ忠実に書く．ヒントとして教師の音読の後，文章のキーワードを板書することも可能である．あるいは，生徒の習熟度が低い場合は音読の前にキーワードを板書してもよい．

　ディクトグロスにおいては，通常，生徒は教師の音読を聞きながら，キーワードのみメモを取っていく．教師は文章を途中で止めずに最初から最後まで

ノーマルスピードで読み通す. 生徒はすべての語を書き取るのではなく, 書き取ったキーワードを基に後で文章を再生するために, 書き取れるだけの語や語句をメモする. 文章中に生徒にとっての新語が入っている場合は, 事前に発音, 意味などを簡単に説明しておいてもよい. その後, 生徒は自分たちが書き取ったキーワードをペアやグループ内で出し合いながら, 教師が音読した文章を筆記再生することになる.

　ディクトグロスは, 上述のとおり, 自分たちの書き取ったメモをグループで共有し, ディスカッションによって情報を補い合いながら文章を再生する. その際, ディスカッションを英語で行えばスピーキングの訓練になるが, 日本語で行うことによって, 「名詞」「過去形」「文」「主語」などの文法用語を使って自分たちの作文する英語を分析しながら書くことが期待できる. つまり, 意味を持った文の構築とともに, 文法を意識させることができるという効果が生まれる. 作文作業を1人で行っても, ペアあるいはグループで行っても, 生徒自身の文法知識を用いて適切な形でアウトプットできる能力の養成につながる. ただし, 1人で行うよりも, ディクトグロスの形式で行うことによって, 情報や文法知識を補い合いながら作文することによる, 足場掛け (scaffolding) 的な効果が望める.

　これまで見たように, ディクテーションやディクトコンポ, ディクトグロスは, リスニング訓練のようでいてライティング訓練でもある. このライティング訓練を既習の文や文章 (例えば, 教科書の本文など) について行うことによって, 文法知識の定着に利用することができる. 語彙は既習のためディクテーションの前に指導する必要はなく, 生徒は文章の内容も知っているので, その意識を文法に集中させることができる. 教科書の本文をすべて扱うとかなりの時間を要するので, 本当に定着させたい部分のみを選択して行うとよい. 復習として, 重要文のみをピックアップしてディクテーションを行ってもよいし, 一部の文章を使ってディクトグロスを行うのもよいだろう.

## 2.1.2. リーディングとのつながりにおいて

　読んだものをまとめて要約を書いたり, 読んだ内容をそのまま再生して書いたりする活動は外国語の習得には効果がある. しかし, まとまった長さの文章について要約したり再生したりする活動はかなり高い能力を要求することが多く, 初級者には難しく感じられることもある. また, 生徒が書く作文もバラエティに富んだものが多く出てくるため, 教師が1つ1つの作文に対応した指導を行うことは, 教師に大きな負担をかけることになり, 普段の授業でこのようなライティングの機会を設けることは難しい. 同様のことは, 多くの自由作

文活動にも当てはまり，生徒の作文に対するフィードバックの負担の大きさから，まとまった長さのライティング活動が敬遠されることも多い．

このような，ある程度まとまった文章を書く訓練とその後のフィードバックについては後の項に述べるが，もう少しハードルの低い，初級者にもできる，また帯活動などでも活用できるライティング訓練も必要である．その1つにリード・アンド・ライト（read and write）がある．既習の英文の定着を図りながらスピーキング能力を伸長するための訓練にリード・アンド・ルック・アップ（read and look up）あるいはリード・アンド・セイ（read and say）がある．これには様々なやり方があるが，基本的には生徒自身が一文（長い場合は適当な長さの句や節）を黙読し，教師の合図で顔を上げ，文（文字）を見ずに同じ文を口頭で再生するのが一般的である．教科書の本文について一文ずつ「Read → Look up (and say)」を繰り返していく方法が一般的であり，教室で一斉に行う定着活動としてよく使われる手法である．一文を黙読する際には，十分な時間を与えることによって生徒がその文を何度か頭の中で反復して読み，読んだ文を頭の中に保持する時間を与えることができるため，文構造を把握させ定着につなげることができる．ただし，この方法では教室で一斉に行う場合，生徒が正しく文を言えているかどうかを見極めることは難しく，生徒を指名して1人ずつ行うべきであるという主張もある．

同様の活動をライティング活動として行うとリード・アンド・ライトになる．リード・アンド・ルック・アップと同様，教科書本文の定着活動に利用するのに適した方法である．既に読解活動の終わった教科書の本文について，一文一文を黙読させ，黙読した文を書き取らせる．書き取らせるためのワークシートを用意し，活動後に回収し，教師がチェックしたり，回収前に生徒自身に解答を教科書と照らし合わせて自己添削させたりすることで，生徒が目標となる文法や語彙を十分に定着できているかどうかを確認できる点が，リード・アンド・ルック・アップにはない利点である（リード・アンド・ライトの詳細は『高校英語授業を変える！』（金谷憲（編著），アルク，p. 142）に詳しいので参照されたい）．

また，書き取りには時間がかかるが，その時間が文構造や語彙の定着に大いに役立つ可能性もある．黙読する文に既習の文を利用しているため，文の意味はすでに知っているはずである．したがって，生徒は知っている「意味を頼りに」文を作っていくことになる．通常の作文では意味の構築と文法的な文の構築の両方に意識を向けて作文することが要求されるが，これは生徒にとっての認知負荷を上げることになり，それだけ作文の正確性が落ちる結果にもなってしまう．しかし，既習の文について作文をするのであれば，すでに意味構築

の部分は終えているため，生徒は文構造や語彙などのいわゆる言語の形式に，より深い意識を向けることができる．つまり外国語の習得（文法や語彙の習得）を促進することになる．黙読した文を即時に音にするリード・アンド・ルック・アップと比較し，書く活動は少々時間がかかるが，自力で文を作る時間を比較的長く与えられ，考えながらアウトプットできる利点がある．さらに，書いた文は残るので，自分がアウトプットできたかできないかは一目瞭然であり，どこができなかったかを教師と生徒の両者が確認できるというのもライティング活動の利点である．

　前述したとおり，リード・アンド・ライトを行う際にはワークシートを用意するとよい．活動後すぐに回収できる利点もあると同時に，ワークシートに様々な工夫をすることで，この活動の目的を最大限に引き出せる．例えば，ワークシートの表には本文（あるいは本文のうち重要文を抜き出したもの）を，裏には罫線のみをそれぞれ印刷しておき，生徒が表の文を黙読した後，ワークシートを裏返して罫線上に文を書くようにすると，生徒は文を書く際には表の文が見られないため，黙読の際に文のフォームに集中して文を覚えようとする．

　このような環境は教室にプロジェクターがあると容易に作り出せる．あらかじめ文が書かれたスライドを作成し，文ごとにスクリーンに提示し生徒に黙読させ，書き取る際にスクリーン上の文が見えないようにすればよい．この場合はワークシートとして白紙を配布すればよい．もちろん使用する語彙のヒントを入れるといった工夫によって難度の調整も可能であり，このような工夫は生徒の認知負荷を下げる効果もある．

### 2.1.3. 習得のためのライティングの評価に対する留意点

　上記のような，外国語の習得（文法・語彙の習得）を主眼にしたライティング（writing to learn）の評価をする際には，以下の点に留意しておきたい．

（1）　想定した模範解答と全く同じである必要はない．
（2）　習得させたい事項に合った観点を持つ必要がある．

　作文を評価（採点）する際，模範解答が用意されていることが多い．特にディクテーション，ディクトグロス，リード・アンド・ライトなどはあらかじめ用意された文を利用する．さらに，特に生徒に習得してもらいたい文構造や語彙がある場合は，教科書の本文や既習の文章を使う．文法や語彙の習得を目指した作文を評価するのに，このようなモデルを忠実に再現しているかどうかに注意が向けられがちだが，それよりも書かれた文の文構造や語彙が元の文の意味を正確に反映しているかどうかが大きな問題となる．したがって，模範文

が少々言い換えられているような解答も奨励すべきである．また，男女の人称の間違いや同意語を使った別表現などは大目に見て構わない．つまり，上記(1)のような意識が必要である．

このことは(2)の留意点にもつながる．つまり，そのライティング活動によってどのような言語知識を得てほしいのかを事前に決めておき，各文の重要箇所の出来不出来に焦点を合わせるべきである．例えば，習得させたい事項が文の構造なのであれば，細かい形態素の誤りやスペリングの誤りなどは間違っていても減点しないといった配慮が必要である．生徒に自己採点させる際も，教師から明示的な観点の指導があったほうが，生徒が自分の作文のどこを最優先に直せばよいのかがわかる．生徒の解答には細かな誤りが散在していることが多いが，すべての誤りを同様に扱うと，生徒は誤りのすべてに意識を向けてしまい，真に習得すべき事項を見失ってしまう．したがって，すべての正解を望む必要はなく，定着させようとする構造や語彙が正しく使われていれば正解とするような観点で評価することが重要である．

## 2.2. 書けるようになるための指導

第2言語習得におけるインプットおよびインタラクションの重要性については Michael Long のインタラクション仮説（第1章「第2言語習得研究と関連諸問題」3.2節を参照）をはじめ，多くの理論的，実証的な裏付けがなされており，我が国の英語教育においてもその重要性について異論を唱える者はいないであろう．ただし，上記の要素，特にインタラクションの要素については，多くの場合，オーラルスキルの養成について論じられることが多く，「書くこと」について論じられることはかなり少ない．

しかし，同様に「書くこと」も「話すこと」と同様，インタラクションの要素は重要な意味を持つ．第2言語習得研究者の Merrill Swain が提唱し，同研究分野において一般的に認められているアウトプット仮説（第1章「第2言語習得研究と関連諸問題」3.3節を参照）によると，学習者が他者のとのやり取りのために目標言語を使って話したり書いたりせざるを得ない状況に置かれ，いわば自然にアウトプットを強いられることには，以下のような言語習得上の効用があると考えられている．

(1) 学習者自身が，自分が使えない文法や語彙が何であるかを知ることができる．
(2) 学習者が自分の中間言語が正しいかどうか，つまり，相手に自分の意思が伝わるかどうかを確かめることができる

(3) 学習者が自分の使う言葉について客観的に（文法的に）分析することができる．

（さらに興味のある方は，J. P. Lantolf (Ed.), *Sociocultural theory and second language learning* (2000) 中の M. Swain, "The output hypothesis and beyond: Mediating acquisition through collaborative dialogue" をお読みいただきたい．）

これらの効用は学習者自身が持っている第2言語能力を確認することにもなるが，確認した後に自分の第2言語習得について，次に何をすべきかを知ることにもつながる．例えば (2) において，自分が伝達したいことが伝わらなかった場合，相手が「理解できない（のでもう一度言ってほしい）」というシグナルを出したり，相手がネイティブスピーカーや教師など，目標言語においてより高い能力を持っている場合は，正しい形を教えてくれる場合も多い．このようなことがさらに中間言語を発達させるためのインプットとなることは多い．学習者はこのようなインプットを次の習得段階へのステップとして利用することができる．

ライティングの場合，このような事例は日常的なインタラクションではまれにしか起こらないかもしれない．しかし，このような状況を教室で作り出すことは可能である．つまり，生徒が書いた作文について，意味がわからない箇所があった場合や，文法的に間違った箇所があった場合に，教師がフィードバックを与えることで，正しい形のインプットを提供することは可能である．このような指導を続けることによって，生徒の書く能力，あるいは四技能全般にかかわる言語能力を発達させることにつながる．このような意味で，書けるようになることはライティング能力の伸長につながると同時に，目標言語全体の習得につながる可能性が大いにある．次節では，最初に述べたとおり，生徒がある程度まとまった文章を書けるようになるための指導に焦点を当て，第2言語習得上有益な指導方法を考える．

### 2.2.1. 教師のフィードバック

英作文指導で最も苦労する点は，生徒が書いた作文への対応（response）であろう．学習指導要領の「書くこと」の言語活動を遂行するためには，生徒の書いた作文を読み，何かしらの対応をする必要がある．前節においてアウトプットの効用について述べたとおり，生徒の中間言語を発達させるためには，誤りに対する適切な対応が必要である．その対応を最も適切にできるのはやはり，普段からその生徒に接している教師であろう．

しかし，ライティング指導が敬遠される理由の1つとして，生徒の作文の

添削の労力の大きさが挙げられる．生徒の作文には文法上の誤りのみならず，構成の稚拙なものや内容が不足しているもの，論理的なつながり (cohesion) や話題等の一貫性 (coherence) が乏しいものなど，修正すべき事柄が多い．これらすべてに対応した添削を行おうとすれば，膨大な時間がかかる．ジャーナル・ライティング (journal writing) のように，流暢に書くための訓練であれば，細かな文法へのコメントはせず，作文の内容を重視しコメントすればよい．しかし，英語を正確に書けるようになるためには，言語そのものに注目することはどうしても必要である．

　この点については最近の第2言語習得研究の成果を活用した解決方法が考えられる．要するにすべてを添削しないことである．初級レベルのライティングであれば，生徒が書く作文の量もそれほど多くはなく，誤り1つ1つに対応して正しい形を教えることも可能である．生徒は正しい形（文法的な表現）をインプットとして受け取ることができ，特にまだ目標言語に触れる機会の少ない初級者には直接的な修正に効果もある．しかし，生徒のレベルが上がるにつれ，書く量も増えるため，同様の添削は難しい．そこで，多くの誤りには目をつぶり，最も指導したい事項に絞ってフィードバックを与えるという方法がある．生徒のレベルが上がるにつれ，目標とする文法項目については既習であり，既習の知識を使って教師は誤りに下線を引いたり，記号を用いて誤りの種類を特定して示したり，ごく簡単な説明を付したりして，生徒に自身の誤りについて考えさせ修正させることも可能になる．

　どのような項目についてどのようなフィードバックを与えるべきかについては，まだ研究が発展途上の状態であるので明確な解答は得られていないが，例えば，生徒の書く文に冠詞の誤りが多かった場合，冠詞に焦点を当ててフィードバックを与えて指導したほうが，他の誤りも含めたすべての誤りに対応するよりも当該文法の習得が進むという研究がある（興味のある方は『フィードバック研究への招待：第二言語習得とフィードバック』（大関浩美（編著），くろしお出版）の第4章を参照されたい）．一度にすべてを改善することはできないが，1つずつ着実に改善していくという姿勢が大切である．

### 2.2.2. 生徒同士による確認作業（ピア・フィードバック，peer feedback）

　生徒の作文をよりよくするために，教師がすべての添削を行う必要はない．クラスメート（ピア：peer）からの修正やコメントが作文の質を変化させることも大いにある．生徒にお互いの作文の修正を任せることに不安を感じる教師は少なくないだろう．実際に，筆者の経験上，お互いの第2言語の誤りを指摘させるような活動は，かなりの上級者にならないと難しい．しかし，英作文

の内容や構成など，目標言語には直接関係のない要素についてお互いの作文を読み合い，フィードバックを与え合うという活動（いわゆる，ピア・フィードバック）は，多少の訓練を必要とするものの，作文の質を向上させるのに一定の効果があり，この活動は初級者であっても可能である．お互いの作文について，内容が不十分である箇所や，文章構成上で不備のある箇所，あるいは文意がよくわからない箇所など，一貫性のある文章を書くという観点から修正すべき箇所を見つけ出すことは，母語を大いに利用しながら訓練を重ねれば可能である．また，教師は純粋な言語上のエラー修正に従事できるため，ライティングのすべてに労力を注ぐ必要がなくなる．

　ピア・フィードバックについては多くの研究成果が報告されており，お互いの作文を読むことが，自己の作文の推敲の訓練にもなり，作文の自己評価をする訓練にもつながる．このことは次項に述べる自立した書き手を育てる際の訓練にもなり，また，文部科学省が重点を置くアクティブ・ラーニングの推進にも，生徒が主体性を持って思考する力の育成にも通じる．中学生や高校生であれば，母語についてはある程度の文章力が備わっている．したがって，文章の内容や構成については，どの点についてどこに焦点を当ててクラスメートにフィードバックを与えればよいか，ピア・フィードバックの観点をチェックリストのような形で与えてクラスメートの作文を読ませ，フィードバックを与え合う訓練を続けることによって，作文の質の向上に効果をもたらす可能性は高い．このような明示的な訓練を数回行うことによって，生徒は作文の読み方だけでなく，次に自分が書く際の書き方を学んでいくことになるのである．

### 2.2.3. 自己修正できるための指導

　学習指導要領に明示された「書くこと」の最終目標は，中学校にせよ高等学校にせよ，様々な事象について自分の思考を読み手に伝わるよう効果的に書き表すことに集約される．また，その目的を遂行するためには，自分の書いた作文をよりよいものに修正する能力を要することも視野に入れなければならない．前述したとおり，はじめからこのような自立した書き手が生まれることはなく，多くの学習活動が必要なことは言うまでもない．

　最終的に自立した書き手を生むためには，ただライティング課題を与えて書かせるだけでなく，書くこと及び書き直す活動について，ある程度明示的に書き方や書いた文の読み返し方，あるいは修正の仕方を指導する必要があるだろう．前項の教師による目標言語そのものに関するフィードバックや，文章の内容や構成に関するピア・フィードバックを何度か続けることによって，生徒にはライティングの際に留意すべき点が理解される．このような指導を行った後

に，作文課題をさらに続けていく際には，書く内容についてテーマを与え，ある程度の量を書かせたうえで，気を付けるべき事項についてチェックリストを与え，生徒自身に自己チェックをさせ，チェックできなかった項目について簡単にコメントを与えるような指導方法が必要だと言えよう．教師として生徒の誤りはすぐにすべて修正したくなる衝動に駆られることは仕方のないことではあるが，そのことに見合った効果が得られることは少ない．長い目で見た指導の効果を期待し，自立した書き手の育成に努めたい．

### 2.2.4. 書けるようになるための指導における評価

ライティングの評価については，S. C. Weigle の *Assessing Writing* (2002) にもあるように，理論的背景を踏まえ，テストを利用したりポートフォリオを利用したりするような厳密な評価法が存在する．しかし，そのような評価法は普段の授業で行うライティング活動や定期試験で行ったライティングの評価をするには様々な要素について妥協しなければならず，必ずしも適切とは言えないだろう．

生徒はライティングについて何ができるのかという観点で評価を捉えた場合，CAN-DO リストのような到達目標に基づいた評価法が考えられる．例えば，外国語の学習，教授，評価のための「ヨーロッパ言語共通参照枠」(Common European Framework of Reference for Languages [CEFR])」を日本の学習者の能力指標として妥当な形に応用した CEFR-J（本書第 8 章「評価と測定」1.9 節および『英語到達度指標 CEFR-J ガイドブック』（投野由紀夫（編），大修館書店）を参照）は，日本人学習者のライティングを評価するうえで有益であろう．

CEFR-J で設定された指標は，いわゆるルーブリック（詳細は第 8 章「評価と測定」1.7 節を参照）の形式をとる．「書くこと」については文字が綴れるレベル (Pre-A1) から，身の回りの事柄に関する描写ができるレベル (A2.2) を経て，自分の専門分野について論文等の文章が書けるレベル (B2.2)，そして，その上のレベルに至る 12 段階のレベル設定がなされている．これらの到達度設定は，中学校学習指導要領にある「身近な場面における出来事や体験したことについて，自分の考えや気持ちを書く」というような学習内容にも対応している．高等学校であれば，その上の B1.1～B1.2 レベルの評価項目を設定すれば，学習指導要領に記述された学習内容に見合った評価ができる．

既習の文法事項を使って正確な文が書けるというような到達度目標を掲げることも 1 つの評価の方法ではあるが，コミュニケーションを念頭に置いた「英語が使える」学習者を養成することが目標であれば，実際に英語を使ってどのようなことができるのかを評価する姿勢が必要である．ただし，学校教育現場

ではCAN-DOリストのようなものが先に設定され，それを達成するための指導方法や指導内容を考えるという方向性で教育内容を考えることが多いように見受けられる．しかし，むしろ既存の学習指導要領に掲げられた内容について，検定教科書を使って学習した結果，どのようなことができているかを評価する際に，CEFR-Jのような指標を用いるという評価の方法が妥当であると考える．

## 3. 最後に

「書くこと」は元来，学習者の思考や学習者自身の取り組みを必要とする能動的な活動である．書く活動を他の活動と有機的に結び付け，書く行為にインタラクションを伴う活動を盛り込むことによって，さらにアクティブな活動を遂行することができる．文部科学省は2007年の学校教育法の改正にともなって学習指導要領を改訂するにあたり，重視すべき学力の三要素として「知識・技能」「思考力・判断力・表現力等」「主体的に学習に取り組む態度」を挙げ，アクティブ・ラーニングや思考力の養成を推奨してきた．本章に挙げた学習方法あるいは指導方法の理念は，このような，自身で考える力を持つ学習者の養成にも寄与するものであり，新しい学習指導要領においても推進されるべきものと確信する．

### 参考文献

金谷憲・高山芳樹・臼倉美里・大田悦子（2011）．『高校英語授業を変える！：訳読オンリーから抜け出す3つのモデル』東京：アルク．
大関浩美（編著）（2015）．『フィードバック研究への招待：第二言語習得とフィードバック』東京：くろしお出版．
投野由紀夫（編）（2013）．『英語到達度指標CEFR-J ガイドブック』東京：大修館書店．
Swain, M. (2000). The output hypothesis and beyond: Mediating acquisition through collaborative dialogue. In J.P. Lantolf (Ed.), *Sociocultural theory and second language learning* (pp. 97-114). Oxford: Oxford University Press.
Wajnryb, R. (1990). *Grammar dictation.* Oxford: Oxford University Press.
Weigle, S. C. (2002). *Assessing writing.* Cambridge: Cambridge University Press.
米山朝二（2011）．『新編英語教育指導法事典』東京：研究社．

（隅田朗彦）

# 第 17 章　高校における学習指導

## 1. 主体的・対話的で深い学びを高校の英語授業でも

　「主体的・対話的で深い学び」や「アクティブ・ラーニング」という言葉が高校の英語教育の現場でもよく聞かれるようになった．高校における教育が，小・中学校に比べ知識伝達型の授業にとどまりがちであることや，卒業後の学習や社会生活に必要な力の育成につながっていないことなどが指摘されており，生きて働く知識・技能の習得を図るために，学習過程の質的改善が求められている．主体的・対話的で深い学びの実現には，アクティブ・ラーニングの視点からの学習過程の改善が含まれている．アクティブ・ラーニングは「教員による一方向的な講義形式の教育とは異なり，学習者の能動的な学習への参加を取り入れた教授・学習法の総称」と定義されている（中央教育審議会，2014）．また，それは知識の汎用的能力の育成を図ることを目指すものであり，学習形態としては，発見学習，問題解決学習，体験学習，調査学習，および教室内でのグループ・ディスカッション，ディベート，グループ・ワーク等が挙げられている．予測困難なこれからの時代をよりよく生きるためには，単なる知識再生型に偏った学力では通用せず，知識を基に自ら考え，他者と協働して生きていく力が必要で，教育の質的転換によって，「主体的・対話的で深い学び」を実現させる必要がある．

　教育の質的転換については，日本だけでなく，世界に共通する流れといえる．国際平和構築を目指して活動するユネスコ (UNESCO: United Nations Educational, Scientific and Cultural Organization) も，「共に生きることを学ぶ (Learning to live together)」ことが 21 世紀の学習の重要な柱の 1 つとし，教育の中心は教えることではなく，すべての人が生涯にわたって学習することだとしている．

これらの提言は，教師に教育に対する考え方の転換を迫るものであるようでもあり，一方で，これまでも英語の授業のなかでペア・ワークやグループ・ワークを取り入れてきた英語教師にとってはさして新しい考え方でないようにも思われる．しかしながら，英語教師にとっては，英語の授業でのアクティブ・ラーニングがどのように生徒の言語習得を促すのかということが，大きな関心事であろう．よって，本章では，高校での英語の授業において，どのようにしたら英語の授業が主体的で対話的なアクティブ・ラーニングになるのか，またそのように学ぶことで言語がどのように習得されていくのかを考えてみたい．

## 2. 英語授業の目標設定

### 2.1. CAN-DO リストで大きな目標を立てる

　「何ができるようになるか」「何を学ぶのか」「どのように学ぶのか」の 3 点は学習指導要領の大きな 3 要素であるが，主体的・対話的で深い学びの実現は，このうち「どのように学ぶのか」に関し授業改革を目指すものである．つまり，アクティブ・ラーニングは「どのように教えるか」に焦点を当てたものであるが，教師がアクティブ・ラーニングという言葉に惑わされて表面的な指導方法にばかり気持ちが向いてしまうと失敗しかねないので注意が必要である．そのためにも，「何ができるようになるか」「何を学ぶのか」について長期的な視野を持ち，目標を設定し，それに向けて計画的に授業を行っていくことが大切である．

　平成 25 年に文部科学省が『各中・高等学校の外国語教育における「CAN-DO リスト」の形での学習到達目標設定のための手引き』（文部科学省，2013）を公表している．この手引きが公表されて以来，各都道府県の中・高等学校で学習到達目標（CAN-DO リスト）を作成し，それを活用しようという試みが盛んに行われている．CAN-DO リストでは，「言語を使って『〜することができる』」という形で学習到達目標が設定される．例えば，「将来の夢や関心のある職業について書くことができる（書くこと）」，「ALT の話を聞き，それについて自分の意見を言ったり質問したりすることができる（話すこと）」のように，目標言語を使った学習到達目標が具体的に記述される．

　上記の手引きでは CAN-DO リスト活用の目的が次の 3 点にまとめられている．

　（1）　生徒が身に付ける能力を各学校が明確化し，主に教員が生徒の指導と

評価の改善に活用すること．
(2) 4技能（聞く，話す，読む，書く）を総合的に育成し，コミュニケーション能力，考えを適切に伝える能力，思考力・判断力・表現力を養う指導につなげること．
(3) 教員が生徒と目標を共有することにより，言語習得に必要な自律的学習の態度・姿勢を生徒が身に付けること．

目的の(1)にあるように，CAN-DOリストがあることで，生徒にとっては自分がどのような力を身に付けていくのかがわかりやすく，教師にとっても具体的な英語力をつけるための指導目標を立てる指標となる．さらに目的の(2)にあるように4技能別にそれぞれの到達目標を立てれば，自然と，これまで批判されてきた「文法偏重」，「読解中心」の授業を避け，生徒に英語を使う能力が養われるような授業を組み立てる手だてとなる．さらに，評価もCAN-DOリストに掲げられた到達目標に合わせたものになっていくので，いわゆるペーパーテストで既読の英文の読解をさせたり，文法や語法の問題を解かせたりするだけでなく，プレゼンテーションやディスカッションなどのパフォーマンス・テストを段階的に実施して，CAN-DOリストに挙げられた学習到達目標が実際に達成されたかどうかを測る必要が出てくる．また，それを成績評価に用いるだけでなく，生徒自身がどのような点を改善すべきかに気づくように適切なフィードバックをすることも必要となる．このように，CAN-DOリスト形式の学習到達目標を掲げることは，教師の指導や評価に変化をもたらすとともに，生徒に学習到達目標を先に提示することによって，目的の(3)にあるように生徒の主体的な学習を促すことになり，「主体的・対話的で深い学び」にはきわめて有効であるものと言えよう．また，授業内の個々の活動の目的をCAN-DOリストにおける目標に照らし合わせて確認することで，表面的な指導法の改善にならないよう注意することができる．

## 2.2. CAN-DOリスト作りの留意点と具体例

前節ではCAN-DOリストがアクティブ・ラーニング形式の授業にはきわめて有効であることを述べたが，ここではそのリストを作るにあたっての留意点と具体例を紹介する．

CAN-DOリスト作成においては，まずは各学校の生徒が高校卒業時に身に付けていてほしい能力を設定する．身に付けてほしい能力については，4技能別でも，4技能を統合して設定することもできる．英検の級別のCAN-DOリスト（日本英語検定協会）やヨーロッパ言語共通参照枠（Common European

Framework of Reference for Languages [CEFR]）を日本での英語教育向けに再構築したCEFR-J（CEFR-J研究開発チーム）は，4技能別に学習到達目標を設定しており，それぞれの学校でのCAN-DOリストを作成する際に参考になる．また，自校のCAN-DOリストを公表している学校も多くあるので参考にするとよい．各学校の生徒の実態を踏まえて，高校卒業時の到達目標を設定し，そこからさかのぼって，2学年終了時の到達目標，1学年終了時の到達目標を考えていく．CAN-DOリストでは各学校の全生徒が達成できる目標を掲げるようにという文部科学省の指示もあり，無理をして高い目標を掲げることのないようにしたい．また，生徒が目標をはっきりとイメージできるように具体的に記述することも大切である．

次の表1はCAN-DOリストを4技能別に作った場合の，「話すこと」の部分を取り上げたものである．

表1 「話すこと」についてのCAN-DOリストの例

| | 「話すこと」（外国語表現の能力） |
|---|---|
| 高校卒業時 | ・様々なテーマについて，自分の考えと理由を論理的に述べることができる．<br>・相手の意見に対し，同意したり，さらに意見を付け加えたり，反論したりすることができる．<br>・身近な話題について，自然な会話を継続させることができる． |
| 高校2年終了時 | ・教科書などで読んだテーマについて自分の考えと理由を述べることができる．<br>・相手の発言に対して，質問や反論をすることができる．<br>・身近な話題について，ある程度会話を継続させることができる． |
| 高校1年終了時 | ・身近なテーマについて自分の考えを述べることができる．<br>・相手の発言に対して，質問をすることができる．<br>・身近な出来事について，ALTと会話をすることができる． |

（CFR-Jや英検CAN-DOリストなどを参考に筆者が作成）

※CAN-DOリストの作成順序は下から上

この表では高校卒業時の学習到達目標として，「様々なテーマについて，自分の考えと理由を論理的に述べることができる．」および「相手の意見に対し，同意したり，さらに意見を付け加えたり，反論したりすることができる．」ことを挙げているので，高校卒業時にはディベートやディスカッションができるようになっていることが目標だとわかる．そのためには，1年生のときから段階を踏んで指導をしていく必要があり，1年生では，身近なテーマ（例えば「犬と猫はどちらがペットとしてよいか」など）について自分の意見を述べ，それに対する質問に答えることができるようになっていること，2年生では教

科書で読んだテーマについて簡単なディベートやディスカッションができることを目指している．表1は「話すこと」のCAN-DOリストの例だが，同様に「書くこと」，「聞くこと」，「読むこと」のリストもこの例にならって作成することになる．

### 2.3. CAN-DOリストと評価

　上記2.1節のCAN-DOリストの目的の（1）に「指導と評価の改善」とあるとおり，CAN-DOリストに挙げられた目標の達成をどのように評価するのかはとても大事なことである．目標を達成したかどうかが正しく評価できるように，評価方法を考える必要がある．日々の授業の中で教師が生徒の活動を観察するとともに，生徒自身もCAN-DOチェックリストを活用して授業における活動を振り返ることができるようにしたい．活動の振り返りによって，生徒はできたこととできなかったことを自ら確認し，自信や達成感を感じつつ，一方では課題は何かを実感できるようになる．それによって，漠然と「英語ができない，わからない」というのではなく，できなかったところを復習したり，今後の学習の仕方を見直したりすれば，それはまさに立派な主体的な学びとなる．また，少なくとも年に数回はCAN-DOリストに挙げられた活動を実技テスト（パフォーマンス・テスト）の形で評価する機会を持ちながら指導していく必要がある．「話すこと」についての表1の高校卒業時の学習到達目標が達成できたかどうかを評価するためには，例えば次のようなスピーチ・ディスカッション・テストを行うことができる．

スピーチ・ディスカッション・テストの例

---
・論題『セキュリティ・カメラを学校に設置することの是非』
・生徒は4人1グループでお互い向かい合うように円になって着席する．
・論題について1人1分間のスピーチを順に行った後に，グループで4分間の会話を行い，スピーチと会話のそれぞれを評価する．
・評価をする教師やALTは生徒人数分の評価表（表2）を持ち，その場で評価表に記入していく．
・論題は前日（など）に生徒に知らせ，生徒は事前に準備してよい．準備したスクリプトはなるべく見ないようにする．
・評価表（表2）は事前に生徒に配付し，評価の観点や基準を知らせる．

---

　上記テストは1グループ8分程度で行うことができるので，授業1時間に5グループ行ったとして，40人のクラスであれば2時間でクラス全員のテスト

が終了する．もしくは，日本人英語教師（JTE）と外国語指導助手（ALT）が別々の場所で同時にテストを行えば1時間で終了する．パフォーマンス・テストは時間と手間がかかるといって敬遠されることがあるが，やり方次第でこのように短時間で行うことができる．

また，このようなテストを行う際は，あらかじめ評価ルーブリックを生徒に配付して周知するのはよい方法である．どのような観点，基準で評価するのかをあらかじめ生徒と教師が共有することで，テストに向けた準備や練習の動機づけが生徒教師ともに高まることだろう．評価表の例を表2に示す．

表2　ディスカッション・テスト評価表の例

| | | | 0点 | 1点 | 2点 |
|---|---|---|---|---|---|
| スピーチ | 1 | 論理性 | どちらの立場なのかよくわからない． | 立場は主張しているが，理由付けがやや乏しい． | 自分の立場をはっきりと示し，理由付けが十分で論旨が一貫している． |
| | 2 | アイディア | 説得力がない． | やや一般的な意見であるが，説得力を持たせようと，工夫している． | 独自性と説得力がある． |
| | 3 | 態度 | ほぼスクリプトを読んでしまった．または，声が小さい，などで，何を言っているのかよくわからなかった． | 時折スクリプトを見たり下を向いたりしながらも，メンバーに伝わるように話すことができた． | スクリプトを見ずに，メンバーの顔を見ながら，はっきりと話すことができた． |

| | | | 0点 | 1点 |
|---|---|---|---|---|
| 会話 | 4 | 会話をリードした．（会話を始めたり，つないだり，話題の転換などをした．） | No | Yes |
| | 5 | よい質問をして相手の意見などを引き出した． | No | Yes |
| | 6 | 例を提示したり，新しい案を出したりした（反論を含む）． | No | Yes |
| | 7 | 友好的，協力的な態度で臨んだ． | No | Yes |

/10点

このスピーチ・ディスカッション・テストでは，最初に生徒各人が1分間のスピーチをするので，その部分については，教師やALTは比較的余裕を持って評価することができる．よって，スピーチの評価表は3段階のルーブ

リック形式にした．ディスカッションの部分では，4人の生徒を同時に観察するため，より簡単に評価できるように，4つの項目について生徒がそのような活動や態度が持てたかどうかだけをYes/Noでチェックする形式にした．評価表については様々な形式が考えられるが，生徒に事前に配付することで，生徒がどのような点に気をつけて活動すればよいかがわかるようにすることが大事である．そのためには，評価項目はできるだけ具体的に記述したい．例えば，スピーチの評価表の部分を「論理性：0点，1点，2点」としただけでは，生徒はどのような点に注意してスピーチを準備すればよいかわからないかもしれない．表にあるような具体的な記述は，教師の評価の指標であるとともに，生徒が何を重点的に学ぶのかを示すものであり，まさにCAN-DOリストの考えと軌を一にするものである．

## 3. 日々の授業づくり

### 3.1. レッスンごとに1タスク

　CAN-DOリストによって教師と生徒が目標を共有し，その目標に向かって生徒の主体的学びを促進する意味合いがCAN-DOリストにはあることを述べてきたが，その目標に向けて日々の授業をどう組み立てていくかが，教師の最も頭を悩ませるところだ．教科書をどのように利用して4技能を統合して伸ばしていくかが次の課題となる．ここでは，平成21年版学習指導要領準拠の「コミュニケーション英語I」の教科書を例にとって考えてみる．

　たいていの教科書はLesson 1からLesson 10くらいまでの読み物が収められている．各レッスンはPart 1からPart 4のように4つ程度に区切られている．Part 1の前には写真や絵の載ったページがあり，Part 4の後には，教科書本文の内容のまとめや本文で扱った文法事項のまとめや，練習問題が載っている．高校での授業はたいていの場合，この教科書の流れに沿って順に読み進めていくというやり方で行われているのではないだろうか．教科書を使って，CAN-DOリストに掲げた目標を達成できるように授業を行うにはどのようなことができるだろうか．

　簡単に取り入れられるものの1つには，各レッスンの終わりにコミュニケーション活動としてのタスクを行うことが挙げられる．例えば，教科書の本文で清掃のボランティア活動について読むとしよう（*On Air English Communication I*, Lesson 5, 開拓社）．日本で始まり世界に広がった清掃ボランティア活動Greenbirdやニューヨークに住む日本人による清掃ボランティア活動について書かれたもので，その活動の参加者の1人が別の地域で自らのボランティア・

グループを立ち上げることにしたという話で締めくくられている．このような文章を読んだ場合，例えば「あなたは，あるボランティア・グループを立ち上げました．まだ参加者が少ないので，もっと参加者が増えるようにプレゼンテーションをしましょう」というようなタスクをレッスンの最後に行うのはどうだろうか．生徒は自分で行いたいボランティア活動を考え，その活動にたくさんの人が参加してくれるように，その活動の意義などを発表することになる．発表を聞いた生徒は，どのボランティア活動に参加したくなったかについて投票したり話し合うこともできるだろう．教科書本文の中には，ボランティア活動の内容を紹介したり，その意義を述べたりする表現が豊富にあり，生徒は発表準備の際に参照することができる．

　このようなタスクを中心とした指導（task-based language teaching）は第2言語習得研究で近年注目されているが，これは第2言語習得研究者のMichael Longが"Focus on form: A design feature in language teaching methodology"（1991）をはじめとする著書の中で述べているように，意味中心に言語を扱っている中で言語形式にも注意が向けられたときに言語習得が起こるという考えに基づいている．つまり，生徒が何かを読んだり，聞いたり，話したり，書いたりして，その内容を理解しようとしたり伝えようとするときに，理解できない言語の形式に気づいたり，自分がそれまで使用していた言語形式とは違う言語形式に気づいたときに初めて言語習得が起こるとするものである．タスクは単なる文法の練習や，決まった文法事項を使った産出活動（いわゆるPPPのうちのpracticeとproduction）とは異なる．タスクを達成するためにはコミュニケーションに必要な表現を自分で選んで使う必要があり，情報を選択したり状況を判断したりといった思考力も要求される．それは実際のコミュニケーションの場面に近い．英語という教科において主体的で対話的で深い学びを実現するには，このようにタスク活動は有効であると思われる．

　しかしながら，授業のすべての活動をタスクにすることは現実には難しいだろう．タスクにしづらい言語項目があることや，タスク中心学習は初級の学習者には向かないといった指摘が古くからあり，授業のすべてをタスクにする必要はない．また，筆者の個人的な反省からは，教師が授業でタスクを用いることばかりに気持ちと労力を奪われ，本来の目的を忘れてしまうというようなことも起こりうる．1レッスンに1つのタスクを行うことで，生徒がタスクを念頭に入れて教科書の内容を読み，またそれが大きな目標であるCAN-DOにつながっていく，というのが現実的かつ理想的ではないだろうか．

## 3.2. 教科書を読む（日々の流れ）

さて，レッスンの最後にこのようにタスクを行うことに決めたら，そこまでの授業はどのように行えばよいだろうか．表3は教科書の1レッスンの大まかな流れの例を示したものである．

表3　レッスンごとの授業展開の例
　　　Lesson 5　Let's Volunteer

| 配当時間 | 内容 | |
|---|---|---|
| 1～2時間 | | オーラル・イントロダクション |
| | Part 1 | 内容に関する英問英答，TF問題，意見交換など<br>語彙，文法，構文など |
| 1～2時間 | Part 2 | 内容に関する英問英答，TF問題，意見交換など<br>語彙，文法，構文など |
| 1～2時間 | Part 3 | 内容に関する英問英答，TF問題，意見交換など<br>語彙，文法，構文など |
| | Summary など | |
| 2～3時間 | Task: 自分が立ち上げたボランティア活動により多くの人が参加してくれるよう呼びかけよう．<br>（ブレイン・ストーミング，プレゼン原稿下書き，フィードバック活動，原稿書き直し，発表など） | |

　授業のはじめのオーラル・イントロダクションでは，生徒の関心が本文内容のボランティアに向くように工夫することや，本文内容が理解しやすくなるように背景知識を活性化したり，絵や写真などのビジュアル・エイド（Visual Aid）を使いながら語彙を導入したりしておくとともに，レッスン最後に行うタスクも紹介することができる．そうすることによって，生徒の本文の読みへの関心も違ってくるだろう．なお，オーラル・イントロダクションや英問英答など教室で教師の話す英語には，生徒の関心を高めるとともに，英語のインプットを「理解可能なインプット」（comprehensible input）にするという意味合いがある．つまり，教師が教科書の内容や英語のレベルを自分の担当する生徒の実情にあわせて，できるだけ理解可能なものにするという重要な役割を担っている．この理解可能なインプットというのは第2言語習得において非常に重要なものとされており，オーラル・イントロダクションのみならず授業を進める中で常に念頭に置きたい．生徒にとって理解が難しい表現は，教師が別の表現で言い換えたり板書するなどして，生徒が「少し頑張れば理解できる表現」（Krashenがi+1と呼んでいるもの（本書第1章「第2言語習得研究と関連

諸問題」3.1節を参照))に言い換えたりできるとよい.

オーラル・イントロダクションに続いて本文を読んでいくが,まずは内容中心の読みに集中したい.生徒は言語を処理するときには形式よりも意味を優先させるという原則(意味第一原則)があり,B. VanPatten & W. Wong の "Processing instruction and the French causative: Another replication" (2004) という論考にあるように,意味と形式を同時に処理することは難しいとされている.したがって,教科書本文を読んでいくときは,まずは本文の内容(意味)に集中させ,文法や構文などの言語形式については「ある程度」意味を優先して処理した後で扱いたい.また,ときには形式にも注意を払わないと意味処理が適切にできないことがあることにも気づかせたい.

本文の意味や内容理解に集中させるためには,Q&AやT/F問題などで内容を把握していくのがいいだろう.大半の教科書にはこのようなQ&AやT/F問題がついており,それをそのまま活用することができる.ただし,これらの質問は教科書本文の内容について事実を確認する質問(fact-finding questions)ばかりであることが多い.これらの質問の答えはすべて教科書の中にあり,機械的に答えを探すだけの作業になりかねない.そこで,生徒が自分で考えなければならない質問も用意したい.例えば,先ほどのボランティア団体 Greenbird について書いている教科書(Part 1)には本文に続いて次の1~4のような質問が用意されているが,これらの質問はすべて教科書本文内に答えのある,事実を確認する質問である.

1. When was Greenbird started?
2. What is the Greenbird slogan?
3. What do Greenbird volunteers in Paris wear?
4. Why do Greenbird volunteers need garbage bags?

そこで,これらの質問の後に,次のような質問を足すのはどうだろうか.

5. Why do you think the volunteer group was named Greenbird?
   (なぜこのボランティア団体はグリーンバードという名前が付けられたのだと思いますか)
6. What name would you like to give to a volunteer group like Greenbird?
   (グリーンバードのようなボランティア団体にあなただったらどのような名前を付けたいですか)

このような質問は,生徒によって違う答えが期待されるので,生徒同士で質

問しあう活動に向いているだろう．このように，教科書をそのまま利用しながらも，少し質問を追加するといった工夫で，生徒の意見を引き出す活動になり，コミュニケーション活動に近づき，レッスン末のタスクや CAN-DO リストに掲げている目標につなげていくことができる．

そのほかには，生徒自身に質問を考えさせ，ペアで質問させることもできる．質問をするためには生徒は教科書本文をよく読まなければならず，読みが深まるだろう．また，読んだ内容を自分の言葉で話したり，書いたりする活動を取り入れることによって，内容に集中して読むことにつながる．読んだ後に原稿を見ないでストーリーの内容を知らない人に語る「再話（リテリング，re-telling）」もそういった活動の1つである．前日に見たテレビ番組の内容を友達に伝えたり，読んだ本を人に勧めたりなど，我々は読んだり聞いたりしたことを他者に伝えるという行為を日常生活の中でよく行っているので，再話は生徒にも取り組みやすい活動であろう．生徒の英語力に応じて，ヒントとなる絵や写真，あるいはキーワードを示すのもよい．さらに情報の取捨選択の必要な「要約（summarization）」は，思考力を必要とする点でも主体的な学習であり，ぜひ取り入れたい．ただし，要約は生徒にその場ですぐにやらせても難しいので，情報の取捨選択の仕方や，細々した情報を一言，二言でまとめる方法の指導がはじめは必要だろう．

内容について理解する中で，言語形式への気づきがあれば理想的である．例えば，Greenbird のボランティア活動を説明する文の1つに，They carry tongs, brooms, and garbage bags to put trash in. という文があるが，内容を読んでいく上では文末の in にはほとんど注意が払われないかもしれない．bags to put trash という語のかたまりだけでも「ゴミをいれる袋」と理解できてしまうからである．しかし，この in がないと，この文は非文になってしまう．上記の質問4に答える際に in の存在に気づく生徒がいるかもしれない．内容を理解する中で生徒が文法項目など言語形式に気づく瞬間を，教師は大切にしたい．

教師： Why do Greenbird volunteers need garbage bags?
生徒： To put trash in. They need garbage bags to put trash in.
（教科書から答えを抜き出しているだけで in の意味がわかっていない可能性がある）
教師： Right. They need garbage bags because they put trash in the bags. They need garbage bags to put trash ….
生徒： In? They need garbage bags to put trash in.

教科書では，本文の次のページで Grammar Focus として「to 不定詞（形容詞的用法）と前置詞　名詞＋to 不定詞＋前置詞」を紹介しており，練習問題として，People cut wood with an axe. という文を People use an axe to cut wood with. と書き換えるような問題を 4 問用意している（下線部を生徒が書く）．これを使って教師が文法事項を明示的に説明し，練習問題を解かせるというのが一般的な授業の流れだろう．先ほどの生徒の気づきを，次の明示的文法指導につなげるだけでも，生徒は意味のあるコンテクストのなかで言語形式を理解できるだろう．

　このように，日々の授業の中では教科書に用意されている質問や文法の説明を利用しながらも，教師がタスクやコミュニケーション活動を意識して授業を行うことが大切である．

## 4.　タスクと仲間同士のフィードバック

　アクティブ・ラーニングの形態として，教室内でのグループ・ディスカッション，ディベート，グループ・ワークなどが挙げられているが，これらはみな，生徒が 1 人で行うことができず，生徒と教師・ALT のやり取りや生徒同士でのやり取りが必要とされる．このようなやり取り（インタラクション）に含まれる認知プロセスは第 2 言語の習得に欠かせないものとされている．例えば，相手の言っていることがわからなければ，繰り返し言ってもらったり，違う言葉で言ってもらったりする．そうすることによって，理解不可能なインプットが理解可能なインプットになる．また逆に，自分の発言が相手に理解されているかどうかなどを確かめることで，相手の反応はすべてフィードバックになり，自分の言語使用の正しさを仮説検証できる．インタラクションによって，生徒はアウトプットする機会を与えられ，相手に合わせてアウトプットしなければならないため，英語で言えない・書けないことがあるなど，自分の言語能力の足りない面に気づくようになる．さらに，インタラクションでは言語の使用場面や状況などが明らかになっているため，言語形式と意味・機能をひとまとめにして習得しやすい．インタラクションを必然的に含むアクティブ・ラーニングは第 2 言語習得に適する学習方法と言えるだろう（さらに興味のある方は，村野井仁『第二言語習得研究から見た効果的な英語学習法・指導法』(2006) を参照されたい）．

　加えて，生徒が学習を主体的に捉えて，英語で話したり書いたりするためには，教師からのフィードバックだけでなく，仲間同士でのフィードバック（いわゆる，ピア・フィードバック）（第 16 章「ライティングの指導と評価」2.2.2 節も

参照）が役に立つ．英作文に関しては，文法や語法などの言語形式については教師によるフィードバックのほうが有効とする先行研究が多くあるものの，内容や文章の構成については生徒同士のフィードバックが有効とする研究もある．さらには，教師によるフィードバックよりも，学習者同士のフィードバックのほうが作文の自己推敲につながるとする研究もある．また，協働作文活動を研究する原田美千代も「協働フィードバックとしてのピア・レスポンス」(2015) で述べているように，学習者同士でお互いの作文を読み合うような活動は，具体的な「読み手」を意識させ，「書き手」として自分の作文を何度も読み直して書き直すといった自立的な学習につながっていくと考えられる（詳しくは，大関浩美（編）『フィードバック研究への招待』（くろしお出版）を参照されたい）．

　お互いの作文を読むという活動は，始めは恥ずかしがったり嫌がったりすることもあるが，継続的に仲間同士のフィードバック活動を授業に組み込むことで，生徒はそれぞれが違った考え方を持っていることを知り，「さらに読みたい（聞きたい）」という気持ちや，「自分の意見を知ってもらいたい」という気持ちが育ち，それが主体的な学習の動機づけになっていく．読み手にわかりやすく，伝わりやすくなるように，書き手は文章の構成や語彙の選択などに工夫をこらすようになり，読み手に面白いと思ってもらえるように内容にも工夫をするようにもなる．生徒の書いた英作文を教師のみが読むというのはなんとももったいない．他の生徒の作文を読むことがインプットとなるだけでなく，自分の作文アウトプットに対してフィードバックというさらなるインプットが得られ，そこから気づきが生まれる．生徒同士でのフィードバック活動を授業に組み入れることで，生徒のインプットおよびアウトプットの量が増え，教師からの説明を延々と聞くのではなく生徒が主体的に学習にかかわっていくようになる（本書第4章「英語教師」pp. 73-75 も参照）．

　ただ，生徒同士で作文を読み合うときには，どのような点に注目して読ませたいか，教師が導くことも必要である．フィードバック・シート（例：表4）やテストの評価表などを利用して，生徒の注目する点をコントロールする方法は有効だろう．「今回の作文では文章の内容の他に，文章の構成と接続表現が効果的に使われているかどうかをアドバイスし合いましょう」と言って，表4のようなフィードバック・シートを使うこともできる．例えば，2.3節で挙げたスピーチ・ディスカッション・テストを行う際にも，準備段階で仲間同士の助け合いが役に立つ．スピーチの論題（セキュリティ・カメラを学校に設置することの是非）が与えられ，生徒たちはスピーチの準備をする．生徒の習熟度に合わせて，事前にスピーチ原稿を書かせておくのもよいだろう．そのような場合，スピーチ原稿の下書きを書いたら，ペアで交換して，読み合い，フィー

ドバック・シートに記入し交換した上で，さらに口頭でもアドバイスをし合うことができる．テストの評価表の一部をフィードバック・シートとして用いることもできる．一度の作文でも何人かの仲間と読み合うことで，より「読み手」を意識するようになる．このような活動を続けることで，生徒は読み手の存在を意識するようになり，常に自分の作文を推敲するといった自律的な学習につながる．ライティングだけでなくスピーキングでも同様にフィードバック・シートを使ってアドバイスし合うことができる．仲間同士のフィードバックはアクティブ・ラーニングにおいて重要な活動となるだろう．

表4　フィードバック・シートの例

|   |   | 0点 | 1点 | 2点 |
|---|---|---|---|---|
| 1 | 論理性 | どちらの立場なのかよくわからない． | 立場は主張しているが，理由付けがやや乏しい． | 自分の立場をはっきりと示し，理由付けが十分で論旨が一貫している． |
| 2 | アイディア | 説得力がない． | やや一般的な意見であるが説得力を持たせようと工夫している． | 独自性と説得力がある． |
| 3 | 文章のつながり（接続表現） | 文章の流れを改善したい． | つなぎ言葉などを使ってもう少し流れを整えるといい． | つなぎ言葉などをうまく使い，流れがスムーズである． |

具体的なアドバイスを！（　　　　　　　　）さんへ

（　　　　　　　　）より

## 5．まとめ

　本章では高校での英語の授業を，アクティブ・ラーニングの観点から眺め，主体的・対話的で深い学びにつなげる方法を考えてみた．生徒が主体的に学習するためには，CAN-DO リストのような学習到達目標を生徒に示すこと，目標に向けてインタラクションを含むタスクを授業に取り入れること，生徒同士のフィードバック活動を取り入れることが大切であると考えられる．また，教師は日々の忙しさに追われてしまいがちだが，自分の目の前にいる生徒の実情に合った目標を設定し，それに向かって長期的な計画に基づいて授業を行い，

生徒の主体的な学びを促すように工夫していきたい．

## 参考文献

CEFR-J 研究開発チーム（代表：投野由紀夫）「CEFR-J」http://cefr-j.org/download.html よりダウンロード（ダウンロード日 2015 年 2 月 5 日）

中央教育審議会（2014）．『新たな未来を築くための大学教育の質的転換に向けて～生涯学び続け，主体的に考える力を育成する大学へ～（答申）』，http://www.mext.go.jp/component/b_menu/shingi/toushin/__icsFiles/afieldfile/2012/10/04/1325048_1.pdf（2016 年 9 月最終閲覧）

原田美千代（2015）．「協働フィードバックとしてのピア・レスポンス」大関浩美（編）『フィードバック研究への招待』（pp. 139-179）．東京：くろしお出版．

Krashen, S. D. (1982). *Principles and practice in second language learning.* New York: Pergamon.

Long, M. H. (1991). Focus on form: A design feature in language teaching methodology. In K. DeBot, R. Ginsberg, and C. Kramsch (Eds.), *Foreign language research in crosscultural perspective.* Amsterdam: John Benjamins.

Long, M. H. (1997). "Focus on Form in Task-Based Language Teaching" www.mhhe.com. McGraw-Hill Companies. Retrieved Dec 26, 2012. http://www.mhhe.com/socscience/foreignlang/top.htm

文部科学省（2013）．『各中・高等学校の外国語教育における「CAN-DO リスト」の形での学習到達目標設定のための手引き』（平成 25 年 3 月文部科学省初等中等教育局）（2016 年 9 月最終閲覧）http://www.mext.go.jp/a_menu/kokusai/gaikokugo/__icsFiles/afieldfile/2013/05/08/1332306_4.pdf

日本英語検定協会「英検 Can-do リスト」https://www.eiken.or.jp/eiken/exam/cando/list.html（2016 年 8 月最終閲覧）

八代京子・Clive S. Langham・小山兼宏・林正人・山本敏子・奥野郁子（2014）．*On Air English Communication I.* 東京：開拓社．

（野上　泉）

# 第18章　中学校における英語の学習指導実践報告

　本章では筆者の経験に基づき，授業への取り組みの姿勢，各種研修会の状況を記すことにする．

## 1. 仲間と共に学び合うこと

　筆者は授業中，生徒が活躍する場を大切にしている．教員研修などで意見を求められると発言を躊躇してしまいがちであるが，「隣の人とちょっと相談して下さい」あるいは「グループで話し合って下さい」と言われれば，すんなりと思ったことが言える．それは生徒も同じである．「失敗するほど英語が上手になるよ．頑張ろう！」と呼びかけても，中学1年生の後半ともなると，だんだん手が上がらなくなり，声も小さくなっていく．以前，中国とベトナム滞在中に，小学校から大学までの授業を見学する機会があったが，どの児童・生徒・学生たちも全体の前で堂々と大きな声で自分の考えを述べていて，どうしたら日本の子供たちもこんなキラキラした目で教師を見てくれるのだろう，と思った．しかし，日本の子供たちもペアやグループでの活動ではこのように生き生きとした表情をする．生徒たちは考えたことやちょっとした疑問点を臆せず話し，一斉授業よりも何倍も明るい表情をする．このことから，授業で教師はなるべく説明を短くし，生徒が自分の頭をたくさん使って英語を聞き，話し，読み，書く時間を確保すべきである．
　ペア活動は気負わずに普段の些細な活動，例えば，音読，内容確認，練習問題，新出文法を使って作った英作文を互いに発表し合ったり，T or F の答え合わせなどを全体で確認する前に行うとよい．習熟度の高いクラスでは，グループ活動でより難しい課題を与えることも考えたい．積極的に話し合い，

調べ合い，教え合い，発見してアイディアを出し合い，納得して答えを導く中で，よい学び合いが生まれてくる．そしてグループ活動では，自分の意見を聞いてもらうことで，仲間の発表や意見を慎重に聞き，周りの考えを大切にする態度も身に付く．また，一斉指導に戻ったときにも集中力が上がる．さらにグループ活動では生徒たちは一斉授業では教師に質問できない問題も聞いてくることがあるので，教師も一人一人生徒の様子を見ることができる．グループ活動はよい相乗効果を生み出す．

## 2. 授業に大いに影響を与えたこと

ここでは，筆者が教師として心がけたことを紹介する．

### 2.1. 研究会への参加

中学校における授業は教師の一斉授業よりもペアやグループでの活動を中心とした「生徒主体」の授業が一般的だが，筆者が「生徒主体」の授業の流れを意識したのは，2006年の「新英語教育研究会全国大会」での和歌山大学の江利川春雄氏による基調講演「協同学習～学校で仲間と学ぶ意義～」を拝聴したときだった．また，英作文指導において "peer learning" や "peer response" が仲間からフィードバックをもらう活動として有効であることや，ヨーロッパの CEFR を日本の学習者に合わせて作成した CEFR-J と各学校で作成されている CAN-DO リストとの関係について知ったのは，2012年の「全国英語教育学会」に参加したときであった．

このような研究会で実践例や研究者の話を聞くことは，様々な先生方の取り組みや，現場に影響を与えている活動または指導法の理論を学べるよい機会である．以下，これまで研究会等で出会った教授法を述べる．

#### 2.1.1. 新英語教育研究会

筆者自身のことで恐縮だが，筆者は短大卒業後，すぐに教師になったため，授業研究や教科教育法の学習などは学部卒の教師に比べて少なく，当時の授業はとにかく同僚教師のやり方やプリント教材を真似し，生徒が喜ぶような教材や問題集を探し，なんとか生徒の興味を引きつけようと悪戦苦闘していた．しかしそのような教材を準備しても席につかない生徒や反抗的な態度の生徒に圧倒され，どうしてよいかわからず，担任や学年主任に相談し，次のような助言を受けた．「テンポのある授業をすること，気迫のこもった声で話すこと，他の生徒の迷惑になる行為を見逃さないこと，毅然とした態度で授業に臨むこ

と.」そこで新米教師の私は，生徒にまず「授業規律」を身に付けさせることが何より大切だと思っていた．そのような悩みを抱えていた頃に福島市の中学校英語教育研究会で出会った二階堂次男氏が紹介してくれたのが，「新英語教育研究会」であった．

「新英語教育研究会」では，キング牧師の演説"I Have a Dream"の授業実践や，原爆による白血病を発症しながらも千羽鶴を折り，生きる望みを捨てなかった佐々木禎子さんの教材から，彼女をモデルに作られた広島平和記念公園の『原爆の子の像』の姉妹像建設に取り組んでいた米ニューメキシコ州の子供たちを生徒自ら支援し，社会に目を向け，平和について考えさせる授業など，英語教師としての姿勢を学んだ．また，プリントの作り方や英語通信，文法導入の仕方，英語の詩・歌・マザーグース，同時通訳についての知識を得ることができた．全国大会では全国から集まった先生方と話し合い，刺激を受け，多くのことを学ぶことができる．

### 2.1.2. 英語基本指導技術研究会［北研］

英語基本指導技術研究会は北原延晃氏が勤務校の東京都立赤坂中学校で開いている例会で，通称「北研」と呼ばれる．この「北研」には毎月，九州，広島，大阪，長野，岩手など遠方からも教師が集まり『北原メソッド』を学んでいる．この研究会に出席すると，今後の日本の英語教育界がどう進み，どのような方法が生徒の意欲や発信力を高めるのか，どのような人間が将来世界に貢献でき，幸せな人生を送れるのかといったことを考えさせられる．北原氏は田尻悟郎氏（現在関西大学中等部高等部校長）と共に全国を回り「辞書指導ワークショップ」を開催しているので，近くの会場で開催されるときにはぜひ参加されるとよい．

### 2.2. ALT の授業

生徒が主体性を発揮する場面は，ただひたすら生徒が教師の板書をノートに写すだけの一斉授業とは違う形態が不可欠である．1980年代後半にコミュニケーション活動の重要性が叫ばれ，各学校に ALT（外国語指導助手，Assistant Language Teacher）が配置された．彼らは実際のコミュニケーションの場を設定し，模擬体験的な英語のやり取り，いわゆる"Communicative Approach"を用い，JLT（日本人教師）が思いつかない方法で英語に親しむよう提案してくれる．例えば，新出文法を用いてペアでそれぞれ異なる情報が書かれたシートをもとにインタビューにより互いの情報を得て問題を解決する"Information Gap Games"（犯人捜し・宝捜し・表の完成）などは，ハードルを

低くし，どんな生徒も取り組めるよう工夫してくれた．1980年代にはアクティブ・ラーニングという言葉はまだなかったが，和訳や文法問題にこだわるJLTと違い，英語を使う必然的な状況を作り出し，また，自由に席を立ってペアを探し，机の位置を変えるなどの4技能をバランスよく取り入れたアイディア豊かな活動もまさにアクティブ・ラーニングであった．筆者が一緒に授業を行ったオーストラリアやアメリカ，カナダのALTは以下のような指導力を持っていた．

1. 言葉やニュアンスの違いを黒板に絵を描いてわかりやすく説明できる．
2. スピーチやプレゼンテーションの構成に周知している．
3. 段階的なわかりやすいプリントを作成できる．（時事問題の速読 (words per minute [WPM]) 等）
4. 持続的な会話練習を提案し実行できる．

筆者が彼らと一緒に行った指導例であるが，生徒たちにペアを組ませ，昼休みまたは放課後に20のトピックとチェック表のあるプリントを持ってALTまたはJLTのところに来るようにし，選んだトピックについて3分会話をさせる．生徒たちは教師からフィードバックを受け，プリントにサインをもらう．チェック表が全部埋まれば終了となる．短い時間を使った実践的な指導がとても参考になった．

筆者はALTとのティームティーチングによって，タスクを基にしたTBLT (Task Based Learning Teaching) を意識するようになった．彼らとの共同授業では生徒のレベルに合致した課題かそれよりもやや難易度の高い課題を与える活動や，生徒たちの不安を取り除いて自由に会話をさせる活動などのNatural Approach（自然学習法）を取り入れることがより容易である．ALTとコミュニケーションを綿密に取りながら，ALTのアイディアを引き出し，native speakerとしてパフォーマンステストなどの評価に協力してもらうとよい．

### 2.3. 視覚に訴えるパワーポイント

昨今，生徒一人一人がタブレット端末を使用する授業が普及し，タブレットを用いて他グループの英作文を添削したり，○×クイズを用いて文法問題に取り組む姿を見ることも多くなった．将来はこういったICTを活用した授業が益々盛んに行われるだろう．しかしここでは，昔ながらの「パワーポイント」の視覚的効果の優位性も再確認しておきたい．まず，新しいレッスンに入るときには，題材の背景知識となる写真や絵を画面いっぱいに表示し，生徒の関心を引き寄せる．パワーポイントの画像は，教師が伝えたい思いを視覚的にわか

りやすい画像で生徒と共有すると，生徒も題材に入りやすく，流れを容易に理解できる．導入には生徒が顔をあげて確認できるようアニメーション機能でテンポよく要点を提示するとよい．生徒たちが飽きずに集中して授業を進めることができる．そうすると教師にも生徒を観察する余裕が生まれる．

　また，文字が消えるアニメーション機能を使っての"Speed Reading"は，生徒たちが英文が消える前に必死に読もうとするので音読の指導に最適である．最初はゆっくり消えるようにし，徐々に速く，そしてハイスピードと段階を追う指導が可能である．単調になりがちな音読練習にぜひ使いたい．

## 3. 主体的学びへ

　日本の教育は経済界や世界の教育界の流れと無縁ではない．2006年，日本の経済産業省が，3つの能力（前に踏み出す力，考え抜く力，チームで働く力）で構成される「社会人基礎力——職場や地域社会で多用な人々と仕事をしていくために必要な基礎能力——」を提唱した．また，2022年全面実施の新学習指導要領は，アメリカのカリキュラム・リデザインセンター（CCR: Center for Curriculum Redesign）が作成した『4つの次元の教育（Four-dimensional Education）』の中の「人間性（社会の中でどのように関わっていくか），知識（何を知っているか），スキル（知っていることをどう使うか），メタ認知（どのように省察していくか）」を基礎として，育成すべき資質・能力の3つの柱として「人間性」「知識・技能」「思考力・判断力・表現力」を掲げている．つまり，社会が求めている力とは，①自分の知識・技能を基礎とした，思考・判断・表現力を持ち，②自分の意見と異なるチームの意見を受け入れ調整し，③互いを尊重し協力して課題を解決する力である．英語教師は将来生徒がこのような力を発揮できるよう毎時間の授業を通して具現化していかなければならない．

## 4. アクティブ・ラーニング

　「アクティブ・ラーニング」は学習者自身が「主体的に活動に係わる」という点において，「生徒主体」と同意であると私は考える．「生徒の思考が活性化し，真剣に課題に立ち向かっているような状況」を作り出すのがアクティブ・ラーニングであるとすれば，生徒の「考える力」「批判する力」を培うために，教科書をどのように扱い，日々の授業をどのように構成し，3年間でどのような力をつけた生徒になってほしいか，教師と生徒とがその目標を共有することが成功への大きな鍵となるであろう．ここで先に述べた『北原メソッド』を，「生

徒主体」の授業を念頭に筆者なりに応用して行った指導例と留意点を紹介する．それぞれの授業での参考になれば幸いである．

## 4.1. 帯活動 (Warming Up)

『北原メソッド』には帯活動が必ず含まれる．帯活動は英語の雰囲気に慣れさせ，英語に対する興味関心を喚起させるものがよい．これから紹介する活動は筆者が継続して行ったものと生徒が積極的に取り組んだ活動例である．

### 4.1.1. ビンゴゲーム

授業前までに，ビンゴ用紙に，THE PHONICS BINGO の B・I・N・G・O それぞれの横列の単語から選んだ単語を書いておくよう指示する．授業開始と同時に教師が単語を読み始め，各列6語ずつ読んだら終了．ビンゴの本数をペアで確認し winner と loser を決め，クラス全体で一番多かった生徒には Today's Bingo Winner の称号を与える．

ビンゴの例

| ビンゴ用紙 Let's Enjoy BINGO | | | | | No. _____ |
|---|---|---|---|---|---|
| Date: _____ Class _____ No. _____ Name _____ | | | | | |
| B | | | | | |
| I | | | | | |
| N | | | Free | | |
| G | | | | | |
| O | | | | | |
| Your Score _____ | | | Your Partner's Score _____ | | |

| THE PHONICS BINGO | | | | | | | | |
|---|---|---|---|---|---|---|---|---|
| B: | big | bag | bed | belt | bike | black | book | box |
| I: | cake | can | cat | class | cold | cook | cup | city |
| N: | date | desk | dog | don't | dish | dress | drink | drive |
| G: | family | fast | fifty | fine | five | food | face | fan |
| O: | glass | gray | good | go | game | gold | giant | green |

### 4.1.2. カテゴリー別単語書き

英語が得意な生徒の語彙力がどれくらいあるかを確認でき，不得意な生徒でも逆転できる活動としてもお薦めである．シートに教師が言うカテゴリーの単語をつづり字の間違いを気にせずにできるだけたくさん書かせる．例えば，"Today's category is vegetables. You have one minute. Write as many names of vegetables as possible."（1分間あげるので，できるだけ多くの野菜の単語を書きなさい）のように指示して単語を書かせる．1分後，書いた数を尋ねる．"How many words have you written? Zero? One?"挙手させ，一番多く書いた生徒に"Will you tell us your words?"と聞き，他の生徒はその生徒が言った語を自分のシートに赤ペンで書き足す．他の生徒にも"Any other words? You don't have to raise your hand but just tell us."と促し，語彙を共有する．

この活動はディクテーション活動と合わせて行うこともできる．その際にはディクテーション活動で用いたシートの裏面を用いるとよい．シートを回収して点検する際に別々のシートよりも点検作業が容易にできるからである．毎回，教師が確認できるようであれば，生徒には専用のディクテーション兼ボキャブラリーノートを用意させ，シート返却後はそれをノートに貼らせ，ディクテーションで不正解だった文は10回ずつ書かせる．裏のカテゴリー別単語もノートに写させ，つづり字に自信のない語は辞書で調べるよう指示し，学期の終わりに点検すると告げる．

以下は，カテゴリー別単語書きのカテゴリー例である．

> food, drink, sports, colors, food, jobs, body parts, countries, stationary, appliances, landmarks in the city, something you see in the sky, in the kitchen, in this room, 感情を表す形容詞など．

### 4.1.3. 英語の歌

英語の歌も帯活動として積極的に導入したい．生徒だけでなく教師のテンションも上がる．英語の歌は生徒のモチベーションが上がり，メロディーに乗せて真の（authentic）英語に触れ，文法事項が歌詞と共に自然な形で覚えられる絶好の教材だ．北原氏は「自分の好きな洋楽を間やピッチまでそっくり歌い，自分の声と原曲がピッタリ合い，原曲の声が聞こえなくなるまで丸々歌えば，生徒も教員も発音がきれいになる」と例会でアドバイスしている．ただし安易なコピーは後に問題を引き起こす可能性があるため，英語の歌の本やネットから歌詞を取って自作の教材を作る際には著作権にも十分に配慮すべきである．また，市販の歌詞カードやネットの対訳は意訳され過ぎていることが多いので

教師が自ら訳すのがよい．

　指導にあたっては歌詞プリントを配って聴かせた後，英文の解説をし，発音練習をして歌うという手順もあるが，生徒により集中して聞かせたい場合には歌詞のポイントとなる語を空欄にしておく方法がお勧めである．

　北原氏の指導法では，すべての英文と空欄を設けた英文の両方載せることによって，生徒たちが自分で答え合わせができるようになっている．B4サイズ（横）の左側にすべての歌詞と新出語句（意味付き），右側には空欄を設けた歌詞と対訳を載せる．配布後すぐに左側の歌詞（答え）を折って隠すよう指示する．はじめに，対訳を読んで空欄に単語を入れさせ，3分後 "How many blanks did you fill in?" といくつ入ったかを尋ねる．その後にリスニングを兼ねて歌を聴かせる．ここで聞き取れなかった語は近くの友だちと相談するよう "You can talk to your friends." と指示し，入れた数を挙手させて "How many blanks did you fill in this time?" と尋ね，再び曲を聴かせる．その後，折った所を開いて左側の歌詞を見て答え合わせをする．"How many correct answers have you got now?" といくつ合っていたかを尋ね，発音練習をし，曲に合わせて歌う．このように生徒が主体となった活動ができるように工夫されている．

## 4.2.　パフォーマンステスト（実技テスト）

　パフォーマンステストこそアクティブラーニングと呼ぶにふさわしい活動である．なぜなら生徒1人1人の持ち味が活かされ，いかに個々がすばらしいか，ダイヤモンドの原石であるか，そしてどの生徒にも可能性があるかに気づかされるからだ．筆者がよく行う例としては，グループごとに教科書の物語文を暗記し，発表し，評価し合うもの，あるいは買い物や，電話やレストランの場面を想像し，ペア・グループごとにそのような場面での「オチのあるやり取り」の「オリジナルスキット文」を作り，小道具なども用意させ，発表させるものである．

## 4.3.　ピクチャーカードを使ったQ&A（5分）

　教科書の本文に入る前に背景知識を活性化するために，教科書の挿絵や関連する写真を（ピクチャーカードまたはパワーポイントで）示しながら，生徒に簡単な英語で質問をする．生徒は全員立ち，答えられたら座る．絵や写真を教師自ら準備するのは手間がかかるが，この活動は本文の理解を促すことになるので，導入の部分では大いに行いたい．

### 4.4. 新出単語の導入と練習（10分）

新出単語をフラッシュカードで導入することはよく行われているが，音と文字の関係を十分に習得させるためにカードの使い方を工夫したい．1回目は生徒に読ませる．2回目はフォニックスのルールに触れながら発音練習をする．3回目は教科書内での日本語の意味や使い方，反意語・同義語を確認し，4～7回目はカードの両面を素早く見せたり，単語のはじめ，または終わりの何文字かのアルファベットを見せて発音練習をする．最後は意味だけを見て英語を言う練習をする（本シリーズ第4巻 pp. 160-162 に具体的な授業案が示されている）．

### 4.5. ジェスチャーリーディング

英語の授業は英語で行うということについての学習効果は本書の第3章「学習者の個人内要因」3.2節でも述べられているが，語彙力の十分ではない中学校の授業では困難を感じる場合も多い．そのようなときに効果的な指導法が「ジェスチャーリーディング」である．この指導法は，教師が挿絵や写真を指差しながらジェスチャー付きで音読するのを聞かせ，生徒にも教師と同じようにジェスチャーを付けさせ，絵を指差しながら音読させるものである．これを繰り返すと，中学生でも意味はかなり理解できる．したがって，生徒は和訳をしなくても，教師のジェスチャーだけで英語を再生できるようになる．

### 4.6. 四方読み（Four-way Reading）

これは筆者が同僚から教わったもので，立って体の向きを四方に移動し，声に出して教科書を4回読む活動である．周りの友だちを気にしながらも，生徒には好評である．体の向きが変わらない生徒は十分に読めていないので教師は助言に行く．また，最後のほうに残ると目立ってしまうので，四方読みを終えた生徒は，もう一度座って読むように指示する．

## 5. 研修会への勧め

以上の指導例は筆者が20年近くの中学校や高校の授業において実践した例である．その多くは英語教師向けの授業実践または英語力向上研修会などに参加して学んだことを基にしたものである．研修会の発表のために多大な時間を費やして作られた貴重な資料は，それを提供してくれる先生方の熱意が伝わり，そういった先生方の生徒への強い思いも感じられ，自らの教師としての活力につながる．時間の許す限り，様々な研修会に参加することをお勧めしたい．

教師の仕事は教材研究や自主教材作成に加えて，生徒たちのプリントやノートチェック，授業で用いる題材の背景知識を深めるための写真やネタ探し，プリント・カードやパワーポイント作成など，日々やることはたくさんある．しかし，何といっても自分の英語力磨きを怠るべきではない．さらには，第2言語習得理論の基礎も学ぶべきである．例えば筆者は，TESOL (Teaching English to Speakers of Other Languages) の資格を海外の大学のオンラインプログラムで取得した．本章で紹介した授業の実践例も当然ながら理論に裏付けされたものである．理論を学び，実践例を学ぶ研修会に参加することで，独自のよい指導法を生み出すことができる．他の先生方の物まねだけでは長続きしない．お互いに大いに研鑽に励みたいものである．なお，さらなる授業の実践例は本シリーズ第4巻『授業力アップのための英語授業実践アイディア集』を参照されたい．

（伊藤有子）

# 索　引

1. 日本語は五十音順に並べてある．英語（などで始まるもの）はアルファベット順で，最後に一括してある．
2. ～は直前の見出し語を代用する．
3. 数字はページ数を示し，n は脚注を表す．

## ［あ行］

アーミー・メソッド　33
曖昧母音（シュワー）（schwa）　168, 171, 219
アウトプット　7, 11, 13, 16, 96, 119-121, 229
アウトプット仮説（output hypothesis）　13, 14, 272, 273
アウトライン作成　108-110
アクティブ・ラーニング　41, 240, 241, 275, 277-280, 289, 291, 296, 297, 300
足場掛け（scaffolding）　9, 269
アダプテーション（adaptation：改変，改善，改作）　82, 83, 98, 101, 104, 107-109
アップテイク（uptake）　16, 17
暗示的（implicit）　6-8, 11, 18, 20
暗示的指導　207
e ラーニング　84, 85, 147
一般アメリカ英語（general American: GA）　161, 163, 173-176
意図的語彙学習　194, 197
意味第一原則　287
インタラクション　13, 22, 23, 120, 121, 272, 289
インタラクション仮説（interaction hypothesis）　12, 13, 16, 22, 272

インテイク（intake）　8, 15, 20
インプット仮説（input hypothesis）　5, 10, 93
インプット（の）強化（input enhancement）　19, 20, 202, 203
インプット（の）洪水（input flood）　19, 20, 202
インプット処理指導（input processing instruction）　20, 21
英語基本指導技術研究会（北研）　295
英語教育廃止論　31
英語支配　112
英語帝国主義　111, 112
英語の歌　299, 300
英語表現（科目名）　101-103, 108-110
L2 自己　69
演繹的指導　207
オーセンティシティ　94
オーセンティック　94, 120
オーラル・アプローチ　34
オーラル・イントロダクション　286, 287
帯活動　298
音韻表象　243
音韻ループ　243
音節拍言語（syllable-timed language）　260
音素認識力（phonemic awareness）　159, 161, 181

303

音読　242-244

## [か行]

外的調整 (external regulation)　49
外発的動機づけ　67, 70
外部基準テスト　136
会話不安 (communication anxiety)　51, 57, 59
書くこと　101-104, 108, 112, 265, 266
学習指導要領　82, 84, 86, 87, 90, 101-103, 105, 108, 109, 112, 165, 173, 179
　新〜　102, 103, 110, 112, 297
学習者スタイル・学習スタイル (learner styles/learning styles)　46, 55-57, 60
学習方略 (learning strategies)　46, 54-56, 60
カテゴリー別単語書き　299
関係性　67, 68, 71, 72, 76, 79
北原メソッド　295, 298
気づき　7, 8, 14-16, 19, 120, 121, 123
気づき仮説 (noticing hypothesis)　7, 15, 16
技能 (スキル) 統合型テスト (skill-integrated test)　262
技能習得理論 (skill acquisition theory)　6, 8
帰納の指導　207
CAN-DO リスト　276, 277, 279-282, 284, 291
教科書　82-93, 101-112
教科書採択　87
強形 (strong form)　219-221
教材研究　85, 98, 101
教材のデザイン　86, 87, 89-91, 97
教材の評価　97, 98
強勢 (stress)　159, 162, 163, 166, 168, 169, 171-173, 181, 182

強勢拍言語 (stress-timed language)　260
共通語としての英語 (English as a Lingua Franca: ELF)　17, 167, 169-172, 174, 176
協働学習　9, 25, 148, 151, 152
協同学習　294
協働的 (collaborative)　22, 23
グラフィック・オーガナイザー　238, 239
形式スキーマ (formal schema)　218
原因帰属理論　68, 77-79
言語閾値仮説　235
言語関連挿話 (language related episode: LRE)　24, 25
言語材料　82, 86, 90, 91, 95, 97
言語に対する自信 (linguistic self-confidence)　52, 53, 58
言語不安 (language anxiety)　51, 52, 57
語彙サイズ　186, 198
語彙知識　184, 186-188, 191, 197, 200
　〜の広さ　186
　〜の深さ　186
語彙テスト　197
語彙の難しさ　189, 190
語彙力　197, 200
行動主義 (behaviorism)　3-6
項目応答理論　128
コーパス　120, 124
国際的志向性 (international posture)　48, 69
古典的テスト理論　128
異なり語数　185
個別学習　151, 152
コミュニケーション能力 (communicative competence)　249, 250, 252, 255
コミュニケーションを取りたいという気持ち (willingness to communicate: WTC)　252
語用論的能力　115, 125, 126

コレスポンデンス分析　105, 106

## [さ行]

最近接発達領域（zone of proximal development: ZPD）　9
再話（リテリング retelling）　288
作業（作動）記憶　19, 243
産出語彙　184, 185
子音（consonant）　159, 161-163, 167-171, 180
子音連結（consonant cluster）　167, 171
シェアウェア　155
ジェスチャーリーディング　301
自己決定理論（self-determination theory: SDT）　48, 49, 53, 67, 69
事実発問　245, 246
辞書指導ワークショップ　295
視聴覚教材　84
実践的コミュニケーション能力　115
実用英語技能検定（英検）　136
ジャーナル・ライティング（journal writing）　274
社会教育モデル（socio-educational model）　47, 48
社会人基礎力　297
社会文化理論（sociocultural theory）　9, 22, 25
弱化（reduction）　168, 219
弱形（weak form）　219-221
シャドーイング　228, 243, 244, 259
自由英作文　105-109
主体的・対話的で深い学び　278-280, 291
受容語彙　184-186
主要行為部（Head acts）　117-119, 121
情報処理理論／モデル（input processing theory/model）　7, 9, 20
シラバス　89-91, 97

自立した書き手　266, 275, 276
自律性（autonomy）　46, 49, 53, 54
新英語教育研究会　295
新学習指導要領　297
信頼性　129
心理的欲求　67-69, 71, 73, 75, 76, 79
自律感　67, 71-73, 75, 78, 79
推敲　266
推論発問　245, 246
スキーマ　218, 219, 235
スキミング　237, 238
スキャニング　237, 238
ステレオタイプ　111
ストーリー・リプロダクション力　242
制限作文　105-107
政治的正しさ（political correctness; PC）　101, 111
精聴　225-227
　〜型　228
生得主義（innativism）　4, 5, 10, 12
宣言的知識　6, 210, 212, 213, 215
速読　237

## [た行]

題材　82, 90, 91, 95
第2言語動機づけ自己システム（L2 motivational self system）　49
多重知能（multiple intelligences）　56
タスク（task）　90-93, 96, 255-258, 261, 284, 285, 288
タスク中心の教授法／指導法（task-based language teaching: TBLT）　12, 91, 208, 285, 296
多聴　225-227, 229
　〜型　229
脱落（elision）　168, 171, 219-221
妥当性　129

談話完成タスク（discourse completion task: DCT） 120
チェックリスト 97, 98
逐語訳 246
注意（attention） 5, 7, 13-17, 19-21, 24, 25
注意喚起部（alerters） 117
中間言語（interlanguage） 3, 7, 8, 13, 14, 16
聴覚像（acoustic image） 174, 180
超分節音素（suprasegmental phoneme） 159, 168, 172, 173, 176
通じやすさ（intelligibility） 167-170, 175, 176
ディクテーション 228, 231, 267-269
ディクトグロス（dictogloss） 26, 204, 228, 268, 269
ディクトコンポ 268, 269
訂正フィードバック 15-17, 205
デジタル教科書 84, 147-150
手続き的知識 6, 210, 212-215
電子黒板 147, 149, 151
同一化（視）的調整（identified regulation） 49
同化（assimilation） 168, 181, 219, 220
動機づけ（motivation） 9, 47-56, 253, 262
道具的動機づけ（instrumental motivation） 47, 48, 69
統合的調整（integrated regulation） 49
統合的動機づけ（integrative motivation） 47-49, 69
トークン頻度とタイプ頻度（token frequency and type frequency） 16, 19
トップダウン（top-down） 218, 219
トップダウン読み 234, 235
取り入れ的調整（introjected regulation） 49

[な行]

内発的動機づけ 67, 68, 70-76, 78, 79
内容スキーマ（content schema） 218, 219
内容理解力 242
中浜万次郎 29
なりきり音読 244
認知主義（cognitivism） 5, 6, 9
ネガティブ・フェイス（negative face） 116, 117
延べ語数 185

[は行]

波及効果（washback effect） 119, 261
パターンプラクティス 204
発音記号（phonetic symbol） 160, 161, 179, 180
発表 250, 251, 253, 254, 256-258, 261, 262
発話行為（speech acts） 115-125, 119n, 120n
パフォーマンス・テスト 280, 282, 283
パフォーマンス評価 214, 215
パラグラフ 266
パワーポイント 296, 297
評価発問 245, 246
評価表 283, 284, 291
ビンゴゲーム 298
フィードバック 13, 16, 67, 72-75, 78, 79, 273, 274, 289, 290
　教師の〜 273, 274
　情報的な〜 68, 71, 72, 74-79
　統制的な〜 71, 72
　仲間同士での〜 289-291
　ピア・〜 274, 275, 289-291
フィードバック・シート 290, 291

索　引

フェイス (face)　116, 117, 122
フェイス侵害行為 (face-threatening act: FTA)　116
フォーカス・オン・フォーム (focus on form)　12
フォーマリティ　119, 123
フォニックス (Phonics)　177-179, 191, 192
付随的語彙学習　194, 197
フラッシュカード　4, 178, 301
フリーウェア　154
フレーズ・リーディング　235, 236
プロソディ (韻律) (prosody)　159, 259
プロダクティブ　240
文化帝国主義　101, 112
分節音素 (segmental phoneme)　159, 168, 172, 173, 176
文法訳読　234
母音 (vowel)　159-172, 180, 181, 219, 221
ポートフォリオ　132
ホール・ワード (whole word)　177, 178
ポジティブ・フェイス (positive face)　117
補助教材　82, 85, 88
補助部 (supportive moves)　117, 118, 121
ポスト・リーディング　240
ボトムアップ (bottom-up)　218, 219
ボトムアップ読み　234, 235
ポライトネス (politeness)　115-118, 116n, 120-123, 125
ポライトネス・ストラテジー　117, 118, 122, 123, 125

[ま行]

マークシート　155
学びのイノベーション事業　147-149, 151

三浦按針　29
ミラーニューロン　243
虫食い音読　243
明示的 (explicit)　5, 6, 8, 11, 16, 18, 20, 21
明示的指導　120, 121, 207
明瞭性／通じやすさ (intelligibility)　258
メタ言語フィードバック　205, 206
黙字 (silent letter)　164, 165, 179
モバイル学習　147

[や行]

やり取り　6, 9, 12, 18, 22-25, 250, 251, 257, 261
誘導作文　105-109
有能感 (perceived competence / competence)　50, 52, 54, 58, 60, 67, 71, 73-75, 79
洋学所　30
容認発音 (received pronunciation: RP)　160, 161, 167, 173-175
要約　288
ヨーロッパ言語共通参照枠 (CEFR)　132, 214, 276

[ら行・わ]

ライティング　101, 103-109
ラポール　68
ランゲージング (languaging)　25
リーダビリティ　95
リード・アンド・ライト　270
理解可能なインプット　11-13, 18, 286
リスニング・ストラテジー　221, 222, 224
リスニング不安 (listening anxiety)　224
理想の自己 (ideal self)　48-51, 59
ルーブリック (rubric)　98, 131, 214, 262,

276
レジスター（言語使用域）　123
レマ　185, 186
連結（linking）　168, 219
ロールプレイ　120-123
ワードファミリー　185-187, 197
和文英訳　103, 105-109, 242

## [英語]

ADF　156
ALT　295, 296
Bluetooth　151, 152
CALL　84, 85, 147
CAN-DO　40, 276, 277
CEFR　132, 214, 276
CEFR-J　132, 276
CLT　35
ESL　122, 123
FD　143
grammar dictation　268
ICT　84, 146-151, 153, 156, 157
IELTS　137
Information Gap Games　295
LAN　147, 151
LMS　147
OCR　153
Palmer, H. E.　31
PPP　208-211
TBLT　91, 208, 209, 211
TOEFL　137, 141
TOEIC　138
TTS　150
willingness to communicate（WTC）
　　50, 51, 53, 54, 57, 59, 69
writing to learn L2　267, 271

**執筆者一覧**

編　者
**久保田　章**（くぼた　あきら）
筑波大学人文社会系教授

**林　伸昭**（はやし　のぶあき）
宮崎公立大学准教授

編集協力
**江藤　秀一**（えとう　ひでいち）
常葉大学特任教授，学長，筑波大学名誉教授

執筆者
**荒金　房子**（あらかね　ふさこ）
植草学園大学保健医療学部准教授

**飯村　英樹**（いいむら　ひでき）
群馬県立女子大学文学部准教授

**伊藤　有子**（いとう　ゆうこ）
智学館中等教育学校教諭

**奥山　慶洋**（おくやま　やすひろ）
白鷗大学教育学部准教授

**古賀　功**（こが　つとむ）
龍谷大学理工学部准教授

**小早川　真由美**（こばやかわ　まゆみ）
文部科学省初等中等教育局教科書調査官（外国語）

**今野　勝幸**（こんの　かつゆき）
龍谷大学社会学部講師

**佐竹　直喜**（さたけ　なおき）
岐阜工業高等専門学校　一般科目（人文）講師

佐藤 臨太郎（さとう りんたろう）
奈良教育大学教授

嶋田 和成（しまだ かずなり）
高崎健康福祉大学人間発達学部准教授

隅田 朗彦（すみだ あきひこ）
日本大学文理学部教授

髙波 幸代（たかなみ さちよ）
東洋大学非常勤講師

土平 泰子（つちひら たいこ）
聖徳大学語学教育センター准教授

中川 武（なかがわ たけし）
つくば国際短期大学准教授

野上 泉（のがみ いずみ）
茨城県立勝田高等学校教諭

英語教師力アップシリーズ ③
## 授業力アップのための英語教育学の基礎知識

| 編 者 | 久保田章・林伸昭 |
|---|---|
| 発行者 | 武村哲司 |
| 印刷所 | 日之出印刷株式会社 |

2019 年 6 月 15 日　第 1 版第 1 刷発行©

| 発行所 | 株式会社 開拓社 | 〒 113-0023　東京都文京区向丘 1-5-2<br>電話　(03) 5842-8900 (代表)<br>振替　00160-8-39587<br>http://www.kaitakusha.co.jp |
|---|---|---|

ISBN978-4-7589-1353-9　C3382

JCOPY ＜出版者著作権管理機構 委託出版物＞
本書の無断複製は，著作権法上での例外を除き禁じられています．複製される場合は，そのつど事前に，出版者著作権管理機構（電話 03-3513-6969, FAX 03-3513-6979, e-mail: info@jcopy.or.jp）の許諾を得てください．